融合型·新形态教材

复旦学前云平台 fudanxueqian.com

U0710840

普通高等学校学前教育专业系列教材

幼儿园多媒体课件
设计与制作基础

主　编　祖国强

副主编　方振宇　徐金鑫

复旦大学出版社

内容提要

本书是为"幼儿园多媒体课件设计与制作基础"课程编写的教材。全书共分5章，以多媒体技术及其在计算机辅助教学与课件制作中的应用为主线，分别介绍了计算机多媒体辅助教学的基本概念、基本原理和基本方法，多媒体课件的设计、制作与评价的理论与方法，多媒体素材的获取、处理与制作的方法，常用多媒体编辑与制作软件的使用方法，以及用各类软件制作演示型、交互型和网络型多媒体课件的方法与技巧。

本书内容丰富、结构完整、条理清晰；理论与方法简明扼要，操作与实践详细周到，注重理论性、实效性和教学性。

本书配有教学课件，可登录复旦学前云平台免费下载（www.fudanxueqian.com）

前 言 *FOREWORD*

幼儿园多媒体课件设计与制作是现代教育技术的重要内容,是教育信息化的重要方面。掌握计算机多媒体辅助教学的基本概念、原理与方法,设计、制作和应用多媒体课件于教学之中,是现代教师教学技术水平和能力的重要体现。

本书针对计算机信息技术特别是多媒体技术的发展和教学的实际需要,阐述了计算机多媒体辅助教学的基本理论与方法,多媒体素材的获取、处理与制作的途径与方法,多媒体课件设计与制作的方法与步骤。其中包括三个部分:第一章为第一部分,内容主要是计算机多媒体辅助教学与课件制作的基本概念、基本原理与基本方法;第二部分即第二章,是关于多媒体素材的获取、处理与制作的方法;第三部分包括第三章、第四章和第五章,是关于用 Powerpoint 2003、Authorware 7.0、Frontpage 2003 制作演示型、交互型和网络型多媒体课件的方法与步骤。

教材编写本着以就业为导向的原则,充分考虑学生的认知规律和学习特点,理论学习做到"精讲、少讲",实际操作做到"仿练、精炼"。教学实例尽量选择与学生学习、生活及将来工作有关的内容,体现"做中学、做中教"的高职高专教育特色。

在教材结构的设计上,每章由若干个任务组成,每个任务由"学习目标"、"案例"、"相关知识与技能"、"方法与步骤"、"知识与拓展"、"探索与练习"等模块组成。

本书由祖国强任主编,方振宇、徐金鑫任副主编,黑龙江幼儿师范高等专科学校部分教师参加了编写工作。其中,第一章由方振宇编写;第二章由祖国强、徐金鑫编写;第三章由徐金鑫、李瑞芬编写;第四章由穆庆华、邵德春、张越编写;第五章由李丽娟、宫德才编写。

由于水平所限,书中难免有错误之处,望同行和读者批评指正。

编 者

2011 年 4 月

目 录 CONTENTS

第1章

幼儿园多媒体课件的设计、制作与评价

本章导读

　　本章主要讲述了幼儿园课件设计与制作的理论基础、课件设计的内容与方法、课件的基本类型、课件的制作工具、课件的评价五个方面的知识。

　　通过本章的学习,幼师生应了解课件的设计和制作是一项复杂的创造性劳动,既要考虑到课件是一种计算机软件,要符合软件设计和制作的规范,并能适合于计算机辅助教学环境的需要,保证课件能够顺利地运行,更要考虑到课件是为学前教育教学服务的,要符合幼儿园教学的要求,符合教学规律、幼儿学习规律的要求,还要考虑课件的艺术性,使课件具有整洁美观的界面、和谐一致的风格、生动活泼的形式,以提高计算机辅助教学的效果。

1.1　幼儿园课件设计与制作的理论基础

◉ 1.1.1　任务1：现代学习理论在幼儿园课件制作中的应用

◌ 学习目标

　　了解现代学习理论、现代教育技术理论等,并应用于幼儿园课件制作中。

[相关知识与技能]

　　现代学习理论、现代教育技术理论、现代教育信息传播理论、系统科学原理、学科教学原理等理论和原理是计算机辅助教学的理论基础,在幼儿园课件的设计和制作中要以这些理论和原理为指导。

　　1. 认知-行为主义学习理论

　　以加涅为代表的认知-行为主义学习理论认为,学习是一个不断接受外界刺激,经学习者的内在构造作用,产生反应,并同化为学习者的内在认知结构的循环过程。学习具有从低到高、从易到难的层次性和阶段性。

　　在幼儿阶段促进幼儿学习的整体性将会有利于幼儿一生的发展。在幼儿园课件设计中,教师首先

要重视课件场景环境的布置,要为幼儿提供丰富的刺激。按照幼儿思维的特点,他们的学习主要是通过触摸、摆弄物体来获取感性经验的。

课件场景中的颜色、声音、玩具摆放的位置等都会对幼儿的学习产生影响。教师要重视幼儿自身学习的需要,保护他们的好奇心和求知欲,尊重他们的学习兴趣。课件中要为幼儿的主动学习创造宽松、自由、民主的环境,教学活动的组织应多考虑幼儿的兴趣和需要。

2. 建构主义学习理论

建构主义学习理论认为,学习是一种建构的过程。知识不是通过教师传授得到的,而是学习者与外部环境交互作用的结果。学习者在一定的学习情景下,借助他人(包括教师和学习伙伴)的帮助,利用必要的学习资料,通过意义建构的方式而获得知识。因此,建构主义学习理论认为"情景"、"协作"、"会话"和"意义建构"是学习环境中的四大要素。

在幼儿园课件制作中,建构主义学习理论强调以幼儿为中心,不仅要求幼儿由外部刺激的被动接受者和知识的灌输对象转变为信息加工的主体、知识意义的主动建构者,而且要求教师及其设计制作的课件由知识的传授者、灌输者转变为幼儿主动建构意义的帮助者、促进者。

学习者在与计算机多媒体的交互中不断"同化"、"调节"自身已有的认知结构,最后使自己的认知结构"平衡"到一个新的水平。计算机多媒体辅助教学强大的交互能力使学习者能积极主动地参与学习,更有效地达到认知结构新的"平衡"。

建构主义理论倡导一种自我调节的学习,要求幼儿有学习的主动性,在基于建构理论的学习背景中,幼儿从传统教学模式下知识的被动接受者转变为信息主体和意义的主动建构者,他们是活动和学习中的主人,他们对学习的主题、进程有着自我的控制和管理。在教学中,教师并不是告诉幼儿解决问题的方法,而是随机地、巧妙而隐蔽地使用问题情境中可利用的资源,及时捕捉幼儿将要向学习跨出一步的微妙时刻,给予适时提携,引发、支持幼儿自己解决问题。

1.1.2 任务2:教学原理在幼儿园课件制作中的应用

○ 学习目标

了解学科教学原理在幼儿园课件制作中的应用。

[相关知识与技能]

1. 程序教学原理

(1) 积极反应原理:学习者对学习内容做出积极的反应。

(2) 及时确认原理:对学习者的正确反应给予及时的确认。

(3) 小步子原理:小步子前进。

(4) 自定步速原理:根据自身的条件自定学习的速度。

(5) 测验原理:学习的结果需通过测验来检验。

计算机多媒体辅助教学是一种程序教学。由教师和其他教学人员开发、编制的多媒体课件本质上就是包含教学信息的程序,教学内容的展开由程序来控制,学习者可按程序提供的交互方式来选择学习形式、时间、速度等。

在幼儿园课件制作中,以小步递进的形式设计安排由易到难的幼儿交互材料。如中班:寻宝游戏(即找出菱形),第一层次是从几个零星的图形中寻找菱形;第二层次是从简单的图形组合中寻找菱形;第三层次是从复杂的图形组合中寻找菱形。随着层次的逐级提高,幼儿的观察能力、空间思维能力也在不断发展。

2. 媒体符合原理

教学内容决定媒体形式的原理:不同的教学内容需要不同的媒体形式来表现。具体性的教学内容要使其向抽象层次发展,才能提高认识层次,如大班科学领域课件"有趣的天气预报符号"中,通过单一的符号认识,使幼儿能主动识别相应符号代表的天气预报情况;而抽象性的教学内容,又要以具体形象的媒体形式表现出来,才能让幼儿迅速理解,比如小班数学领域课件"数的概念",把抽象的数字与具体的实物对应起来。

3. 交互作用原理

(1) 积极学习原理:学习不是被动地接受,交互学习使学习者积极主动地参与学习过程,有助于理解和把握知识的结构和联系,提高学习效率。

(2) 发现学习原理:学习也是发现和创造。交互学习能引发学习者的想象力和创造力,学习者通过对学习对象的改变、编辑和重塑等可以提高思维能力和创造能力。

(3) 个性化学习原理:不同的学习者具有不同的兴趣、爱好、认识水平和学习需求。交互学习将学习过程的控制权交给学习者,由学习者根据自身的条件和要求选择学习环境和学习形式,有利于因材施教。

课件的交互形式一般以多项选择的方式为幼儿提供操作练习的机会,如拼板、游戏等。通过幼儿主动感知、积极思维,协同发挥多种感官作用,可以获得良好的认知效果。

4. 系统性原理

计算机多媒体辅助教学把教学过程当成是一个系统性的过程。教学课件的开发要根据教学设计的理论和方法,对教学内容、教学目的、教学对象、教学方法、教学环境、教学需求等进行综合分析设计,优化设计,还要考虑教学环节的连接、教学过程的控制等。

在幼儿园课件设计中,很好的衔接性能充分调动孩子的积极性,满足孩子的好奇心和成就感。它不仅是指课件片段、场景、内容本身有很好的直接衔接,同时也包括与老师配合的衔接,也就是在课件的制作当中,要根据教学设计的具体需要留有与老师的衔接接口,以便老师能够借题发挥,使教学过程中的各个环节紧紧相扣,使孩子把注意力自然而然地从课件当中转移到老师身上。

1.2 幼儿园课件设计的内容与方法

1.2.1 任务3:幼儿园课件设计的基本内容

学习目标

了解幼儿园课件设计的内容与方法,掌握幼儿园课件设计的基本步骤,熟知幼儿园课件设计的基本要求。

[相关知识与技能]

课件设计是对课件的内容和内容的呈现方式、应用的教学理论和教学方法、课件程序的实现方法和步骤、课件应用的目的、对象和运行环境等方面进行的整体规划。课件设计的目的是为了保证课件符合科学性、教学性、程序性、艺术性等方面的要求。

课件设计的内容包括课件的教学设计、程序设计和艺术设计等几个方面。

课件的教学设计是课件的首要任务。课件是一种教学软件,课件的内容必须保证是与教学有关的信息,课件内容的形式、呈现方式必须符合教学媒体使用的规律和信息传播理论,幼儿园课件的执行过程必须符合幼儿的认知规律和教学规律,幼儿园课件采用的教学方法必须符合幼儿园教学理论和幼儿学习的特点,有利于幼儿掌握知识、形成技能。

课件也是一种计算机应用软件,需要符合计算机应用软件的一般要求。软件的核心是程序,课件程序是实现课件目的的手段。课件运行的稳定性和可靠性、课件的计算机资源的占用情况、运行的速度、界面的友好性和操作的简易性,是多媒体课件程序设计的基本内容。在幼儿园课件设计中要注意制作课件的软件占用系统资源的情况,尽量选用 Powerpoint 加 Flash 动画形式。

课件的艺术性设计是在课件教学设计和程序设计基础上对课件的艺术加工。课件的艺术性设计主要是设计课件的表现形式和视听效果,如画面的布局、背景,字的颜色、字体、字号,图形图像的颜色、对比度、亮度,音效和动画效果的使用等。在幼儿园课件的艺术性方面,要考虑到幼儿的审美教育和规律。如在制作大班科学活动《森林王国窃案》的课件时,森林的场景布局要有层次感,动物的角色动画要协调、真实,这样幼儿能够自然地进入游戏中,收到良好的教学效果。

1.2.2 任务4:幼儿园课件设计的基本方法

◦ **学习目标**

熟知幼儿园课件设计的基本方法和基本要求。

[相关知识与技能]

1. 分析教学内容,确定教学目标

根据教学内容的深浅、难易等属性和幼儿接受能力的实际情况,对照课程标准的要求,结合教学经验,确定教学目标。

2. 选择教学媒体,创设教学情景

媒体的选择,就是根据教学内容和教学目标的要求,选择记录和储存教学信息的载体,直接介入教学活动过程,实现教学信息对学习者的感官刺激。

创设教学情景是指创设有利于学习者理解教学主题意义的情景。所创设的情景反映新旧知识的联系,有利于学习者对知识的重组和改造,促进学习者的联想和创新。

如在幼儿园中班语言课件"小鸭找朋友"中,教学情境的创设以卡通形式展示给幼儿,使幼儿很自然地进入角色,达到了在玩中学的目的。

3. 指导自主学习,组织协作活动

运用启发式教学,充分发挥学习者学习的主动性和创造性,进行自我学习、自我探索。在学习者自学的基础上,通过小组讨论、辩论,进一步完成对主题的理解和深化。在幼儿园课件制作中,通过直观的图像或动画素材,启发幼儿回答问题、找出答案,在活动中培养幼儿的协作意识。

4. 确定教学要素关系,形成教学组织结构

幼儿园教学是由教师、幼儿、教学内容、教学媒体等要素构成的一个复杂的系统,要使得这个系统发挥最佳的效果,必须分析和研究各要素之间的联系,协调各要素之间的关系,形成合理的组织结构。

[知识拓展]

幼儿园课件设计的基本要求

1. 课件设计的教育性要求

课件是用来进行教学的,教育性是课件的根本属性。课件的设计要遵循教育教学的基本理论、基本原理和一般规律。

(1)要有明确的教学目的,针对特定的教学对象,采用图、文、音、像并茂的生动活泼的教学形式,要突出重点、难点。

(2)要运用教学设计的原理和方法对教学内容、教学过程进行教学设计,教学过程、教学方法和媒体形式的运用要符合学习者的心理特征、认知结构。

(3)要突出启发性教学、幼儿自主学习,促进幼儿智力的发展和能力的提高。

2. 课件设计的技术性要求

课件设计制作技术水平的高低,对计算机辅助教学的效果有直接和间接的影响。技术性要求主要包括:

（1）课件制作平台软件的选择。不同的课件制作平台对课件的类型、效果和应用环境要求不同，技术含量也不同。在选择制作平台时应根据需要与可能，尽量选择交互性强、能灵活方便地实现教学功能要求的制作软件。在幼儿园课件设计中，要根据幼儿教师制作课件的实际能力水平，选择应用比较广的课件制作软件，注重实用性和可操作性，一般选用 Powerpoint 和 Flash。

（2）多媒体处理与应用的技术。多媒体课件应综合应用多种媒体，并且为了满足制作软件的要求，要能够对多媒体课件的格式进行必要的转换；或者能够利用控件、插件技术或多媒体编程技术，灵活地处理课件中使用的多媒体素材。幼儿园课件的素材格式各异，幼儿教师掌握了常用的多媒体处理技术，可以更好地选择优秀素材，做出精品幼儿园课件。

（3）多媒体课件的优化技术。通过压缩、打包方法减少课件的体积，减少对系统资源的占用，并能稳定、流畅地运行，使幼儿园课件简洁、易操作。

（4）程序运行与控制技术。多媒体课件在一定操作环境下运行，程序通过提供一定的操作界面进行人机交互，控制程序的运行，完成教学过程，达到教学目的。因此，作为计算机应用软件的课件，必须考虑其运行的软、硬件环境。为了课件的推广使用，对计算机硬件的要求不能太高，这些要求主要是对 CPU 主频、内存、显示分辨率、硬盘容量的要求。在软件方面，目前的多媒体课件一般要求在 Windows98/2000/XP 等操作系统环境下运行。在程序的操作控制方面，多媒体课件要能提供简洁、方便、灵活的操作界面，多样性的交互手段。对课件的使用还要能提供及时的帮助和提示，对于用户的误操作要有及时的提示。

3. 课件设计的艺术性要求

多媒体课件中的艺术性要求，就是要用符合美学原理的表现方法精心设计制作多媒体素材，进行多媒体组合教学，以丰富的情感、积极的态度感染和调动学习者的兴趣、爱好、情绪，以和谐、统一、完整、自然的手法，新颖、多样的方式表现教学内容，达到最优的教学效果。

（1）视觉效果艺术设计。在幼儿园课件的设计中，应注意活动场景的构图、布局的整体设计，合理的构图和设计有利于教学内容的显示，也有利于幼儿对知识的理解和接受。

色彩是对画面的颜色进行设置处理的一种技术效果。前景色、背景色、线条的颜色、字符的颜色，不同内容不同区域颜色的对比等都需要合理地设置，以达到清新、明快的视觉效果。在幼儿园课件制作中要考虑到幼儿好奇心强，喜欢鲜艳、艳丽的色彩，有意识地培养他们的色彩感知能力，帮助幼儿树立正确的审美观，提高欣赏水平，引起幼儿愉快的体验，获得美的享受，从而提高他们的综合审美素质。

（2）听觉效果艺术设计。爱音乐是幼儿的天性。幼儿具有喜形于色、感情外露的特点。幼儿还难以用言语表达他们内心的情感和体验，而音乐中强烈的情绪对比、鲜明的感情描写正抒发了幼儿的内心感受。听觉效果艺术设计就是对语音、音乐等音频效果的艺术设计。声音有自然的声音，也有人工合成的声音。多媒体课件中用到的声音主要和配乐、解说、音响三种有关。配乐一般作为背景音乐，应和教学内容相一致，起烘托渲染气氛、调节教学节奏的作用。解说要和文字材料、图形图像、动画、影视的内容相一致，及时、准确、生动地解释和说明相关内容。音响即声音所产生的效果，恰当的音响能缓和幼儿紧张的心情，吸引幼儿的注意力，调动幼儿的探知欲。

1.2.3 任务5：幼儿园课件设计的策略

学习目标

了解课件设计的策略，掌握脚本设计方法，以符合幼儿园教育教学规律。

[相关知识与技能]

1. 脚本设计

脚本就像建筑设计图一样，是多媒体课件设计中首要的和基础性的工作。它的主要任务就是选择教学内容、教学素材及其表现形式,建立多媒体课件的框架结构,确定程序的运行方式等。

在幼儿园课件脚本设计中要注意以下几个方面:一是应采用美观、生动的屏幕画面,吸引幼儿的注意力,激发幼儿的兴趣;二是直接阐明教学目标,对于抽象概念要设法通过图形、动画形象地表达出来,使幼儿容易理解;三是使用方便,使用者不必看说明书学习操作方法,就应该知道如何操作;四是适时地组织提问、反馈和激励。在演示过程中,为了吸引幼儿的注意力,要针对幼儿的情况,适时地进行提问,根据幼儿的回答,进行讲解,及时反馈,对了奖励"大红花"或"小动物高兴"的动画和欢快的音乐,错了给一个"烂水果"或"小动物不高兴"的动画,也可加上相应的错误音效,用以警示幼儿下次做得更好。

2. 教学过程设计

教学过程设计是多媒体课件设计的重要内容。如何安排教学的顺序、如何设计教学的环节、如何使用先进的教学方法、如何控制教学的节奏,以充分发挥计算机多媒体辅助教学的优势和特长,是多媒体课件设计和制作能否成功的关键。

教学环节包括教学目标的阐述、教学内容的呈现、教学重点难点的剖析、提问与练习、归纳与总结等。多媒体课件在教学环节的设计上应遵循教学的基本原则和一般规律,合理设计教学环节。

教学方法是呈现教学内容、完成教学任务、达到教学目标所采取的方法,如设问法、对比法、归纳法、诱导启发法、交流讨论法等。在多媒体课件设计中恰当地运用相应的教学方法,可提高计算机多媒体辅助教学的效率。

教学节奏是根据教学内容、教学对象等对教学过程的调节和控制。教学节奏既要符合教学内容的深浅、难易程度和适应教学对象的接收和反应能力,也要符合不同媒体的表现方式。多媒体课件要使用多种不同的媒体来呈现教学内容,教学节奏的快慢与媒体的特点密切相关。在多媒体课件的设计中应准确把握某种媒体的自然节奏,声音、动画的播放要符合人的视听习惯,场景、画面、内容的转换要自然和谐,形成符合教学对象学习心理特点的教学节奏。

在幼儿园课件设计中,设计制作的课件,应该有助于教师教学艺术的进一步展现。设计课件的目的是为了进一步提高教学效果,让孩子们学得更愉快,让教师教得更轻松。设计的课件要从教学需要和幼儿实际出发,应充分发挥教师的主导和幼儿的主体作用,课件不应成为教和学的障碍,不应阻碍教师展现教学艺术,而应使教学锦上添花,使教师教学艺术得到充分体现。

3. 教学表达设计

教学表达设计是指在教学的过程中,采用何种媒体,通过何种方式、方法来表现教学内容的设计。在多媒体课件的设计中应根据教学内容和教学对象的特点和要求,选择一种和几种组合的媒体来表现教学内容,尽量用图形图像、视频、音频、动画及其组合形式。要掌握不同媒体的转换和组接的方法和规律,画面与画面的组接要自然过渡,并设计相应的过渡效果,声音与声音的组接要和谐统一,不要相互干扰,声音和画面的组接要相互配合。在幼儿园课件教学表达设计中,图像素材要注意选用色彩鲜明、构图简单,易于幼儿接受的图像;在音乐素材中要选用节奏明快、清新的乐曲,使幼儿有亲切感;在动画选材上,用幼儿喜闻乐见的卡通人物和故事,使幼儿更容易融入学习氛围中。

4. 界面与交互方式设计

计算机辅助教学的最大特点就是它的交互性。计算机辅助教学的交互性来自多媒体课件的交互界面,课件的交互界面提供了多样化的交互手段,教师或学习者可根据教学的目的和要求进行交互操作。

常用的交互方式有键盘输入方式、鼠标点击方式。键盘输入方式一般不需要专门的交互界面,直接用键盘就能实现交互操作。鼠标点击方式一般需要有专门的交互界面供鼠标点击,如按钮交互响应、菜单交互响应等,也可以不需要专门的交互界面,直接通过鼠标的点击实现交互,如热点交互响应、热对象交互响应等。在幼儿园的课件中,尽量使用鼠标点击,有条件的幼儿园可以使用触摸屏,方便直观,便于幼儿操作。

界面也是整个画面的一部分,也要占据一部分屏幕区域,因此,界面的设计应和呈现实际教学内容的画面的设计有机地结合起来,统筹安排,合理布局,对交互的反馈信息也要合理表达。界面的设置应新颖别致,界面的风格应前后一致,界面的操作方法要简单明确,不同界面中相同交互方式的操作应保持一致。在幼儿园课件中,交互的信息展现,最好使用图形、动画及声音,便于幼儿接受。

1.3　幼儿园课件的基本类型

1.3.1　任务6：练习与操练型课件

▶ 学习目标

了解练习与操练型课件遵循的原则和基本过程,以适应幼儿园教学工作。

[相关知识与技能]

课件的类型可根据不同的标准进行划分。如根据制作软件的不同,可分为 Powerpoint 课件、Authorware 课件、Flash 课件等。根据应用环境的不同,分为一般多媒体课件和网络多媒体课件。而根据计算机辅助教学的形态和教学功能来分,课件可分练习与操练型、模拟型及游戏型等几种基本类型。

练习与操练型课件是发展和应用最早的一类 CAI 软件,是实现程序教学的基本方式。练习是为了获得一种过程性技能技巧,它通过一系列问题,让幼儿一方面建立知识间的联想联系,另一方面还要具有掌握在何时应用何种知识、做何种决定的能力,形成一种习惯性的过程性技能。操练是通过大量的术语与事实间的重复对比联系,帮助幼儿建立起有关事物之间联系的联想记忆和某些规律的快速回忆。

练习与操练型课件应遵循的原则是:(1) 小步子原则;(2) 积极反馈原则;(3) 及时强化原则;(4) 自定步调原则。

练习与操练型课件的基本过程是,计算机逐个或一批批地向幼儿提出问题,当幼儿给出回答后,计算机判断其正确情况,并根据幼儿回答的情况给予相应反馈,以促进幼儿掌握某种知识与技能技巧。

操练与练习的教学方式都是通过大量的提问→回答→判断反馈,使幼儿建立起问题与回答之间的牢固联系,从而理解与掌握该项知识与技能技巧。

操练与练习的"提问→回答"过程反复进行,直至达到教学目标为止。判断目标是否达到的方式有很多,如:(1) 时间已到,或是问题总数已经达到一定数量,这时通常要告诉幼儿其练习成绩和课件目标成绩的差距;(2) 幼儿回答正确次数已到,这时往往告诉幼儿其所用时间和最快者的差距;(3) 问题的难度已达预期目标。在某些课件中,这些目标达到的情况还被记录下来,作为分析幼儿对知识掌握情况的资料,影响到下面教学内容的选择。

1.3.2　任务7：模拟型课件

▶ 学习目标

了解模拟型课件遵循的原则和基本过程,以适应幼儿园教育教学实际。

[相关知识与技能]

模拟型课件利用计算机模拟自然科学或社会科学的某些规律,产生某种与现实世界相类似的现象,供幼儿观察,帮助幼儿认识、发现和理解这些规律与现象的本质。其特点是:(1)激发学习动机。模拟的对象对幼儿来说是一个未知的世界,对未知世界的好奇心有助于幼儿去探索其中的奥秘。(2)时效性。模拟对象的实际时间和空间尺度可能很大或很小,一般不易为幼儿接触或观测,通过计算机模拟则不受时间和空间的限制。(3)安全性和经济性。(4)重复性。模拟型课件近年来逐步受到许多教育学家和心理学家的注意,被认为有助于培养幼儿的能力,因而成为发展较快的一种课件类型。

[知识拓展]

演示模拟

把计算机当作挂图和电视屏幕,通过向幼儿演示各种图像、动画、图表和描述进行教学活动。如课件中提供森林动物王国、海洋探宝、天空飞翔等不同的教学场景,让幼儿根据各种动物的生活习性进行分类演示、模拟。计算机产生的模拟艺术形象一般不如录像那么逼真,但是可按照幼儿的反应和请求而变化,既适应了幼儿的能力和基础,又活跃了教学气氛,调动起幼儿思考与学习的积极性。

1.3.3 任务8:游戏型课件

学习目标

了解游戏型课件遵循的原则和基本过程,以符合幼儿的学习规律和认知规律。

[相关知识与技能]

游戏型课件寓教学于游戏之中。课件提供和控制一种富有趣味性和竞争性的教学环境,激发幼儿的学习动机,使幼儿在富有教学意义而且教学目标明确的游戏活动中得到训练或是有所发现,取得积极的教育效果。游戏型课件与电子游戏不同。电子游戏没有教学目标,没有教学内容,也不考虑教学策略,其目的是让使用者得到娱乐,最多是训练了使用者的手眼联动操作。游戏型课件强调教学性,有着明确的教学目标和具体的教学内容,并且含有经过仔细考虑的教学策略。

游戏型课件具有如下一些特点:(1)教学目标与游戏竞争目标的一致性。即从初始状态出发,经过游戏参与者的决策和动作,最后一定能够达到胜、负或平局状态;游戏竞争目标的实现也是教学目标的实现。(2)积极的参与性。必须有两方或以上的游戏参与者,其中的一方可以由计算机扮演,学习者要积极地参与游戏竞争。(3)明确的游戏规则,即游戏参与者采取决策和动作时所必须遵守的规则约定,规则应包含所要达到的教学目标、所要教学的规律与知识。(4)娱乐性和趣味性。为了达到寓教于乐的教学效果,游戏性课件要有很强的娱乐性和趣味性,包括生动活泼的画面、恰如其分的音乐、巧妙的构思、夸张的想象等。(5)时间性,即游戏应在有限时间内到达目标状态,而不是无休止地一直继续下去。

[知识拓展]

1. 操练与练习方式的游戏

一部分游戏型课件实质上是游戏式的操练与练习。由于游戏的方式大大刺激了幼儿的学习积极性,在娱乐中学习知识,因此能取得较好的教学效果。

2. 模拟方式的游戏

另一种游戏型课件是把模拟与游戏结合起来,让幼儿在有竞争性的模拟环境中思索、探讨、尝试、发现错误和纠正认识,从而在掌握规律和事实的同时,还学会寻找规律、做出决策的方法,培养幼儿适应现实的能力和应变能力。

应用游戏型课件进行教学活动时,教师必须注意引导作用,不能让它沦为普通的游戏,而应通过引导、启发、归纳等让幼儿注意其教育内容,达到教育目标。

1.3.4 任务 9：综合型课件

◎ 学习目标

了解综合型课件的特点，以适应幼儿园教育教学实际。

［相关知识与技能］

综合型课件主要是将练习型课件、模拟型课件、游戏型课件等形式中的某几种形式整合到一起，用以表达较为系统的教学内容的一种课件形式，也是实际教学中最常用的课件类型。

综合型课件具有较强的可控性和智能性。可控性表现在计算机多媒体课件的内容可以由幼儿教师掌握，在幼儿园教学中，幼儿教师可根据幼儿实际接受情况，有目的、有选择地控制演示的内容、次数和速度，充分发挥综合型课件的优势，使幼儿达到最佳的学习效果；智能性主要是指多媒体技术可以声像俱备地模拟整个实验过程，让幼儿观看现实生活中看不到、看不清的各种物理、化学变化或物体宏观、微观的运动过程，以促进幼儿对活动内容的理解和记忆。

1.4 幼儿园课件的制作工具与规范

1.4.1 任务 10：幼儿园课件的制作工具

◎ 学习目标

了解课件制作的常用工具，掌握课件制作的规范。

［相关知识与技能］

幼儿园课件的制作工具

课件的制作是在课件设计的基础上，用编程语言或编著软件将课件的内容按预定的结构和方式组成一个完整的课件程序，并经过必要的后期处理，形成课件成品的过程。

对于幼儿教师来说，幼儿园课件制作主要采用课件编著软件。大部分的编著软件界面友好、使用方法简单，经过简单的培训就能掌握。这方面的软件很多，可分为基于图标和流程线的多媒体编著软件、基于卡片和页面的多媒体编著软件、基于时间轴的多媒体编著软件和基于网页制作的多媒体编著软件。

基于图标和流程线的多媒体编著软件主要有 Authorware、IconAuthor 等，其中 Authorware 比较常用。Authorware 是以设计图标和流程线来设计和制作多媒体作品的应用软件，支持多种媒体的集成，具有多种交互方式和函数功能，用它设计和制作交互性比较强的多媒体课件比较方便。

基于卡片和页面的多媒体编著软件主要有 PowerPoint、ToolBook、FounderAuthorTool 等。PowerPoint 是用来设计和制作电子幻灯片的软件，用它设计和制作课堂演示型课件比较方便。ToolBook 是基于事件驱动，面向对象编程创作的多媒体集成工具，它的最大特点是在 Windows 的集成环境中进行开发工作，开发者可以直接切入用户层观看制作效果。

基于网页制作的多媒体编著软件主要有 FrontPage、Dreamweaver、Flash 等。FrontPage 是用来制作网页的一种基本软件，比较适合制作网络型课件。Dreamweaver 是一款比较专业的网页制作软件，可以实现比较复杂的制作功能。Flash 也能够制作网络课件，但是，Flash 通常用来设计和制作 Flash 动画，用于设计和制作反映动态变化过程的课件比较方便，是幼儿园课件制作中动画素材的主要编辑软件。

无论采用什么软件来制作课件，都要考虑课件的教学内容和教学的过程两个方面，既要设计和制作与课程内容有关的素材并导入或输入课件中来，又要设计和制作与教学进程相关的程序控制。对于幼儿园课件的制作来说，掌握一定数量的与教学内容有关的素材可能比掌握课件的程序设计技巧更重要，例如黑龙江学前教育网中就创建了"学前教育资源库",开辟了"幼儿园课件制作"栏目,收集、制作了大量的幼儿园优秀、系列素材,提供给幼儿园一线教师和在校幼师生学习使用。

1.5　幼儿园课件的评价

1.5.1　任务11：幼儿园课件评价的标准

学习目标

掌握幼儿园课件评价的标准,使幼儿园课件制作得更规范。

[相关知识与技能]

1. 教育功能性标准

(1)科学性标准。课件内容能准确反映客观规律,符合科学原理,名词、术语和符号的使用符合相应的规范,符合幼儿园的教学规律。

(2)教学性标准。课件的运行符合教学的一般规律,教学目标明确,教学内容深浅、难易适当,具有系统性、连贯性,符合循序渐进的原则,教学方法先进,能激发幼儿的学习兴趣、积极性和创造性,有助于幼儿自主学习,符合因材施教的原则,能对教学效果进行及时、有效的反馈,帮助幼儿及时调整学习内容和进度,符合幼儿认知规律。

2. 技术性标准

课件能充分利用多媒体技术的优势和特点,具有较强的交互性、集成性和灵活性,课件的运行具有较好的稳定性,具有友好的人机交互界面等,符合幼儿学习规律。

3. 艺术性标准

教学信息的呈现层次分明、布局合理、重点突出、动静结合,教学信息和操作提示信息安排合理,色彩、音效等与教学内容具有一致性,程序运行的节奏符合教学过程的需要等。

[知识拓展]

教育软件的评审标准可从功能性、可靠性、使用方便性、程序设计技巧、课件商品化程度等五个方面对课件进行综合评分。

1. 功能性

教学目标适当、达到预定教学目标的程度;

符合科学性要求;

符合幼儿园教学规律和因材施教的原则;

体现计算机特点等,取得其他教学方法、手段无法取得的效果;

有利于激发幼儿的学习兴趣和主动性、积极性,有利于培养幼儿的能力。

2. 可靠性

程序足够稳定不受误操作的影响。

3. 使用方便性

教师及幼儿操作简单易学;

屏幕提示含义清楚、表达准确、简单明了,符合幼儿学习习惯。

4. 程序设计技巧

程序设计思想先进,应充分利用计算机系统的各种资源,调度合理;

应充分发挥多媒体教学的优势,综合利用文字、声音、图像、动画等媒体信息,使用得当,配合协调;

画面要美观清晰;动画应与教学内容紧密配合,有较好的动态教学效果。

5. 课件商品化程度

应有较高的商品化程度,有较详细的文档资料进行功能说明、安装使用说明,文字要通顺、易懂、准确。课件应有较好的包装,用光盘或软盘发行,便于幼儿园之间的教育交流。

1.5.2 任务 12:幼儿园课件评价的方法

○ 学习目标

掌握幼儿园课件评价的方法。

[相关知识与技能]

1. 技术检测法

根据多媒体教学软件的制作规范要求,事先确定检测的项目,组织有关技术人员进行检测。主要检测多媒体素材的情况、硬件和软件环境要求、安装程序和注意事项等,对幼儿园课件的科学性加以检测,以符合幼儿园教学要求。

2. 调查评议法

通过对使用多媒体教学软件的教师和幼儿以及其他有关人员进行调查了解,收集、统计和分析有关数据,对多媒体教学软件进行测评。在幼儿园展开教学研究,必要时可以请幼儿家长参与。

3. 实验研究法

选择不同的实验对象(幼儿园班级、幼儿),实施多媒体教学实验或对照实验,通过实验前后或不同实验对象教学效果的对比分析,评价多媒体教学软件的质量,有利于幼儿园课件的对比研究。

4. 综合评价法

依据明确的目标,按照一定的标准,采用科学的方法和量化指标,综合测量和分析,对多媒体教学软件的功能、性能做出评价,使幼儿园的课件更加完善,适应幼儿园的教学实际。

本章习题

1. 幼儿园课件设计与制作应符合哪些基本原理?
2. 幼儿园课件是如何分类的?
3. 幼儿园课件设计的内容包括哪些方面?
4. 如何进行幼儿园课件设计?
5. 制作幼儿园课件的常用软件有哪些?
6. 制作幼儿园课件有哪些标准?

本章小结

本章主要从幼儿园课件设计与制作的理论基础、课件设计的内容与方法、课件的基本类型、课件的制作工具与规范、课件的评价这五个方面来阐述多媒体课件制作理论,帮助幼师生初步掌握幼儿园课件的制作方法,为后续章节的实际制作打下理论基础。

第2章

多媒体课件素材制作

本章导读

　　本章对文字、图像、声音、动画和视频这五个方面素材的获取与制作进行了分析,推荐和讲解了适合幼儿园课件制作的常用软件,并通过任务形式给出了相应的案例,使学生在学习中能够举一反三,有助于理解与掌握知识点。

　　在文本素材制作中,介绍如何获取文本素材,拓展了学生的知识面;在声音素材的获取中,详细讲解了 Windows 自带的录音机的使用方法,实用有效;在图像处理中,以专业的图像处理软件 Photoshop 的使用为例,从实用的角度讲解了图像制作的原理,深入浅出,生动形象;在动画素材制作中,以流行的 Flash 为工具,讲解了动画制作基本方法,操作性强,动画效果好;在视频素材处理中,介绍了视频的截取和格式转换的方法。

　　通过本章的学习,学生能够自主地获取与制作多媒体素材,为下一步课件制作打下基础。

2.1　素材的分类

2.1.1　任务1:知道课件素材的分类

学习目标

　　了解课件素材的类型,熟悉各种常见的课件素材的文件格式。

[相关知识与技能]

　　由于人们对课件素材使用的处理工具或编辑软件的不同,因此同一种素材的文件有多种不同的格式。不同的课件制作软件在应用课件素材时,对文件格式有着不同的要求,了解课件素材的文件格式对于多媒体课件的创作是十分必要的。表2-1中列出了常见的课件素材文件的扩展名。

表 2-1 常见的多媒体课件素材文件

媒体类型	扩展名	说　明
文　字	Txt Rtf Doc Wps	纯文本文件 Rich Text Format 格式 Word 文件 WPS 文件
声　音	Wav Mid MP3	标准 Windows 声音文件 乐器数字接口的音乐文件 MPEG Audio Layer3 声音文件
图形图像	Bmp Jpg Tif Eps	Windows 位图文件 JPEG 压缩的位图文件 标记图像格式文件 带有预视图像的 PS 格式文件
动　画	Flc(Fli) Swf Gif	AutoDesk 的动画文件 Macromedia 的 Flash 动画文件 图像互换格式文件
视　频	Avi Mov Mpg Dat 3GP Ram(ra、rm)	Windows 视频文件 Quick Time 动画文件 MPEG 视频文件 VCD 中的视频文件 3G 流媒体的视频文件 Real Audio 和 Real Video 的流媒体文件

[知识拓展]

1. 文本

文本指的是字母、数字和符号,文本文件除了换行和回车外,不包括任何格式化信息,它是 ASCII 码文件。文字是多媒体课件中最基本的素材。如果文字的内容不是很多,文字的输入最常用的就是直接用键盘输入,也可以采用语音输入、手写输入等辅助输入方法。含有较多文字的素材还可以利用扫描仪附带的文字识别(OCR)软件进行转换输入。其中,*.txt 文件和 *.doc 文件是最常见的文本格式。虽然在制作幼儿园课件时多采用影、音、图等多种表达方式,但文字的使用却是必不可少的。尤其对幼儿来说,文本的大小、位置以及颜色的设计要符合其年龄特点。另外,与其他素材相比,文字是最容易处理、占用存储空间最少、最方便利用计算机输入和存储的素材,文本编辑是幼儿园多媒体课件制作中非常重要的一部分。

2. 矢量图形

图形在计算机中都是以数字的形式记录的。在图形文件中记录了生成图的算法和构成一幅图的所有直线、圆、圆弧、矩形、曲线等特征值,这样的图形也称矢量图。它比图像文件小,而且可以随意拉伸变形,可采取高分辨率印刷,如 PowerPoint 的剪贴画就是这类文件,其主要格式有 *.wmf 文件、*.emf 文件、*.dxf 文件等。显示时需要专门的软件读取这些指令,并将其转变为屏幕上所显示的形状和颜色。矢量图主要用于线形的图画、美术字、工程制图等。由于每次屏幕显示时都需要重新计算,对于一个复杂的图像,需要花费一定的时间。

3. 图像

图像文件的格式非常多,常见的有 *.bmp 文件、*.jpg 文件、*.gif 文件。相同的一幅图像素材文件,由于采用不同的文件格式来保存,其形成的文件的大小和图像的质量有很大的差别。如一幅 640×480 大小的采用 24 位颜色深度的图像,如果采用 bmp 格式,则这个图像的文件大小为 921 KB;若转用 jpg 格式(一种应用图像压缩技术处理的文件格式),则该图像文件的大小只有 35 KB 左右。为了文件的传送或储存方便,有时候要选用文件较小的格式,如网页制作时一般都不采用 bmp 格式,而用 jpg 格式。

我们用照相机或扫描仪采集的都是模拟图像,将模拟图像通过采样和量化以后就可以数字化。这里讲的图像指的是位图,它是由描述图像中各个像素点的强度与颜色的数位集合组成的。位图图像适合表现比较细致、层次和色彩比较丰富、包含大量细节的图像。图像的参数有分辨率、图像深度、图像颜色数。分辨率是用于度量位图图像内数据量多少的一个参数。图像深度是指图像中每个像素的数据所占的位数。图像的颜色数是指一幅图像中所具有的最多的颜色种类。

4. 动画

计算机动画是指采用图形与图像的处理技术,借助于编程或动画制作软件生成一系列的景物画面。计算机动画分为二维动画和三维动画,它的常见格式有 *. flc 文件、*. gif 文件(常用于网页制作)、*. swf文件(Flash 文件)等。

在教学中,往往需要利用动画来模拟事物的变化过程,尤其是当前流行的 Flash 二维动画,在教学中应用较多。动画片是儿童乐于接受的,因此,较完善的多媒体教学课件大多都配有动画以加强教学效果。

5. 声音

声音文件常用的有 *. wav 文件和 *. mid 文件。 *. wav 是微软公司开发的一种声音文件格式,用于保存 Windows 平台的音频信息资源,被 Windows 平台及其应用程序所支持。由于它可以无损地保存声音,所以文件的数据比较庞大,如果不经过压缩处理的话,1 分钟的录音所形成的文件就有 8 MB多。近年来,采用压缩技术,可以将声音文件的大小压缩 10 倍以上,采用这种技术的声音文件是 *. mp3文件。相同长度的音乐文件,用 *. mp3 格式来储存,一般只有 *. wav 文件的 1/10,而音质要次于 CD 格式或 WAV 格式的声音文件。 *. mid 文件又称为 MIDI(乐器数字化接口)文件,它是一种电子乐器(如电子琴、电子合成器)通用的音乐数据文件,MIDI 只能模拟乐器的发声,只能用来播放音乐,不能用来播放语音或带人声的歌曲。这样一个 MIDI 文件每存 1 分钟的音乐只用大约 5～10 KB,所以MIDI 文件常用作多媒体的背景音乐。

声音的三个特征是音调、响度和音色。音调是指声音的高低,由频率决定。响度,即声音的大小(俗称音量),取决于声波振幅的大小。而音色则是由混入基音的泛音所决定的,每个基音又都有其固有的频率和不同音强的泛音,从而使得每个声音具有特殊的音色效果。

6. 视频

视频是连续的图像变化,当每秒超过 24 帧(frame)画面以上时,根据视觉暂留原理,人眼就无法辨别单幅的静态画面,看上去就有平滑连续的视觉效果。视频一般分为模拟视频和数字视频。视频文件是要记录声音和图像两方面的数据。常见的视频文件有 *. avi 文件、*. dat 文件、*. mov 文件、*. mpg 文件、*. mpeg 文件等格式,视频文件相对来说比较庞大,其中后面两种文件是常用压缩技术处理的文件。不同格式的视频文件可以通过专门的软件来进行转换。

[探索与练习]

观察不同的多媒体素材,说出其文件格式及特点。

2.2 文本素材的处理

2.2.1 任务2:从网络上下载童话故事《卖火柴的小女孩》

● 学习目标

能够熟练地获取和处理课件中的文本素材。

案例 2-1 从网络上下载童话故事《卖火柴的小女孩》,用记事本进行处理后,以文件名"卖火柴的小女孩"保存。

[相关知识与技能]

当前在幼儿园中使用最普遍的文字处理软件多为美国微软公司的 Word 和国产的金山 WPS。对于从网络上下载的文本，用 Windows 自带的记事本和写字板也可以方便地处理。

[方法与步骤]

(1) 在网络上获取童话故事《卖火柴的小女孩》的文本。操作步骤如图 2－1 所示。

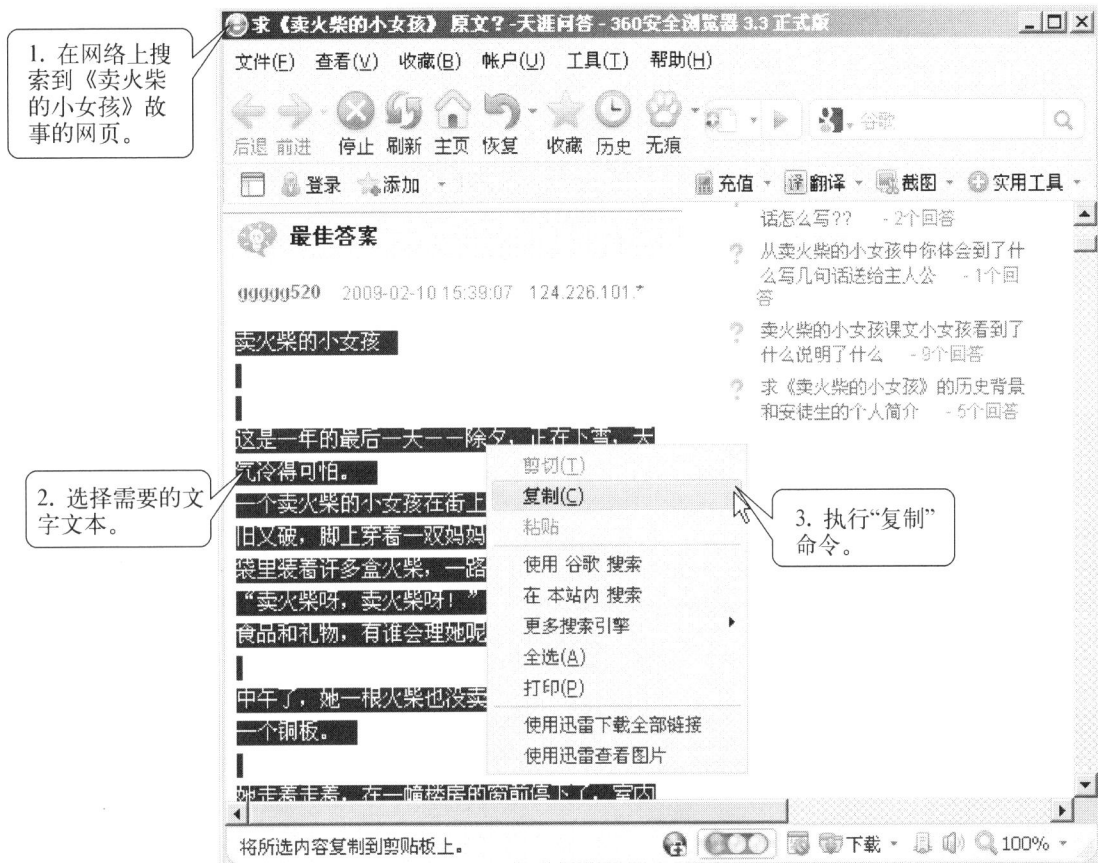

图 2-1　获取文本素材

(2) 使用记事本进行文本的处理。操作步骤如图 2－2 所示。

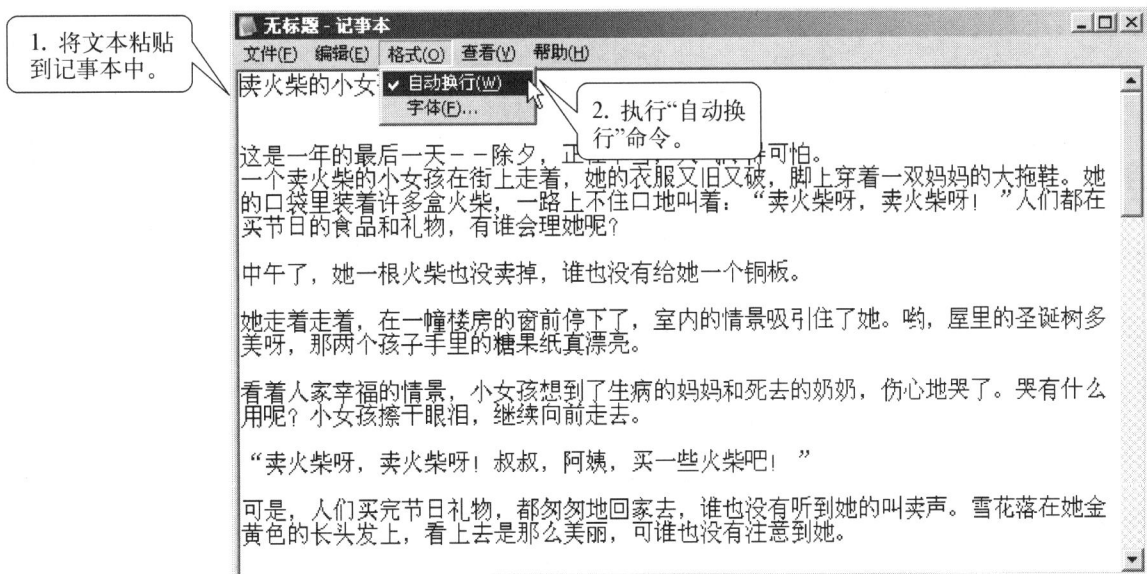

图 2-2　处理文本素材

（3）保存文本：单击菜单"文件"→"保存"命令，以 Txt 格式保存。

[知识拓展]

1. 文本的输入

文本的输入通常使用键盘。用键盘输入时，英文、数字、常用标点符号可以直接从键盘输入。汉字、中文标点符号、其他文字符号、特殊符号的输入，通常需要使用相应的输入法。当采用手写输入、语音输入和扫描输入时，一般都要相应的软件识别转换才能得到所需要的文本。

2. OCR 文字识别技术

OCR 是 Optical Character Recognition 的简称，即光学字符识别技术。随着扫描仪在工作中的普及，如果要将大批量的印刷体或手写体文字转换成电子文本素材，常用的方法就是通过扫描仪扫描变成计算机中的图像文件，再使用 OCR 文字识别技术将其识别并转换为可编辑的电子文本。

2.3 图像素材的处理

2.3.1 任务 3：合成一张照片

○ **学习目标**

通过合成一张照片，掌握 Photoshop 图像处理的基本操作。

案例 2 - 2 用 Photoshop 合成照片，以文件名"我的照片"保存，效果如图 2 - 3 所示。

图 2 - 3 合成照片示例

[相关知识与技能]

1. Photoshop CS2 的界面和常用工具

Photoshop 是 Adobe 公司开发的数字图像处理软件，常用于广告、艺术、平面设计和网页图像制作等领域。Photoshop 具有图层处理、通道处理、路径处理、蒙版处理等图像编辑与处理功能；具有多种选择工具，同时可将多种选择工具结合起来选择较为复杂的图像；具有多种内置滤镜和第三方滤镜供用户选择使用。

如图2-4所示,常用的绘图工具都包含在左侧的工具箱中,图标右下角有小三角的,表示有隐藏的工具。当选择不同的工具时,选项工具栏中会出现当前工具的设置选项。

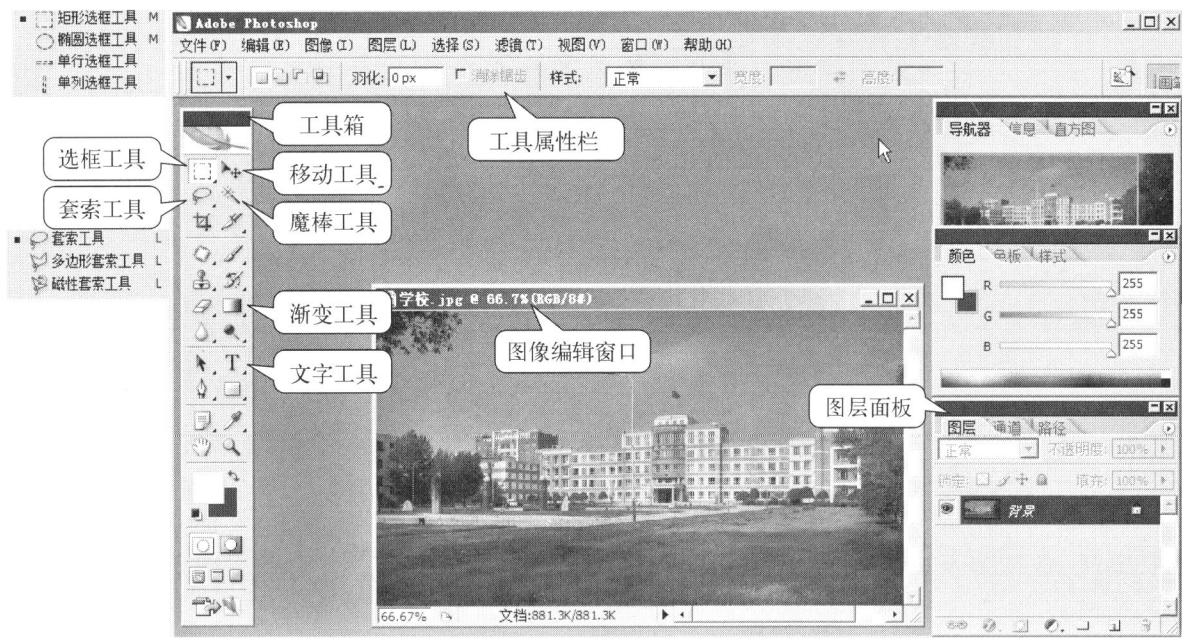

图2-4 Photoshop CS2界面及常用工具

选框工具和套索工具:对图像进行处理时,常常要对图像中的某些部分进行复制、删除、变形等操作。选框工具和套索工具就是用来选取图像选区的,选框工具只能选取规则的区域,如矩形、椭圆、单行、单列等,而套索工具可以选取不规则的区域,磁性套索工具还可以将颜色相近的区域自动选取出来,配合"Shift"键还可以同时选取多个选区。

魔棒工具:魔棒工具是用来选取颜色相近而轮廓复杂的区域的,它根据图像中像素的颜色差异程度来确定哪些像素被选取。

渐变工具:渐变工具用来填充渐变色彩到封闭区域。

文字工具:横排文字和直排文字工具用来输入文本,而横排文字蒙版工具和直排文字蒙版工具是建立文字形状的选区。

2. Photoshop CS2 的图层

图层是 Photoshop 中的重要概念,对图层进行处理是最基本、最重要的操作。

图层的概念和特点:可以把每个图层看成一张透明胶片,上一层图层中没有像素的地方为透明区域,通过透明区域可以看到下一层的图像;图层是相对独立的,编辑一个图层时,不影响其他图层;改变图层的顺序和属性可以改变图像的最后效果。

图层面板:图层面板上显示了图像中的所有图层、图层组合和图层效果,可以使用图层面板上的各种功能来完成图层编辑任务,如创建图层、隐藏图层、复制和删除图层等,还可以使用图层模式改变图层上的图像效果,如添加阴影、内发光、浮雕等。另外可以通过图层的光线、色相、透明度等参数制作出复杂绚丽的效果。

[方法与步骤]

(1) 启动 Photoshop CS2,分别打开图片"学生"和"学校"。

(2) 在"学生"图片中,利用"魔棒"工具和"反向"命令,将人像选取出来,操作如图2-5所示。

(3) 移动人像。将"学生"图片拖入"学校"照片中,然后把"学校"中新增的图层更名为"学生",操作如图2-6所示。

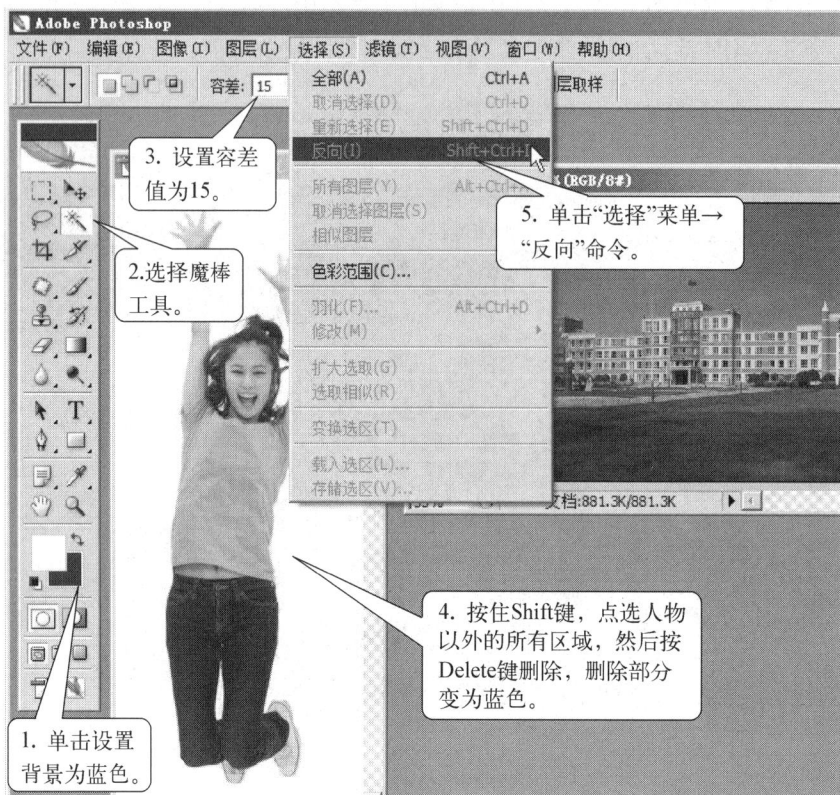

图 2-5　选取人像

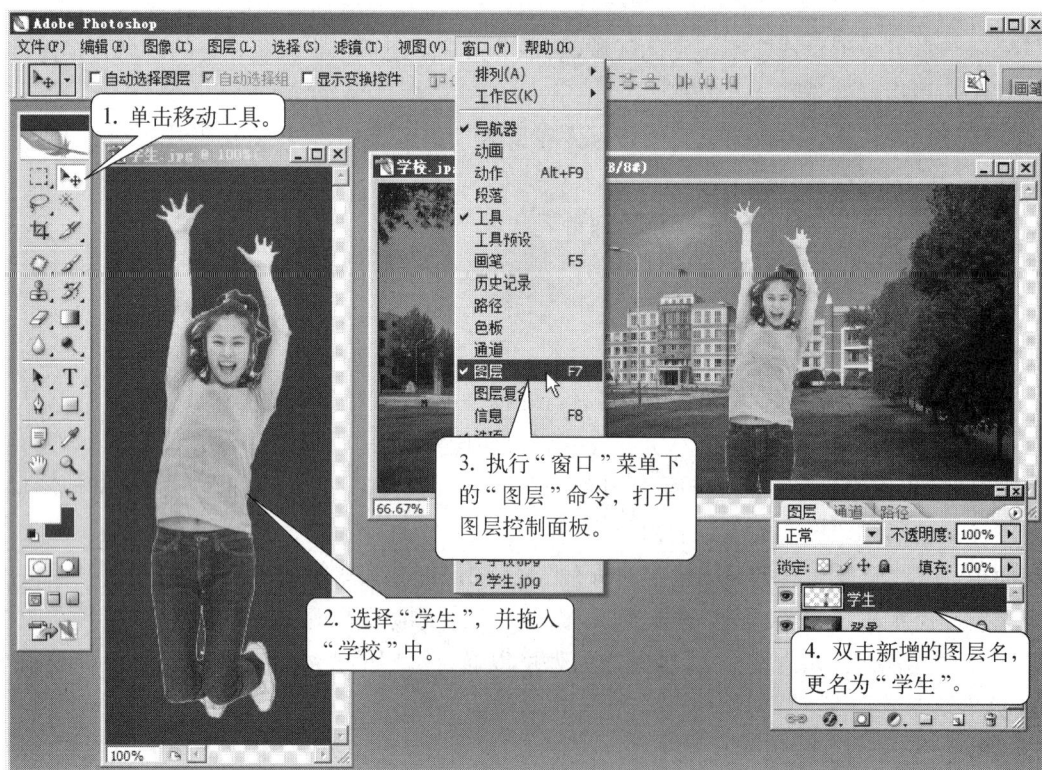

图 2-6　移动人像

（4）修改人像大小和位置。对拖入的人像调整大小和位置，使其符合画面"学校"的整体效果，操作如图 2-7 所示。

（5）保存图像。单击菜单"文件"→"存储为"命令，以 PSD 格式和 JPG 格式各保存一份。

图 2-7　修改人像大小和位置

[知识拓展]

图形、图像资源的获取途径和方法：

1. 从光盘中获取或截取

图形、图像资源的获取，一方面可以购买现成的图形、图像素材光盘。已经出版的各种教学素材光盘有很多，可以从中直接获取图形、图像素材资源，或者将它们拷贝到相应的存储设备中以备用。

2. 通过外部设备获取

报刊、书籍中的图形、图像可用扫描仪扫描下来，存为相应格式的图形、图像文件。关于扫描仪的操作使用可参看扫描仪的说明书。

用数码照相机和数码摄像机可以直接拍摄数码照片成为图形、图像素材。直接使用数码相机或数码摄像机拍摄的照片可以省去扫描照片的过程，节省了大量的时间。拍摄下来的照片可用相应的连接设备存储到计算机中。

3. 通过互联网获取

互联网提供了大量的图形、图像资源，从相关网站上查找和获取图形、图像资源已成为获取图形、图像资源的基本途径。百度图片号称全球最大的中文图片库，利用百度中文搜索引擎提供的图片搜索功能可以搜索查找到大量的图形、图像资源。

4. 用屏幕抓图软件截取图形、图像

网上的图形、图像有时无法直接复制或另存为本地的图形、图像，这时就需要使用截图的方法来获取所需的图形、图像。另一方面，有时需要将图形、图像中的一部分保存为单独的图形、图像，以方便在其他软件中使用。

Windows 操作系统为我们提供了两个用来抓取屏幕的快捷键："Print Screen"和"Alt"＋"Print Screen"。

"Print Screen"用来抓取整个屏幕，在任何时候只要一按这个键，Windows 系统就会把当前的屏幕复制到剪贴板中。如果我们想保存复制到剪贴板中的图像，可以打开一个图形处理软件，然后用"编辑"菜单下的"粘贴"命令把剪贴板中的图像粘贴下来，再把它保存成图像文件就行了。

"Alt"＋"Print Screen"用来抓取当前窗口中的内容。按下这个键后，系统也会把当前窗口中的内容复制到剪贴板中。

用这两个键截图虽然很方便，但我们会感觉到它远远无法满足我们的需要，而一些专业的截图软件则为我们提供了各种强大的功能。

这样的软件有很多，比较常用的有 Ultrasnap、Snagit、Hyper-Snap 等，它们不仅可以截取窗口、屏幕，还可以对 Windows 操作系统窗口的各个组成部分进行截取，如按钮、工具条、输入栏，甚至系统的菜单、鼠标指针等。其中 Hyper-Snap 的功能较为齐全，截图的方式灵活多样，对截取的图形、图像具有很强的后期编辑处理的能力，并且融合了基本的绘图功能，可直接打开图形、图像文件进行编辑处理，并能将它们保存为多种不同的格式，实现不同格式图像文件之间的转换。

2.4　声音素材的处理

在多媒体中合理地加入一些声音，可以更好地表达教学内容，有利于使学习者大脑保持兴奋状态，使视觉思维得以维持。同时还可吸引学生的注意力，增加其学习兴趣，调节课堂的紧张气氛，有利于学生思考问题。

2.4.1　任务4：声音的录制与播放

学习目标

通过案例学习如何使用 Windows XP 系统中的录音机录制声音素材。

案例 2 - 3　用 Windows XP 系统中提供的"录音机"录制一段声音，然后进行播放。

[相关知识与技能]

Windows 操作系统的附件中提供了一款录音机程序，可用来播放和录制波形音频。

在使用录音机程序录音之前，应将麦克风或耳机的插头插入主机的音频接口上，注意麦克风或耳机上的图标符号应与主机音频接口的图标符号一致。

[方法与步骤]

（1）打开"开始"→"程序"→"附件"→"娱乐"→"录音机"程序，弹出"声音-录音机"对话框。

（2）单击菜单"编辑"→"音频属性"命令，打开"声音属性"对话框，设置麦克风录音，操作如图 2-8 所示。

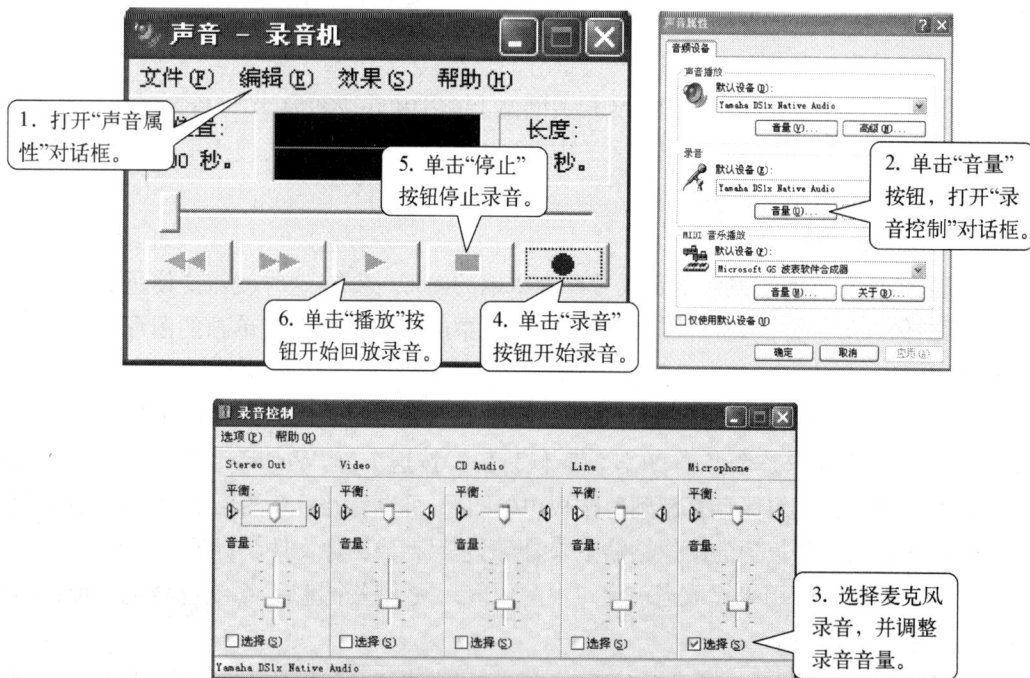

图 2-8　声音的录制

　　录音机录制的声音长度默认为 60 秒,要继续录音,需再次单击"录音"按钮,录音时间自动扩展为 120 秒,后录制的声音自动接在前面录制的声音之后。

　　(3) 单击菜单"文件"→"保存"或"另存为"菜单项,将弹出"另存为"对话框。选择保存的位置、输入声音文件名、设置声音文件的格式,然后单击"保存"按钮保存录制的声音文件。

[知识拓展]

　　1. 声音素材的获取

　　(1) 从网上下载。

　　声音文件可以从网上下载,现在网上音乐 MP3 文件由于版权方面的原因,有些网站已经停止下载,而只能够在线收听了。如果网上的音频资源只提供在线收听,则可利用具有在线录音功能的软件如 CoolEdit 2000 程序进行录音,然后保存为相应的音频文件。

　　(2) 录制 CD。

　　对于 CD 音乐,我们可以通过豪杰超级解霸 2000 中的"MP3 数字 CD 抓轨"程序来抓取,把抓取后的声音保存为 WAV 或 MP3 格式。

　　(3) 用麦克风录制。

　　先把麦克风接到电脑的麦克风口上,然后启动音乐编辑软件,如 Cool Edit 2000,按下录制按钮,就可以通过麦克风把人的解说词、旁白、背景音乐等声音录制下来,并储存成 WAV 或 MP3 格式了。

　　(4) 线录。

　　如果你准备录制磁带上的歌曲,则可以准备一根双头音频线,一端接入声卡的 Line In 接口,另一端接入磁带的耳机口,然后双击任务栏托盘区中的小喇叭图标,选择"选项"→"属性"→"录音",切换到录音面板方式,并设置录音方式为 All(在有的机器上为 Mixed Out 或 Stereo Mix 等)。最后按下磁带播放键开始播放,同时启动录音软件,如 CoolEdit 2000 等进行录音,保存为 WAV 或 MP3 格式备用。通过这种方法可以把磁带上的歌曲录制到硬盘中来。

　　(5) 多媒体素材库光盘。

　　现在市场上流行的多媒体光盘中,往往都含有声音资料,一般以 WAV、MIDI 等格式存放。我们可以通过 Windows 的查找功能来寻找上述文件,这是一个十分快速、经济的方法。

　　(6) 通过 Windows 来捕捉。

　　有些多媒体软件和光盘中没有现成的声音文件,但是程序中却有声音,我们可以先通过上面的方法,启动声音录制软件进行录制,同时运行能够发声的软件,即可录取程序中的声音。

　　2. 声音的编辑处理

　　要使已有的音频文件能在多媒体设计和应用中更好地发挥作用,往往需要对音频文件进行一定的编辑、加工处理。对于 WAV 格式的音频文件,可利用录音机程序所提供的编辑功能,对声音进行编辑处理。

　　(1) 打开录音机程序,打开要编辑的波形声音文件。

　　(2) 去掉前面或后面的内容:通过播放声音文件找到编辑点位置,单击"停止"按钮,然后在"编辑"菜单中选择"删除当前位置以前的内容"或"删除当前位置以后的内容"。

　　(3) 声音的插入和合并:通过播放声音文件找到插入点位置,单击"停止"按钮,然后选择"编辑"菜单中的"插入文件"菜单项,将选择的声音插入当前声音中间。如果在开始和结束的位置插入新的声音文件,可实现声音的合并。

　　(4) 混音与配乐:在打开一个声音文件后,选择"编辑"菜单中的"与文件混音"菜单项,选择混音文件,即可实现两个声音文件的混音。如果打开的两个声音文件分别是语音和音乐,混音编辑操作的结果就相当于给语音配乐。

　　(5) 声音效果设置:在录音机程序中对音频文件可以通过"效果"菜单设置音频效果,如增加或减少音量、加速或减速、添加回音、反转等。

2.5 动画素材的获取与制作

2.5.1 任务5：获取与制作动画素材

学习目标

通过学习动画素材的加工处理学会多媒体课件的素材制作。

[相关知识与技能]

1. 动画的基础知识

动画的一般定义是通过连续播放一系列的画面，在视觉上造成连续变化的图画。动画的基本原理是视觉暂留效应。动画是课件中常用的一种素材，它形象、生动，能反映事物发展变化的内在规律。常见的动画形式有 Internet 上流行的 GIF 格式动画文件（可以用 Fireworks、Photoshop 或其他专用制作 GIF 动画的软件制作）、用 Flash 制作的 SWF 格式动画文件，以及用 3DSMAX 制作而成的 AVI 格式文件。

2. 动画素材的获取与制作

Flash 动画的最基本元件就是对象，使用绘图工具栏中的绘图工具在帧编辑区中绘制矢量化对象，为了方便对象的重复使用，可以把对象保存为 symbol（组件）或直接创建组件；对象处于 Scene（场景）中，某一时刻场景的静态图像称为 Frame（帧）；每个场景中可设置多个 Layer（层），每个层中有若干个对象；改变不同的时刻（即不同的帧）中对象的位置、形态，由此产生动画。

三维动画是多媒体课件制作的常用素材，如化学分子结构模型、立体几何模型、地球模型等，它们有的可以从现成的素材库中获得，但大多数需要靠我们自己制作。3DStudioMAX 是 Autodesk 公司推出的三维动画制作软件，它功能强大，被广泛用于电视广告、计算机游戏造型、电影特技、建筑装潢设计等各个领域，在多媒体课件制作中，它也大有用武之地。

[知识拓展]

常用的动画文件格式主要有以下几种：

1. GIF

GIF(.GIF)是 Graphics Interchange Format（图形交换格式）的英文缩写，是由 CompuServe 公司于 20 世纪 80 年代推出的一种高压缩比的彩色图像文件格式。

2. Flic

Flic 文件(.FLI/.FLC)是 Autodesk 公司在其出品的 Autodesk Animator/Animator Pro/3DStudio 等 2D/3D 动画制作软件中采用的彩色动画文件格式。

3. SWF

Flash(.SWF)是 Micromedia 公司的产品，严格来说它是一种动画（电影）编辑软件。实际上它是制作出一种后缀名为.swf 的动画，这种格式的动画能用比较小的体积来表现丰富的多媒体形式，并且还可以与 HTML 文件达到一种"水乳交融"的境界。

2.5.2 任务6：用 Macromedia Flash 制作旋转动画

学习目标

通过旋转动画制作，掌握 Flash 补间动画制作方法及属性设置。

案例 2-4 制作一个旋转的风车。

[相关知识与技能]

Flash 动画是矢量动画，其特点是制作简单、快捷、文件小、形式活泼，比较适合在网上使用，能实现网络互动功能,适用于网络传输和课件制作。

在补间动画制作中,对于属性进行操作,可以得到不同的动画效果,如对位移、旋转、变形、速度、透明度及颜色等进行设置,可以使动画变得丰富多彩。

[方法与步骤]

(1) 打开 Macromedia Flash MX,导入一个背景图片,操作如图 2-9 所示。

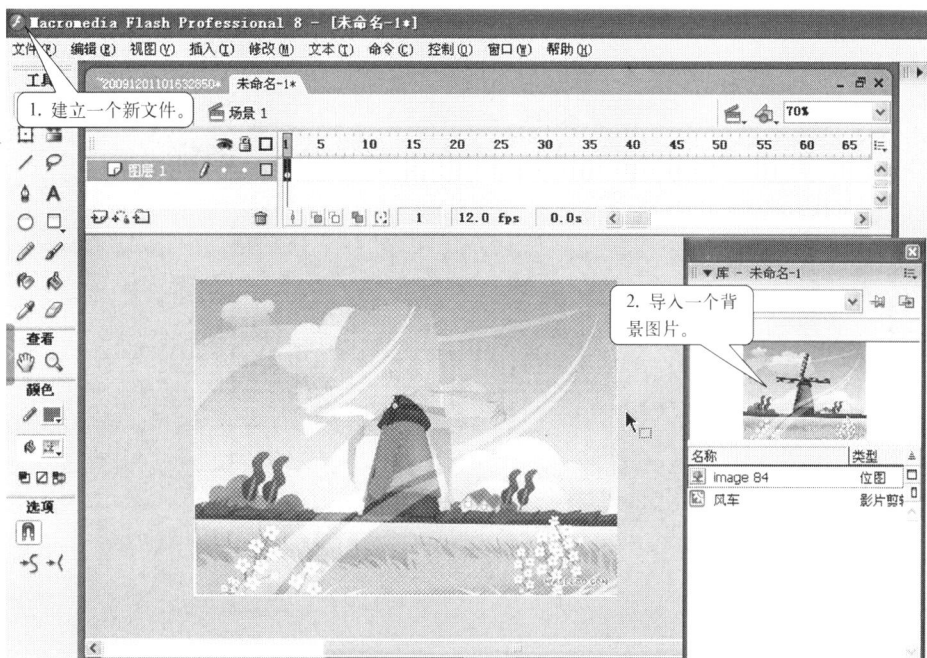

图 2-9 新建 Flash 文件

(2) 单击"插入-新建元件"按钮,类型选择"影片剪辑",命名"风车",操作如图 2-10 所示。

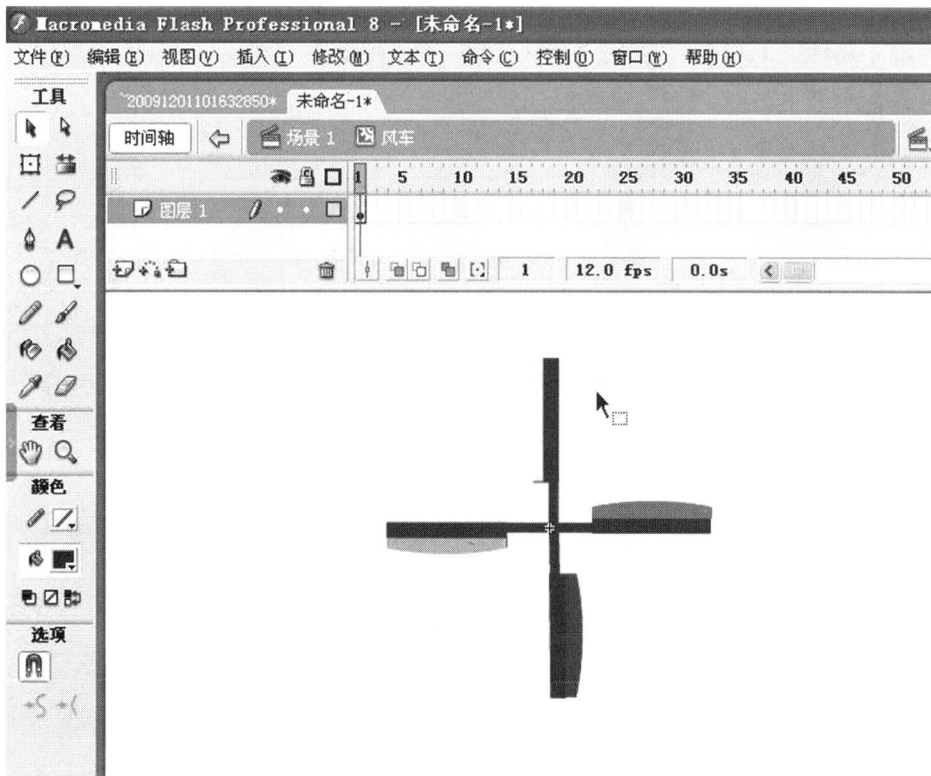

图 2-10 创建 Flash 元件

（3）打开库，把"风车"导入新建一层，操作如图2-11所示。

图2-11 从库中导入元件

（4）在动画编辑区中的时间轴上选择第70帧，右击该帧，在快捷菜单中选择"插入关键帧"菜单项，将第70帧设置为关键帧，操作如图2-12所示。

图2-12 时间轴设置

（5）在时间轴上选择所有帧，在下面的属性设置面板中设置补间为"动画"，这时在动画编辑区中的时间轴上显示补间动画的箭头，选择"旋转-顺时针-5"，操作如图 2-13 所示。

图 2-13　动画属性设置

（6）在"控制"菜单中选择"播放"，可预览动画效果。也可以通过"控制"菜单中的 "测试影片"来测试动画的效果，可看到风车旋转效果，操作如图 2-14 所示。

图 2-14　测试影片

（7）在"文件"菜单中单击"导出影片"菜单项，在弹出的对话框中选择保存的位置，输入文件名称，按"确定"按钮,再在"导出设置"对话框中设置文件的相关属性,按"确定"后导出扩展名为. SWF 的 Flash 动画文件。

[探索与练习]

    1. 简述动画的基础知识。

    2. 简述动画素材的获取与制作。

    3. 常用的动画格式有哪些?

2.6　视频素材的处理

2.6.1　任务 7:视频的截取和格式转换

学习目标

能够对课件中的视频素材熟练地进行截取和格式转换。

案例 2-5　截取《幸福拍手歌》音乐视频中的第一段内容,并将视频的格式转换为 WMV 格式,最后以文件名"《幸福拍手歌》片段"保存。

[相关知识与技能]

常用的视频文件格式有:

1. AVI

AVI(. AVI)是音频视频交错(Audio Video Interleaved)的英文缩写,它是 Microsoft 公司开发的一种符合 RIFF 文件规范的数字音频与视频文件格式。AVI 文件目前主要应用在多媒体光盘上,用来保存电影、电视等各种影像信息,有时也出现在 Internet 上,供用户下载、欣赏影片的精彩片段。

2. MPEG

MPEG 文件格式(. MPEG/. MPG/. DAT)是运动图像压缩算法的国际标准,它采用有损压缩方法减少运动图像中的冗余信息,同时保证每秒 30 帧的图像动态刷新率,已被几乎所有的计算机平台共同支持。

3. QuickTime

QuickTime(. MOV/. QT)是 Apple 计算机公司开发的一种音频、视频文件格式,用于保存音频和视频信息,具有先进的视频和音频功能,被包括 Apple Mac OS、Microsoft Windows95/98/NT 在内的所有主流电脑平台支持。

4. RealVideo

RealVideo 文件(. RM)是 RealNetworks 公司开发的一种新型流式视频文件格式,它包含在 RealNetworks 公司所制定的音频视频压缩规范 RealMedia 中,主要用来在低速率的广域网上实时传输活动视频影像,可以根据网络数据传输速率的不同而采用不同的压缩比率,从而实现影像数据的实时传送和实时播放。RealVideo 除了可以以普通的视频文件形式播放之外,还可以与 RealServer 服务器相配合,在数据传输过程中边下载边播放视频影像,而不必像大多数视频文件那样,必须先下载然后才能播放。目前,Internet 上已有不少网站利用 RealVideo 技术进行重大事件的实况转播。

[方法与步骤]

格式工厂是一款免费万能的多媒体格式转换软件。这款软件支持几乎所有类型的多媒体格式,转换过程中还可以修复某些损坏的视频文件。

(1)启动格式工厂 2.20,选择要转换的视频类型。操作步骤如图 2-15 所示。

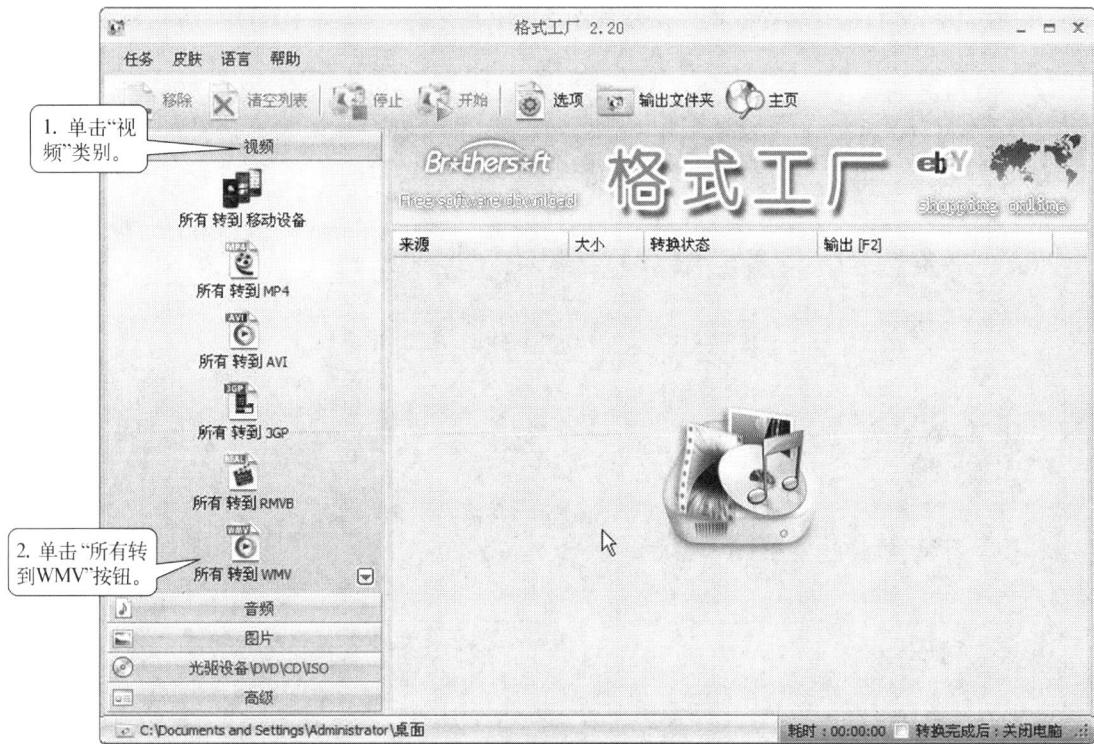

图 2-15 选择要转换的视频类型

（2）添加视频文件。操作步骤如图 2-16 所示。

图 2-16 添加视频文件

（3）截取视频文件。操作步骤如图 2-17 所示。

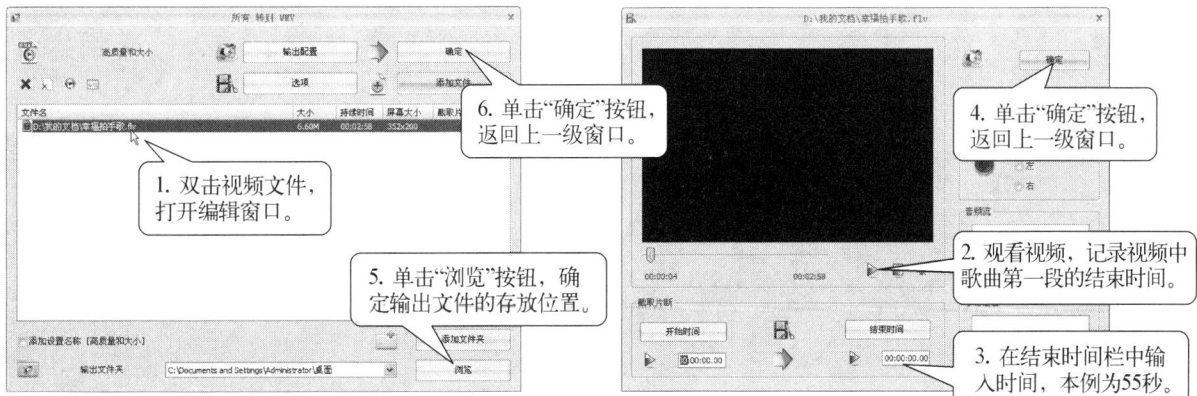

图 2-17 截取视频

（4）设置完毕，进行格式转换。操作步骤如图 2-18 所示。

图 2-18　进行格式转换

[知识拓展]

获取视频的途径主要有：

（1）在互联网上查找、下载。

（2）从影碟中获取视频。

（3）从课件中获取。课件中的视频文件一般都会单独存放，使用时可直接调用。

（4）使用数码摄像机拍摄。

（5）使用工具软件如 Premiere、绘声绘影等制作。

第 3 章

演示型课件制作

本章导读

　　演示型课件是指教师根据教学目标的要求,合理地将教学内容按照一定的组织结构制作而成的课件。对于幼儿来说,演示型课件可以极大地提高其对事物的认知。

　　微软公司的 PowerPoint 是一款在幼儿园中最常使用的制作演示型课件的软件。通常一个幻灯片演示文稿由多张幻灯片组成,在各张幻灯片中可以包含图表、图形、项目符号、艺术字、视频和音频剪辑以及其他内容。本章主要介绍用 PowerPoint 制作演示型课件过程中的一些主要技术。

3.1　演示型课件的创建

3.1.1　任务 1：PowerPoint 的简单应用

学习目标

　　通过一个简单的案例,了解课件制作软件 PowerPoint 2003 中的基本概念,掌握 PowerPoint 2003 的基本操作。

案例 3-1　大班某老师在语言领域讲解古诗《咏鹅》时,按照下面的教学设计制作了本课的课件。

　　教学设计:

　　1. 谜语导入

　　头戴红帽子,身披白袍子,脚穿红袜子,唱歌伸脖子。(猜一动物名称)

　　2. 古诗欣赏

　　出示视频。画面上红花绿柳,溪流潺潺,一群鹅在水中一边游一边叫。这幅白鹅戏水图,色彩鲜艳,极具情趣,让幼儿对古诗有初步的认识。

　　3. 诵读古诗,讲解古诗含义

　　4. 背诵古诗,感受诗歌意境

　　课件制作要点:

　　第一张幻灯片内容是课件的封面。

第二张幻灯片内容是课题导入的谜语。

第三张幻灯片内容是古诗欣赏。

第四张幻灯片内容是古诗《咏鹅》。

第五张幻灯片内容是古诗讲解。

第六张幻灯片内容是课件的封底。

制作完成后课件以文件名"咏鹅1.ppt"保存,最终效果如图3-1所示。

图3-1 咏鹅1.ppt

[相关知识与技能]

PowerPoint是一个演示型课件制作软件,利用它制作课件非常方便,并能得到非常好的现场演示效果。

1. PowerPoint 2003 的工作窗口

启动 PowerPoint 2003 后,打开它的工作窗口,如图3-2所示。

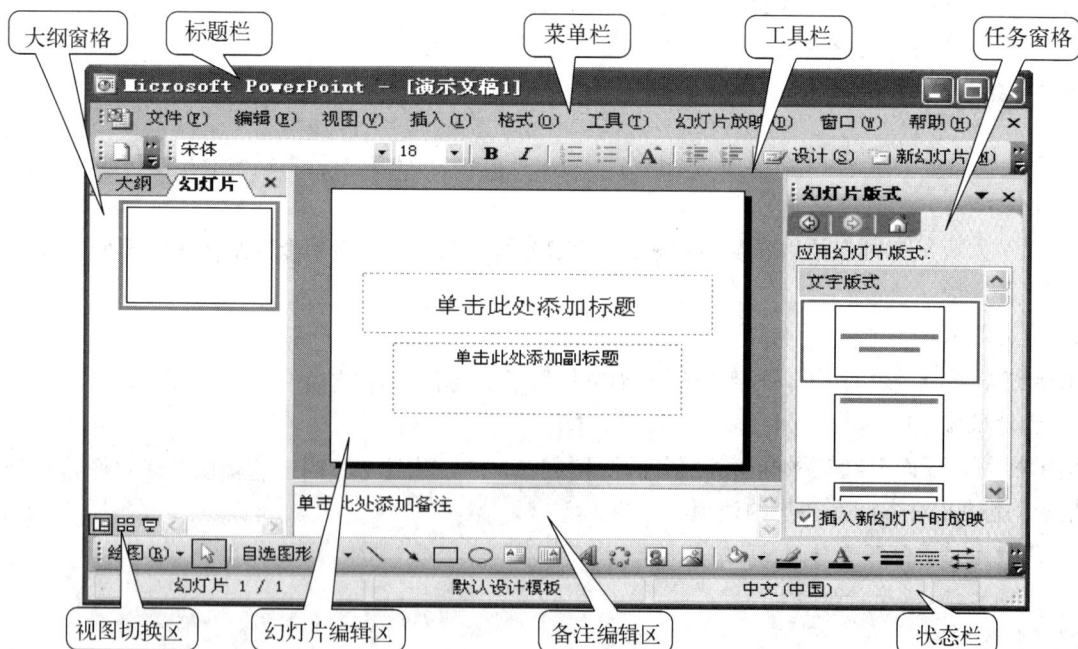

图3-2 PowerPoint 2003 的工作窗口

2. 课件的建立

执行菜单"文件"→"新建"命令,在右侧的任务窗格中选择"空白演示文稿"或是模板等来建立演示文稿。

空白演示文稿:用具备最少设计的幻灯片开始工作。

根据现有演示文稿:在已有的一份演示文稿的基础上来创建演示文稿。

根据设计模板:在模板中有设计好的字体和颜色方案。

根据内容提示向导:使用此方式时,PowerPoint 会为用户提供建议和设计方案。根据不同的专题,PowerPoint 提供了不同的模板,如培训、论文、实验报告等。

3. 插入文本、图片、音乐等对象

在每一张幻灯片上可以插入多种对象,例如文本、图片、声音、表格、视频等,这样可以通过多种形式来传达要表述的信息。

[方法与步骤]

(1)启动 PowerPoint 2003。单击"开始"按钮,在"程序"菜单中选择"Microsoft office"→"Microsoft office PowerPoint 2003"程序项。

(2)选择一种模板,操作步骤如图 3-3 所示。

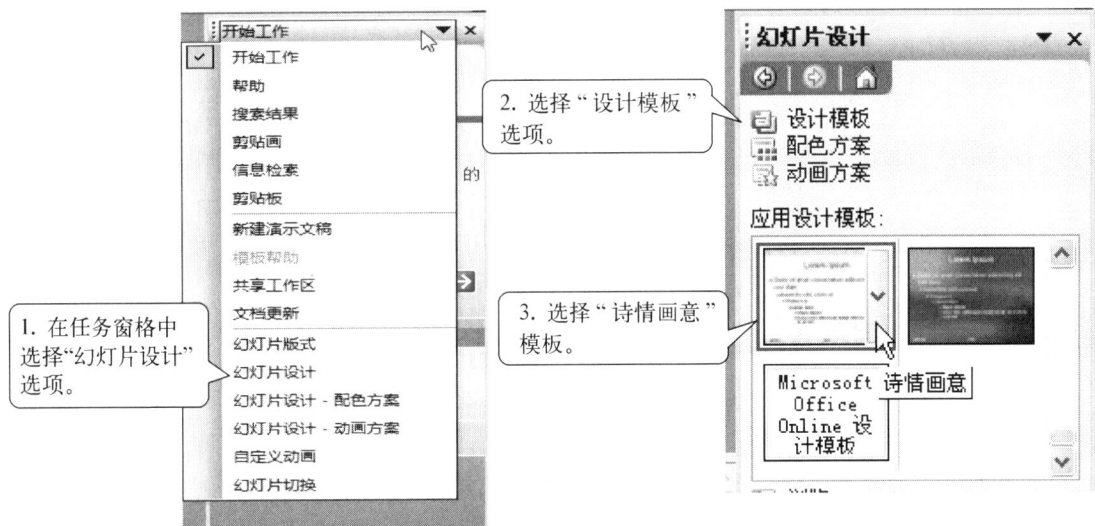

图 3-3 选择模板

(3)插入新幻灯片。操作步骤如图 3-4 所示。

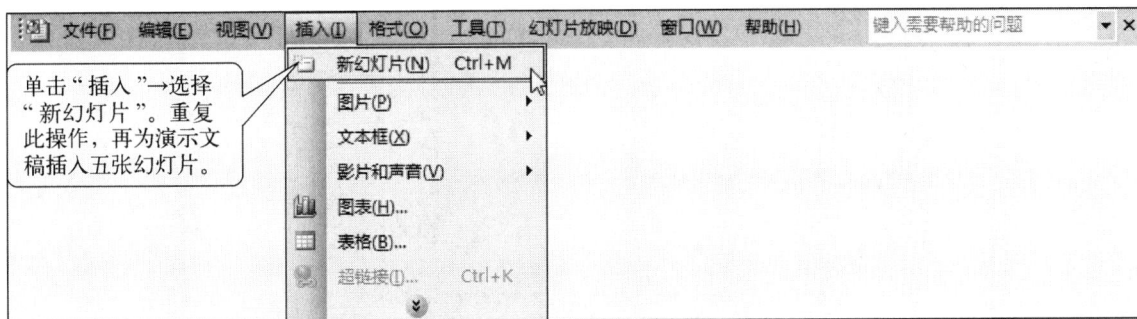

图 3-4 插入新幻灯片命令

(4)确定第一张幻灯片的版式,操作步骤如图 3-5 所示。

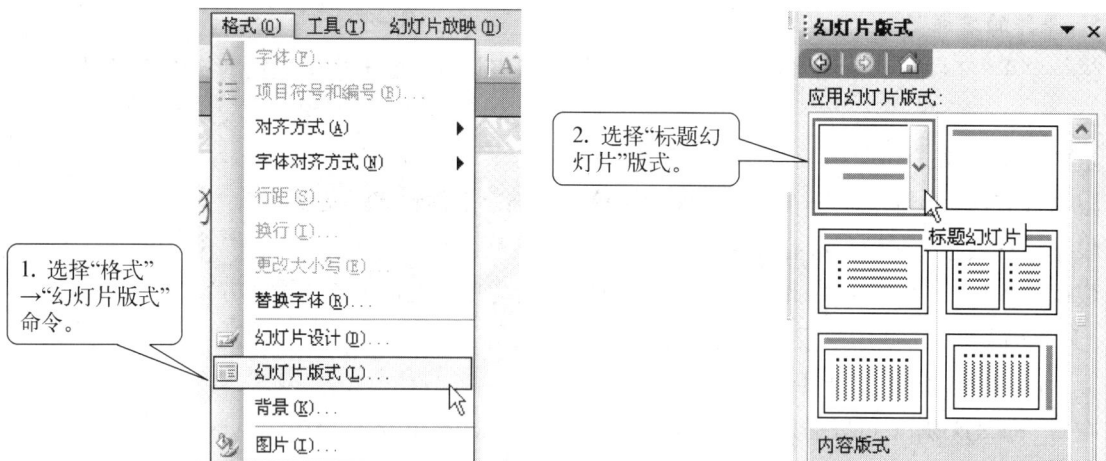

图 3-5 选择版式

（5）输入第一张幻灯片的内容，操作步骤如图 3-6 所示。

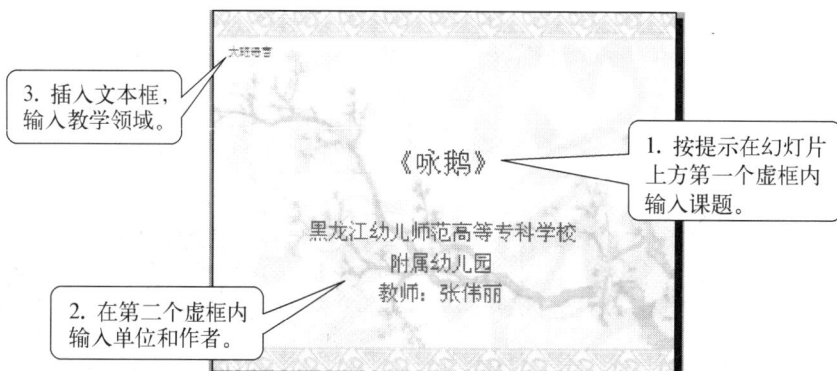

图 3-6 添加内容后的第一张幻灯片

（6）输入第二张幻灯片的内容，操作步骤如图 3-7 所示。

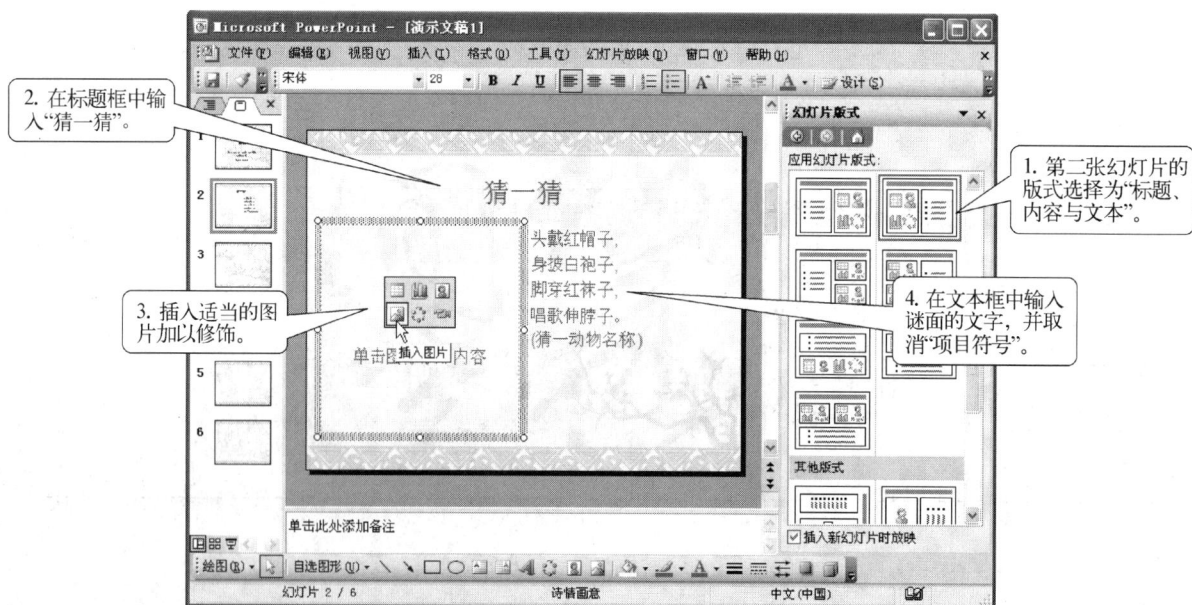

图 3-7 添加内容后的第二张幻灯片

（7）向第三张幻灯片中插入对象，操作步骤如图 3-8 所示。

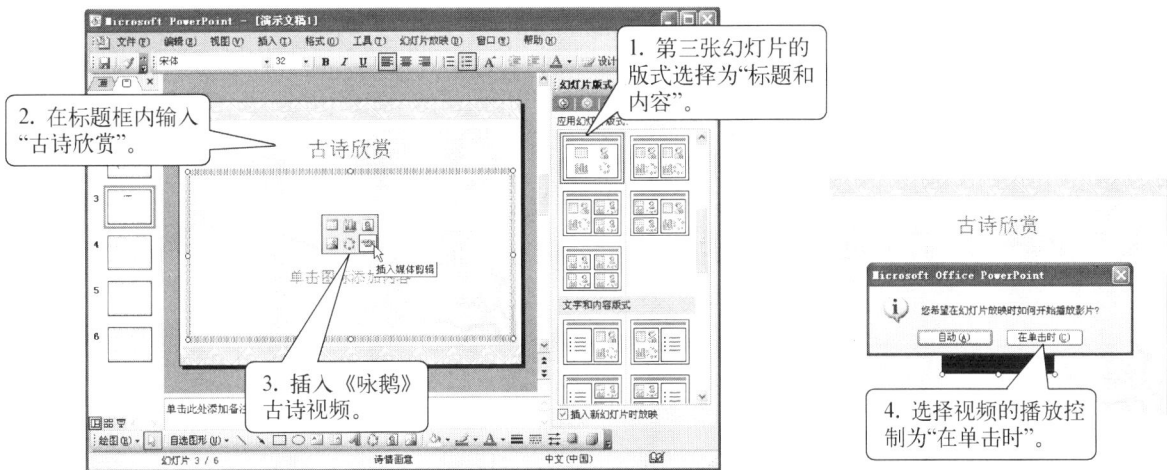

图 3-8　设置第三张幻灯片

（8）向第四张幻灯片中插入对象，操作步骤如图 3-9 所示。

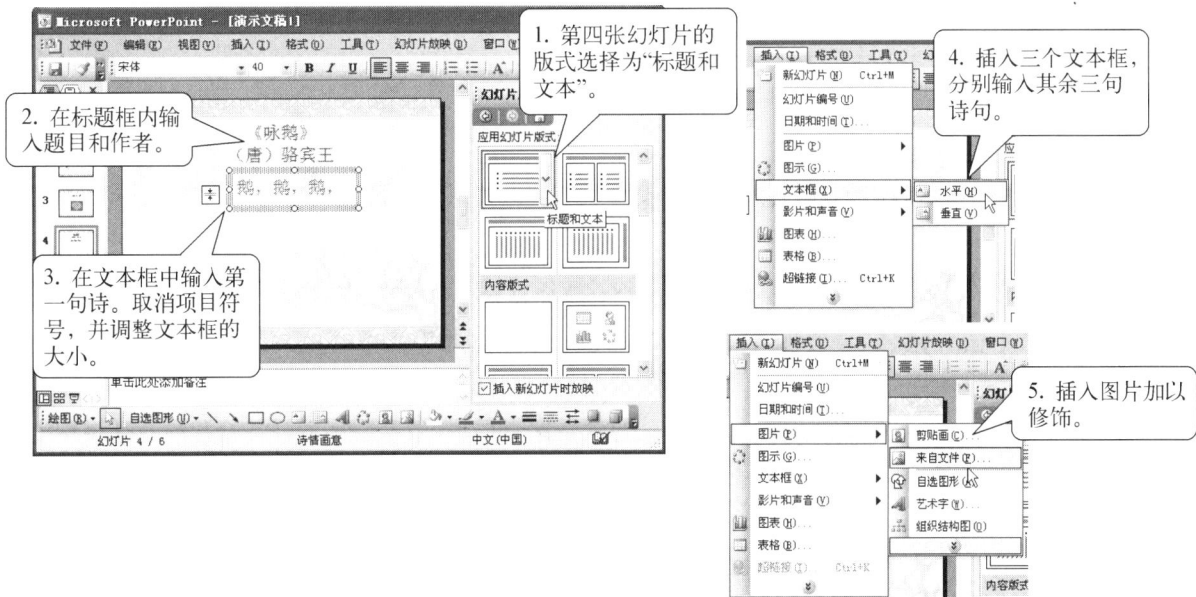

图 3-9　设置第四张幻灯片

（9）向第五张幻灯片中插入对象，操作步骤如图 3-10 所示。

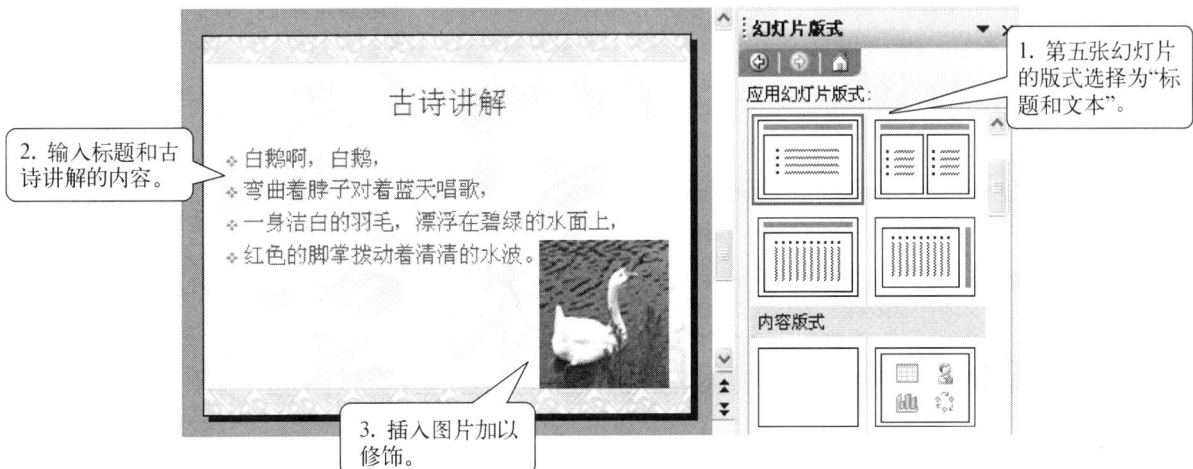

图 3-10　设置第五张幻灯片

(10) 向第六张幻灯片中插入对象,操作步骤如图 3-11 所示。

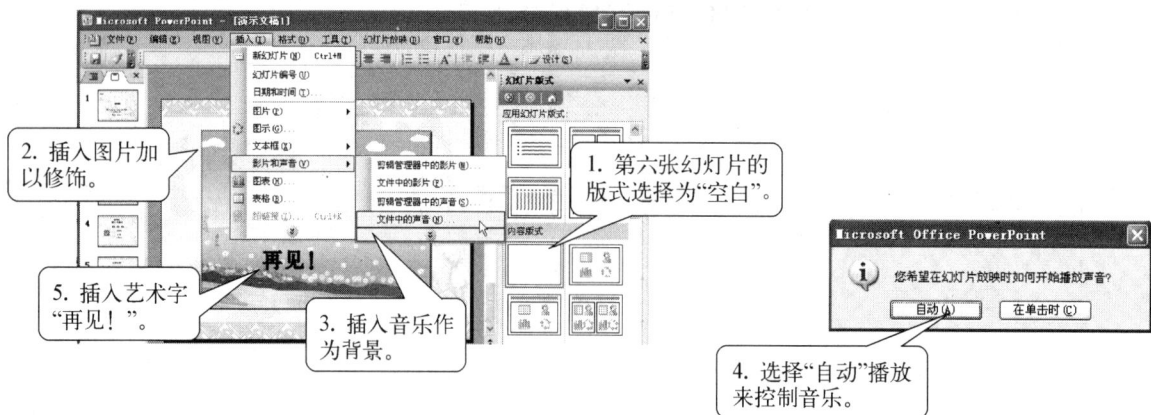

2. 插入图片加以修饰。

1. 第六张幻灯片的版式选择为"空白"。

5. 插入艺术字"再见!"。

3. 插入音乐作为背景。

4. 选择"自动"播放来控制音乐。

图 3-11　设置第六张幻灯片

(11) 保存文件。用"文件"菜单中的"保存"命令,选择保存位置为桌面,文件名为"咏鹅 1.ppt",扩展名为 .ppt。

(12) 放映课件。按功能键"F5"即可启动幻灯片的全屏放映,单击鼠标就可以按顺序看到每一张幻灯片了。

[知识拓展]

1. 幻灯片的视图方式

PowerPoint 主要提供了四种视图方式,分别是:普通视图、幻灯片浏览视图、幻灯片放映视图、备注页视图。可以通过"视图"菜单中的响应命令或单击演示文稿窗口左下角的视图按钮,如图 3-12 所示,在各种视图之间进行切换。各个视图的特点和作用如下:

(1) 普通视图。

PowerPoint 启动后就直接进入普通视图方式,这是我们最常用的、系统默认的视图。我们启动 PowerPoint 后,看到的就是这个视图,主要用来编辑幻灯片的总体结构。

幻灯片浏览

普通视图

幻灯片放映

图 3-12　视图按钮

普通视图包括三种窗格,如图 3-13 所示。默认情况下,幻灯片窗格较大,其余两个窗格较小,但可以通过拖动窗格边框改变窗格人小。

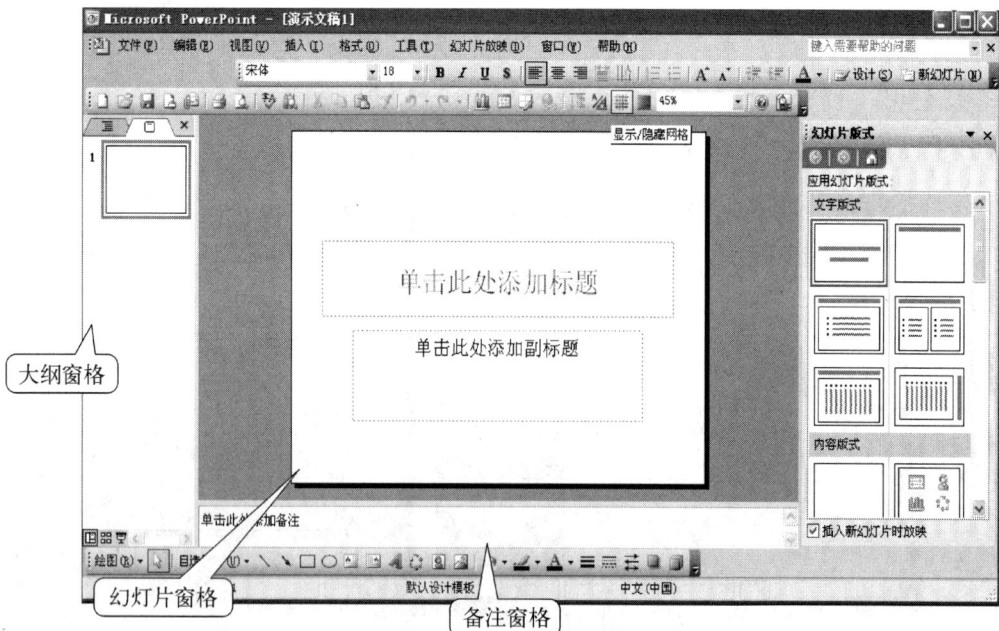

大纲窗格

幻灯片窗格

备注窗格

图 3-13　普通视图

在大纲窗格中可以编辑和显示课件大纲的内容，也可以键入和修改每张幻灯片的标题及各种提纲性文字，并自动将修改填入幻灯片中。在幻灯片窗格中可以查看每张幻灯片中的文本外观，可以向单张幻灯片添加图形和声音，可以创建超链接并且为其中的对象设置动画。备注窗格使演讲者可以添加与观众共享的演讲者备注或其他信息。如果需要向备注窗格中插入图形、图片等，必须在备注页视图中操作。

（2）幻灯片浏览视图。

单击"▦"按钮或者选择"视图"菜单中的"幻灯片浏览"命令，将切换到幻灯片浏览视图中。幻灯片浏览视图适用于需要重新调整排列幻灯片的顺序，检查课件中的幻灯片的顺序是否流畅，亦可加入新的幻灯片，对幻灯片进行移动、复制、删除等各项工作，但是不能对单张幻灯片进行编辑，可以双击该幻灯片切换到其他视图方式下进行编辑。可以利用幻灯片浏览视图检查各幻灯片是否有不合适的地方，再对课件的外观重新设计。

（3）幻灯片放映视图。

单击"▽"按钮或者选择"视图"菜单中的"幻灯片放映"命令，可以以全屏幕方式放映所有幻灯片，同时，还可以看到对幻灯片演示设置的各种放映效果。单击鼠标可以从当前幻灯片切换到下一张幻灯片继续放映，按"ESC"键可立即结束放映。

（4）备注页视图。

备注页视图在试图按钮条上没有对应的按钮，只能在菜单上选择"视图→备注页"选项进行切换。备注页视图在屏幕上半部分显示幻灯片，下半部分用于添加备注。在这一状态下，可以为需要增加讲解说明的幻灯片输入相应的讲解文字、图形或表格，打印出来后，便可作为幻灯片演示时的讲解备注。

每种视图方式各有所长，不同的视图方式适用于不同的场合。最常使用的两种视图是普通视图和幻灯片浏览视图。

2．课件的保存

在工具栏上单击"保存"按钮，或在菜单栏上选择"文件"→"保存"选项，可将建立的课件保存在指定的文件夹中。在菜单栏上选择"文件"→"另存为"选项，可将当前课件保存为不同的文件类型。表 3－1 为 PowerPoint 保存课件常用的几种文件类型。

表 3－1　PowerPoint 保存课件的文件类型

保 存 类 型	扩展名	保 存 格 式
演示文稿	Ppt	典型的 PowerPoint 演示文稿
Windows 图元文件	Wmf	存为图片的幻灯片
演示文稿模板	Pot	存为模板的演示文稿
大纲/RTF	Rtf	存为大纲的演示文稿
PowerPoint 放映	Pps	以幻灯片放映方式打开的演示文稿
图　形	Jpg	压缩图形文件格式
图　形	Gif	图形交换文件格式
图　形	Bmp	设备无关位图格式
网　页	Htm,html	网页格式

［探索与练习］

1．将第一张幻灯片的标题字体设置为隶书、红色（注意：请用自定义标签中的红色 255、绿色 0、蓝色 0）。

2．在第二张幻灯片的右下方插入一幅剪贴画。

3.2 演示型课件的编辑

3.2.1 任务2：编辑幻灯片中的素材对象

学习目标

掌握对幻灯片中文本、图片、影片、声音等对象的编辑。

案例3-2 在案例3-1中插入了各幻灯片的对象。为使课件达到整体外观协调一致，我们对文本、图片、影片、声音等素材对象进行了编辑，最终效果如图3-14所示：

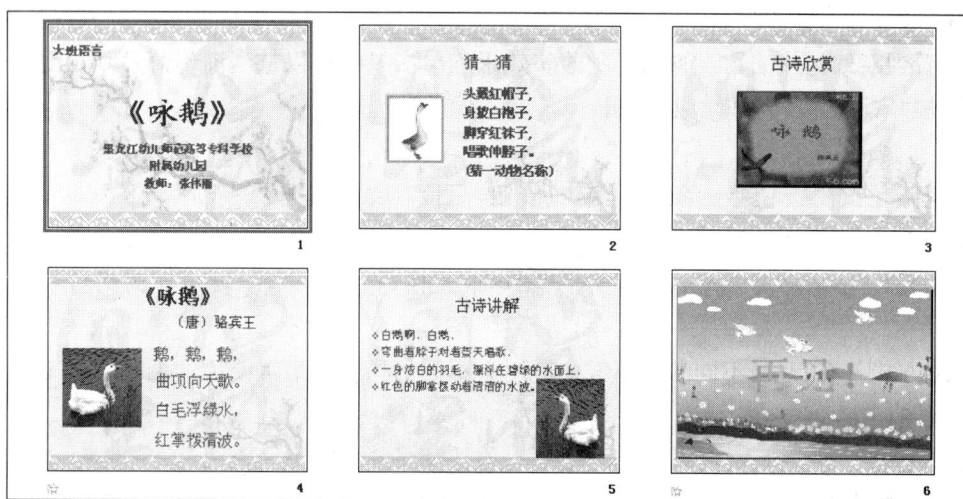

图3-14 咏鹅2.ppt

[相关知识与技能]

创建幻灯片后，为了增强视觉效果，提高观者的注意力，向观众传递更多的信息，可以在各张幻灯片上插入文本、图片、数据表格、声音等对象，并且可用文字格式、段落格式、对象格式进行设置，使其更加美观。使用母版和模板可以在短时间内制作出风格统一的幻灯片。

[方法与步骤]

（1）打开咏鹅1.ppt文件。

（2）对第一张幻灯片中的文字对象进行设置，设置文字的字体、字号等，操作步骤如图3-15所示。

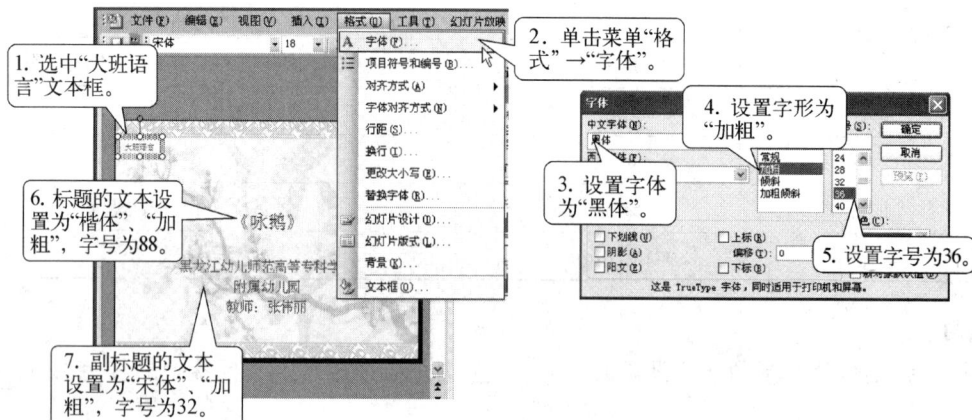

图3-15 字体格式设置

（3）对第二张幻灯片中的图片对象进行设置，操作步骤如图 3-16 所示。

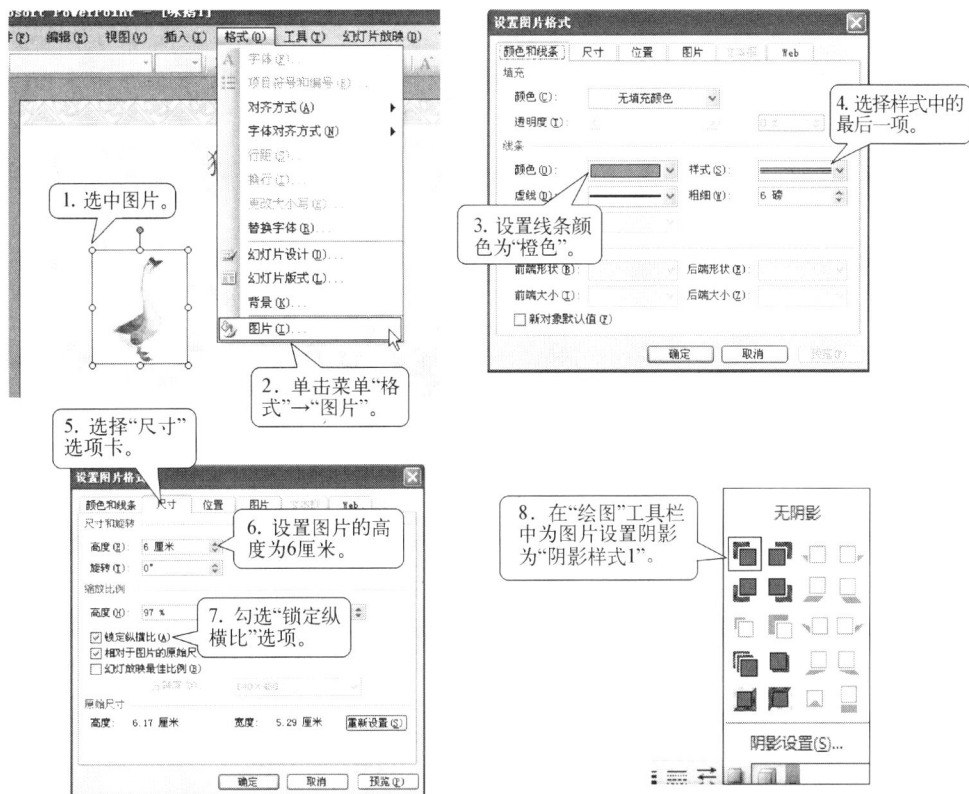

图 3-16 图片设置

第二张幻灯片中其他对象的设置，操作步骤如图 3-17 所示。

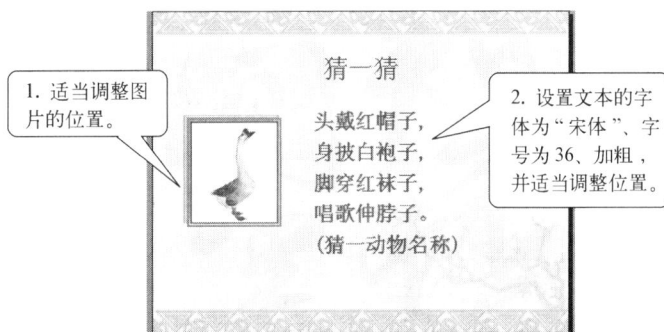

图 3-17 第二张幻灯片中其他对象的设置

（4）对第三张幻灯片中的视频对象进行设置，操作步骤如图 3-18 所示。

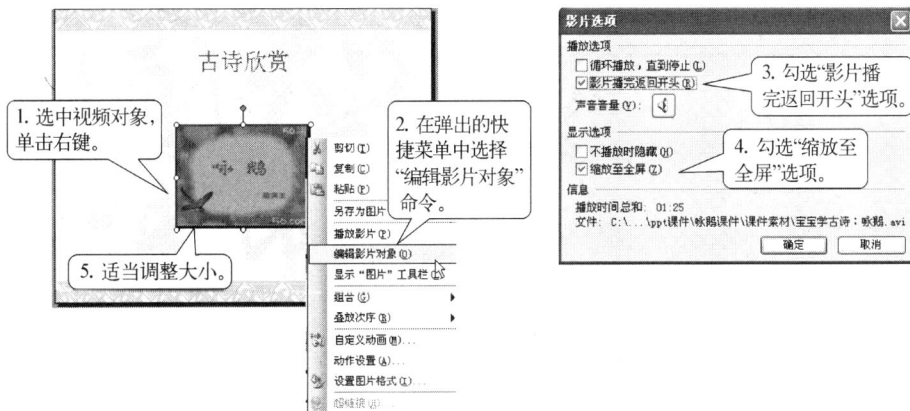

图 3-18 视频对象设置

（5）对第四张幻灯片中的素材对象进行设置，操作步骤如图3-19所示。

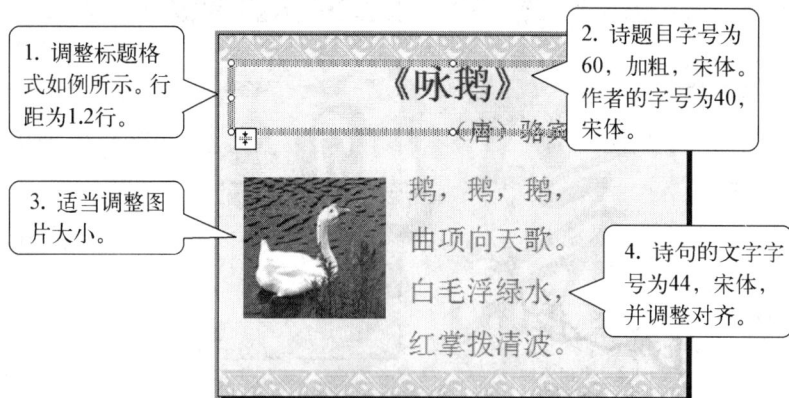

1. 调整标题格式如例所示。行距为1.2行。

2. 诗题目字号为60，加粗，宋体。作者的字号为40，宋体。

3. 适当调整图片大小。

4. 诗句的文字字号为44，宋体，并调整对齐。

《咏鹅》

唐·骆宾

鹅，鹅，鹅，

曲项向天歌。

白毛浮绿水，

红掌拨清波。

图 3-19　素材对象设置

（6）对第五张幻灯片中的素材对象进行设置，操作步骤如图3-20所示。

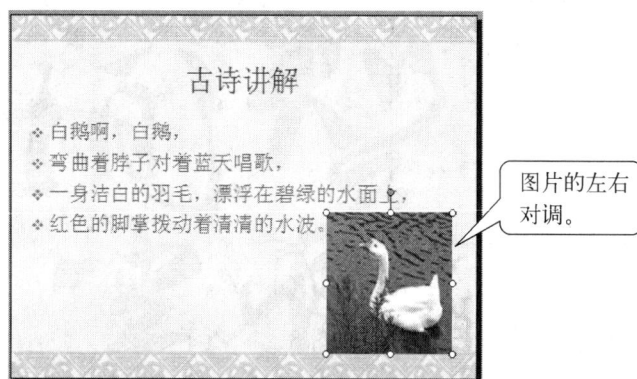

古诗讲解

❖ 白鹅啊，白鹅，
❖ 弯曲着脖子对着蓝天唱歌，
❖ 一身洁白的羽毛，漂浮在碧绿的水面上，
❖ 红色的脚掌拨动着清清的水波。

图片的左右对调。

图 3-20　旋转图片对象

（7）对第六张幻灯片中的声音对象和艺术字进行设置，操作步骤如图3-21所示。

1. 调整图片的高度为16.4厘米，宽度为25.4厘米。

2. 选中艺术字。设置其字体为宋体，字号为96，加粗。

3. 选择艺术字样式为第一列第三行。

4. 选中声音。

再见

艺术字库

请选择一种"艺术"样式(W)

确定　取消　预览(P)

5. 勾选"循环播放，直到停止"选项。

6. 适当调节音量。

7. 勾选"幻灯片放映时隐藏声音图标"选项。

声音选项

播放选项
☑循环播放，直到停止(L)
声音音量(V)：
显示选项
☑幻灯片放映时隐藏声音图标(H)
信息
播放时间总的：00:15
文件：C:\...\第三章20100511\咏鹅课件\课件素材\片尾.mp3

确定　取消

图 3-21　声音和艺术字对象的设置

(8) 保存课件的名称为"咏鹅 2.ppt"。

[知识拓展]

1. 幻灯片上其他素材的插入

(1) 添加文字。

文字是构成幻灯片的一个基本对象,每一张幻灯片都会有一些文字信息,文字处理可以在"普通视图"中进行。如果输入的文字较多,超出了占位符区域,它会自动换行,可以通过调整边框上的控制点来调整占位符区域的大小。对于已经输入的文字,可以对其进行编辑,包括对文字的各种格式化操作以美观课件效果、段落处理及对文字的修改、移动、复制、删除等操作。

(2) 绘制和插入图形。

PowerPoint 提供了功能丰富的绘图工具,利用绘图工具可以绘制各种线条、连接符、几何图形、星形以及箭头等较复杂的图形。还可以利用"绘图"工具栏提供的工具按钮对绘制的图形进行旋转、翻转或填充颜色等,并与其他图形组合为更复杂的图形。除了利用"绘图"工具栏在幻灯片上绘制图形以外,还可以在幻灯片上插入如剪贴画、艺术字等对象,这样会使课件更加生动有趣,更富有吸引力。

(3) 插入组织结构图。

组织结构图就是一个机构、企业或组织中人员结构的图形化表示,它是由一系列图框和连线组成的,表示一个机构的等级、层次。组织结构图也可以用来表示其他一些分类的信息,如商品物流、体育比赛项目等。点"插入→图片→组织结构图"即可插入相关的结构图。

(4) 插入图表。

形象直观的图表与文字数据相比更容易让学生理解课件要表示的内容,PowerPoint 中附带了一种叫 Microsoft Graph 的图表生成工具,它提供 14 类图表,每一类又提供多种子图表以满足用户的需要,使制作图表的过程非常简便。单击菜单"插入"→"图表"命令即可。

(5) 插入多媒体对象。

在幻灯片上可以添加各种多媒体对象,如声音、影片等。选择"插入"→"影片和声音"命令弹出"影片和声音"选择下拉菜单,在下拉菜单中选择影片或声音的来源,如利用"剪辑管理器中的影片"、"文件中的声音"、"播放 CD 乐曲"等,操作步骤如图 3-22 所示。

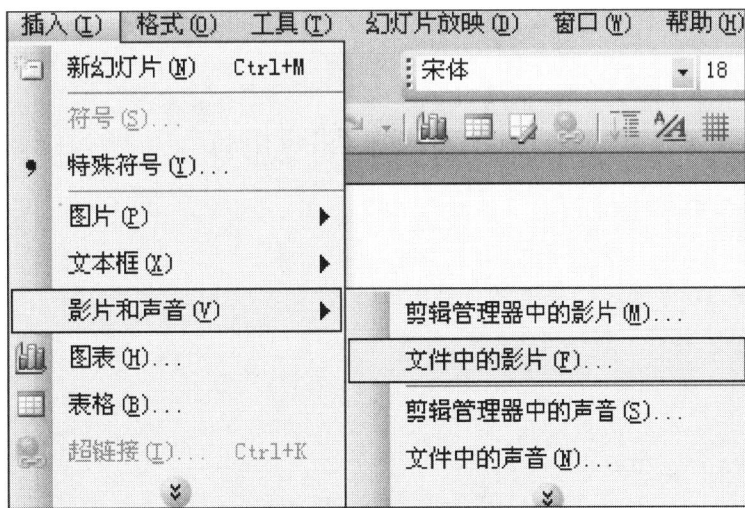

图 3-22　插入多媒体对象窗口

① 确定要插入影片的幻灯片。

② 选择"文件中的影片"命令,弹出选择"插入影片"对话框窗口。

③ 确定好所选影片文件的参数后，单击"确定"按钮，即在幻灯片上插入影片图片，同时出现系统询问提示窗口，"您希望在幻灯片放映时如何开始播放影片"，操作步骤如图3-23所示。

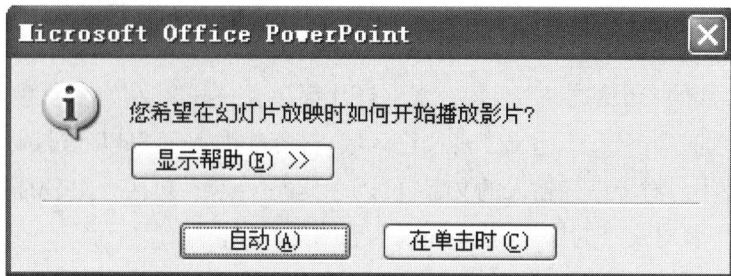

图 3-23　插入多媒体对象后"系统提示询问"窗口

④ 单击 `自动(A)` 按钮，确定播放方式，结束媒体对象的插入。系统提供两种方式播放影片，一种是"自动"方式，也就是说在播放幻灯片后自动放映影片；另一种是"在单击时"，即播放幻灯片后用鼠标单击"影片图片"便开始播放。

2. 增删幻灯片和调整幻灯片顺序

一个好的课件，除了内容生动丰富外，每张幻灯片之间的内容连接也要紧密，可以根据需要对其中的幻灯片进行插入或删除操作，或调整幻灯片次序。

(1) 增删幻灯片。

切换到幻灯片浏览视图，然后确定要插入幻灯片的位置，单击"插入"菜单的"新幻灯片"命令，单击"确定"按钮，这样就在课件中插入了一张新的幻灯片。

如要删除幻灯片，则选中要删除的幻灯片，然后按键盘上的删除键（"Del"）就可以了。

(2) 幻灯片次序的调整。

拖动幻灯片图标，屏幕上将出现一条随鼠标移动的横线，当横线移到目的地时松开鼠标，则完成了该幻灯片的移动。

[探索与练习]

1. 新建一个演示型课件，包括两张幻灯片，在第二张幻灯片中插入一幅剪贴画。

2. 在文档的第一张幻灯片中插入一个音乐文件。

3.3　动 画 与 动 作

3.3.1　任务3：幻灯片中对象的动画效果

◎学习目标

学会为幻灯片中的对象设置动画效果。

案例3-3　为配合各部分教学内容的讲解需要，在课件咏鹅2.ppt的基础上，我们制作了每个幻灯片中相关对象的动画效果，这样就可以动态地显示文本、图片等，对吸引幼儿的注意力、引发其学习兴趣有很好的效果。同时，在幻灯片中利用动作设置，可以灵活有效地控制教学流程。最终效果如图3-24所示：

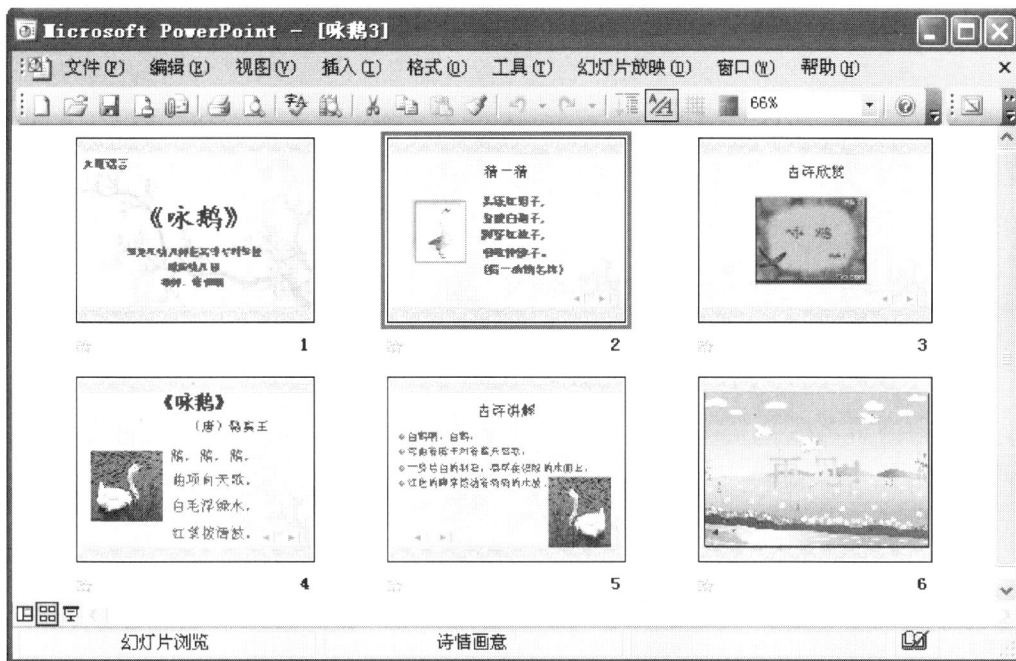

图 3-24　咏鹅 3.ppt

[相关知识与技能]

　　动画效果可以使课件的播放更加生动。幻灯片的动画效果有两种：一种是幻灯片内的动画效果，可以用不同的动态效果显示幻灯片中的文字、图片、表格，控制幻灯片中对象出现的顺序，突出重点并增加演示的趣味性；另一种是各幻灯片间进行切换时的动画效果。所谓幻灯片切换，是添加在幻灯片之间的特殊效果。在课件放映过程中，由一张幻灯片切换到另一张幻灯片时，可以用多种方式将下一张幻灯片显示到屏幕上。

　　放映 PowerPoint 课件时的默认顺序是按照幻灯片的次序进行播放。通过对幻灯片中的对象设置动作和超级链接，可以改变课件的线性放映方式，从而提高课件的交互性。

[方法与步骤]

　　(1) 打开"咏鹅 2.ppt"文件。

　　(2) 使用动画方案设置第一个幻灯片的动画效果，操作步骤如图 3-25 所示。

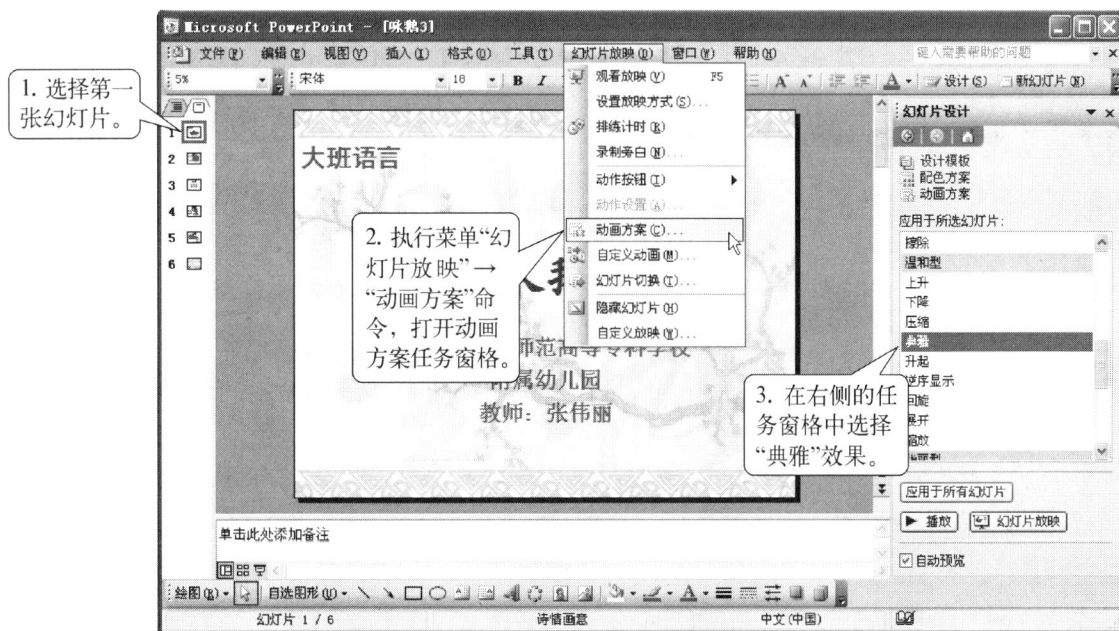

图 3-25　"动画方案"的设置

(3) 使用自定义动画设置第二个幻灯片中对象的动画效果,操作步骤如图3-26所示。

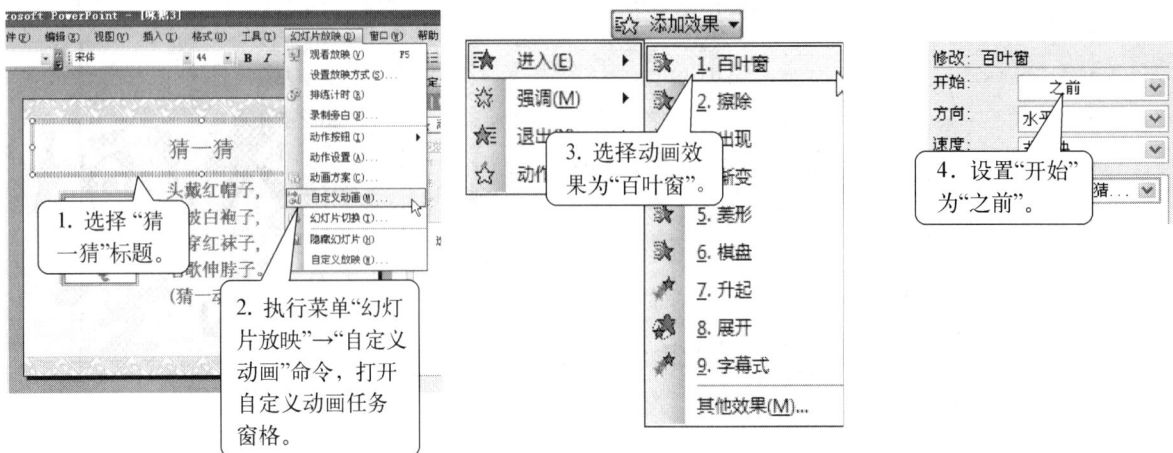

图 3-26　标题动画效果的设置

各组动画效果的含义如下:

进入:选择媒体资料或者文本资料等对象的进入方式或动作的动画方案。

强调:选择媒体资料或者文本资料等对象进入后显示、突出等动作的动画方案。

退出:选择媒体资料或者文本资料等对象的退出动作的动画方案。

路径:选择媒体资料或者文本资料等对象,要求它们按照一定的路线,规则运动。

设置第二张幻灯片中其他对象的动画效果,操作步骤如图3-27所示。

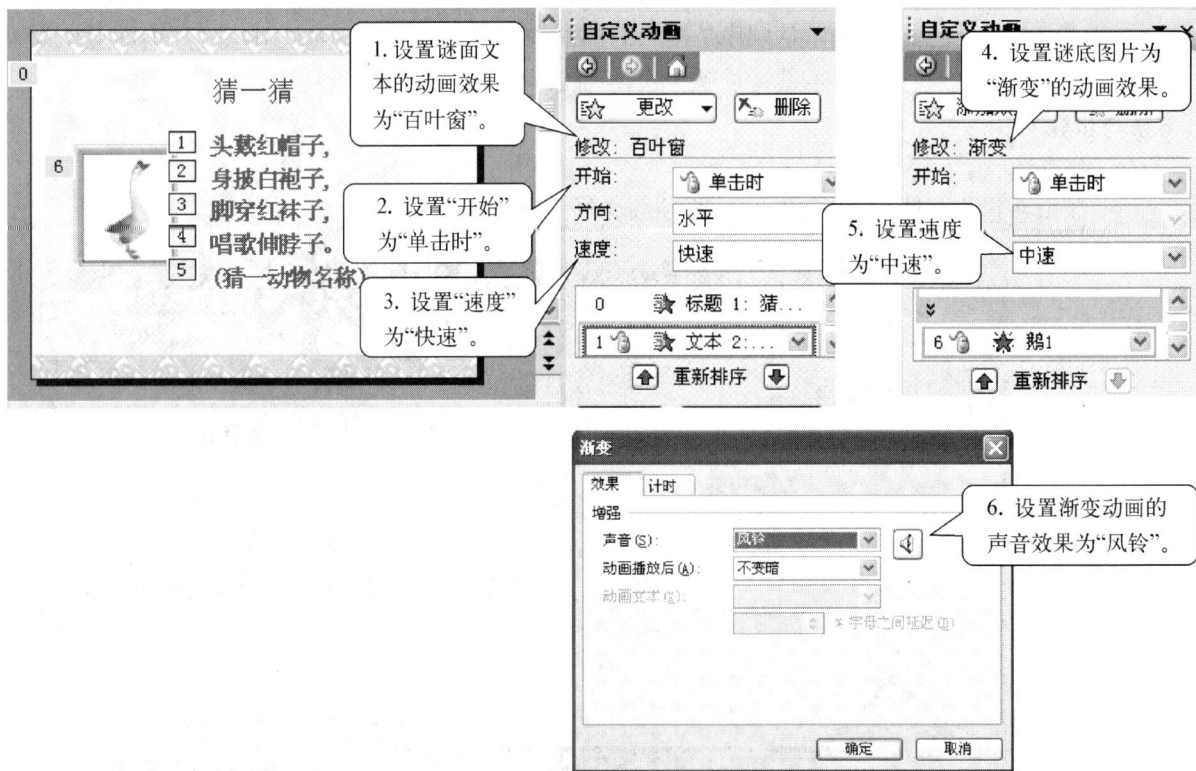

图 3-27　第二张幻灯片中其他对象的动画设置

(4) 设置第三张幻灯片的动画方案,操作步骤如图3-28所示。

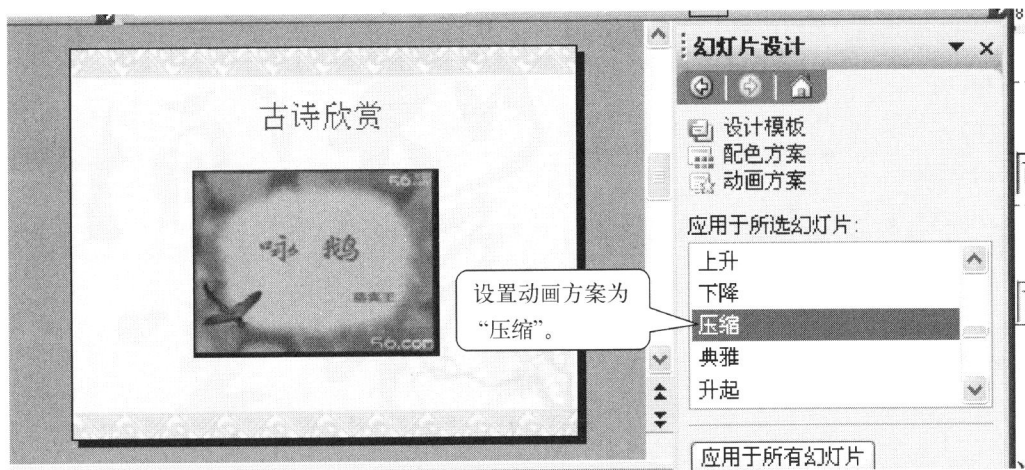

图 3-28 第三张幻灯片中的动画设置

（5）设置第四张幻灯片的动画方案，操作步骤如图 3-29 所示。

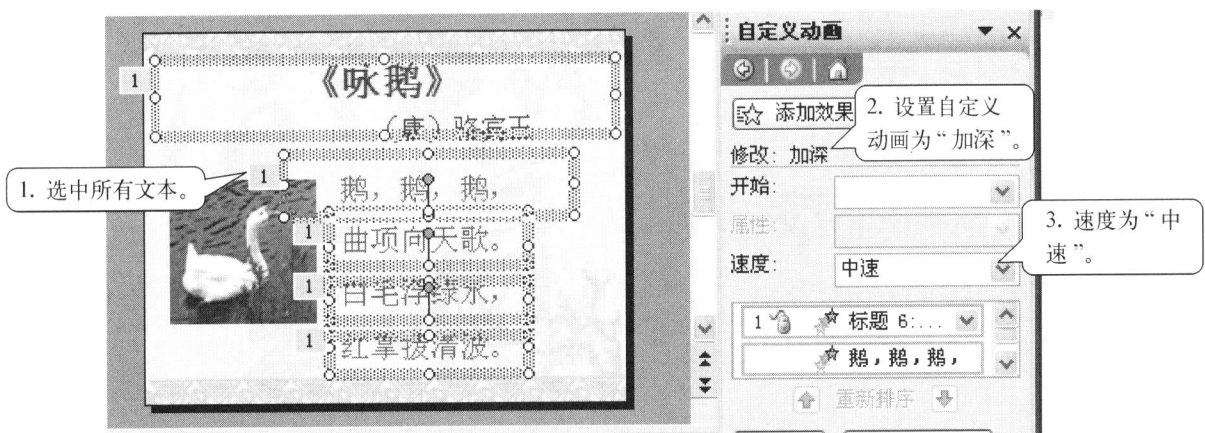

图 3-29 第四张幻灯片中的动画设置

（6）设置第五张幻灯片的动画方案，操作步骤如图 3-30 所示。

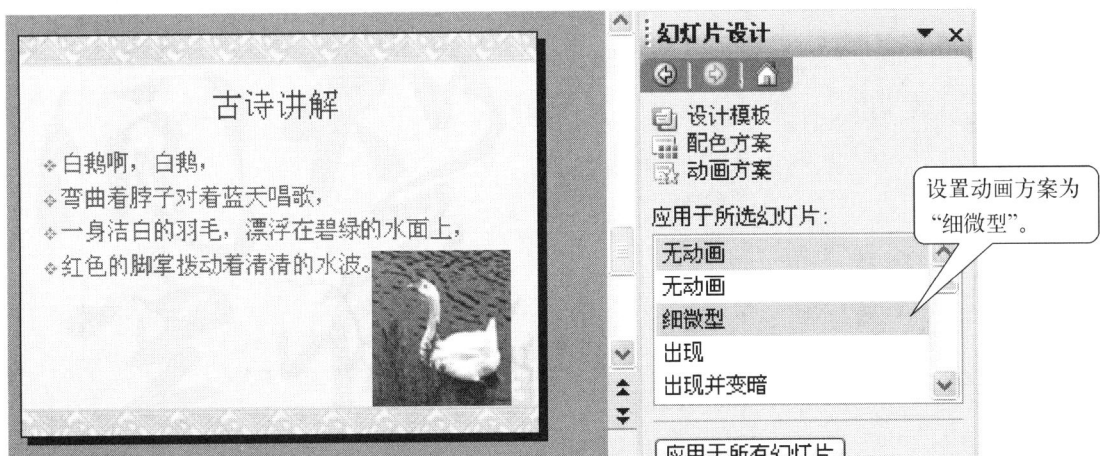

图 3-30 第五张幻灯片中的动画设置

（7）设置第六张幻灯片的动画方案。操作步骤如图 3-31 所示。

图 3-31　第六张幻灯片中的动画设置

（8）设置幻灯片之间的切换效果，操作步骤如图 3-32 所示。

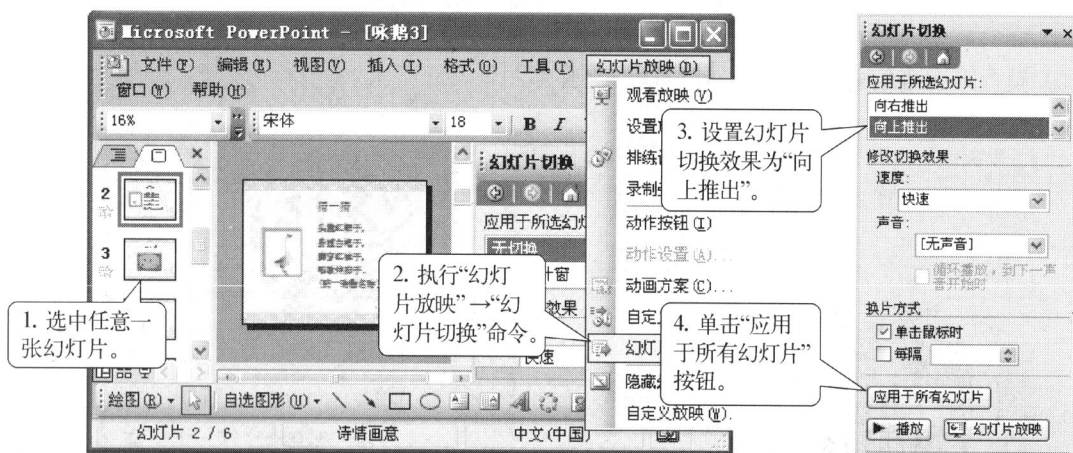

图 3-32　幻灯片间切换效果的设置

（9）在幻灯片中添加动作按钮，操作步骤如图 3-33 所示。

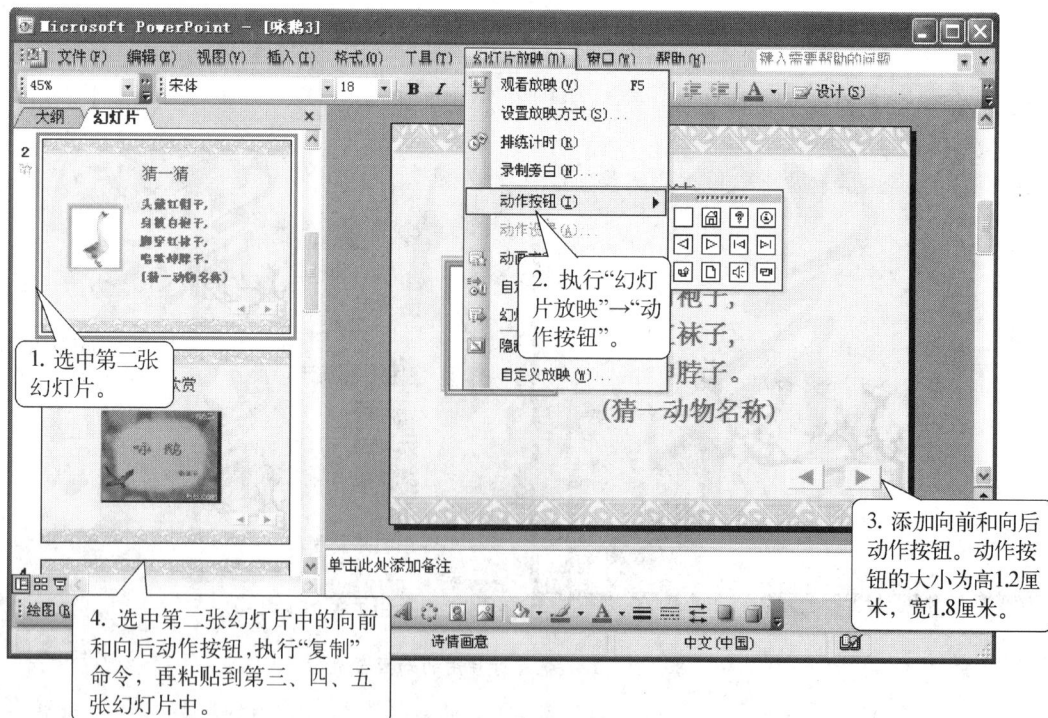

图 3-33　在幻灯片中添加动作按钮

（10）保存文件，命名为"咏鹅3.ppt"。

[知识拓展]

1. 调整幻灯片动画效果

对于已设置好的动画效果，可以根据需要进行调整，如更改动画效果，删除已有的动画效果，调整播放的速度和顺序等，操作步骤如图3-34所示。

注意：如果对列表中的动画方案不满意，可以选择"更改"按钮中的"其他效果"选项，打开"添加进入效果"对话框，选项合适的动画方案，确定返回即可。

如果对设置的动画方案不满意，可以在任务窗格中选中不满意的动画方案，然后单击一下其中的"删除"按钮即可。

如果我们希望某个对象演示过程中退出幻灯片，就可以通过设置"退出动画"效果来实现。

如果对系统内置的动画路径不满意，可以自定义动画路径。

如果想对一张或几张幻灯片使用动画效果，就选择"幻灯片放映"菜单中的"动画方案"，可以看到一系列预定义好的可应用于所选幻灯片的动画效果。

如果已经勾选了"自动预览"复选框，只需点击每个效果名称就能看到预览的动画效果。

动画效果应该起到画龙点睛的作用，不能用得太多，太多的闪烁和运动画面会让学生注意力分散甚至感到烦躁。

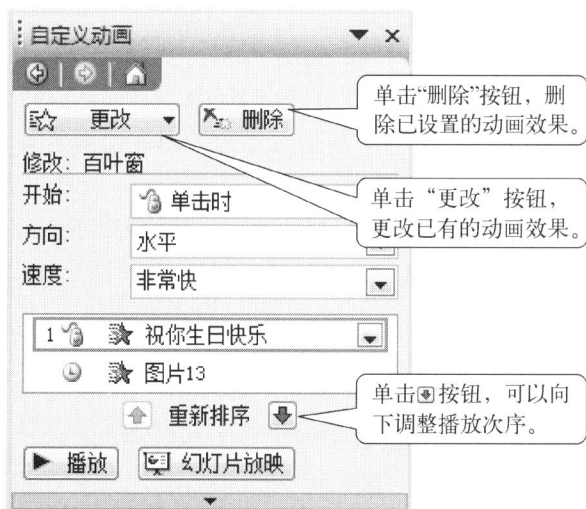

图3-34 更改"自定义动画"窗口

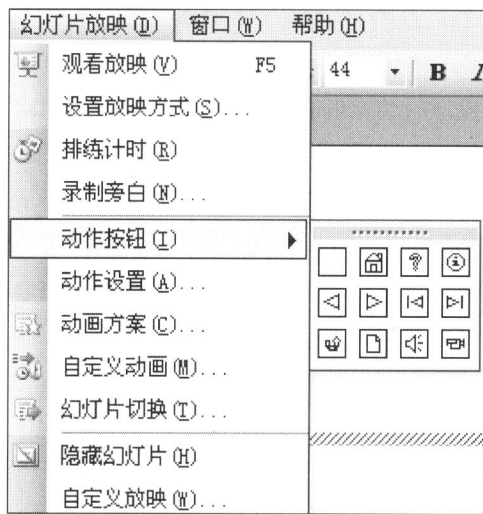

图3-35 动作按钮

2. 利用动作按钮设置幻灯片的动作

幻灯片内的动作按钮的使用可以使幻灯片放映时加入许多比较方便的链接与效果，使放映过程更好地进行。

在一张幻灯片中插入动作按钮可以按以下操作步骤进行：选择要放置按钮的幻灯片；执行"幻灯片放映"→"动作按钮"命令，操作步骤如图3-35所示，再选择所需要的动作按钮；单击该幻灯片，出现"动作设置"对话框；确保"超级链接"选项已被选中；单击箭头选择所需要的链接；单击"确定"按钮完成动作设置。

3. 设置幻灯片切换效果

设置幻灯片切换效果步骤如下：

（1）选择要设置幻灯片切换效果的幻灯片。单击"幻灯片放映"菜单中的"幻灯片切换"命令，出现"幻灯片切换"任务窗格，如图3-36所示。

（2）在"应用于所选幻灯片"下方列表框中选择一种切换方式，在下方"速度"栏选择幻灯片的切换速度，在"声音"栏选择切换时的声音效果。

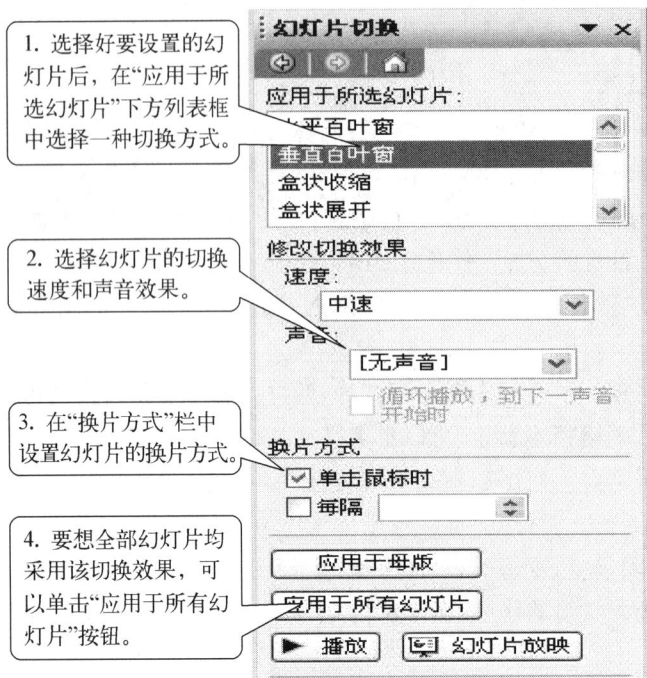

图 3-36 "幻灯片切换"窗口

（3）在"换片方式"栏中设置幻灯片的换片方式：有"单击鼠标时"和"每隔"两种方式,前者表示仅当单击鼠标时切换,而后者表示每隔一段时间自动切换,间隔时间在其右侧的文本框中输入。

（4）此时,所设置的幻灯片切换效果只适用于所选幻灯片,要想全部幻灯片均采用该切换效果,可以单击"应用于所有幻灯片"按钮。

其中,"应用于所选幻灯片"列表框给出了系统提供的各种切换效果,从中选择一种即可。所选的动画效果既可以应用于母版,也可以应用于所有幻灯片。对于由较多幻灯片组成的课件,建议使用"随机"效果方式切换。

[探索与练习]

1. 怎样对课件进行动画设置？
2. 将案例中第二张幻灯片的切换效果设置为"向下擦出"、"中速"。

3.4 演示型课件的播放与打包

3.4.1 任务4：设置演示文稿的播放效果

学习目标

学会设置课件的播放效果和文件的打包。

案例 3-4 课件制作完成后,为了控制各教学内容的讲解时间,我们设置了各幻灯片的播放时间,并且把文件进行了打包,这样可以在不同的机器上正常放映。

[相关知识与技能]

课件创建后,用户可以用不同方式放映课件,还可以选择不同的打印格式打印课件。课件制作完成后,往往不是在同一台计算机上放映,如果该机未安装 PowerPoint 应用程序,或者课件中使用的链接文件或 TrueType 字体在该机上不存在,则无法保证课件的正常播放。因此,一般在制作课件的计算机上将课件打包,就可以避免问题的出现。

[方法与步骤]

(1) 打开"咏鹅 3. ppt"课件。

(2) 执行"幻灯片放映"→"排练计时"命令,设置各幻灯片的播放时间,如图 3 - 37 所示。

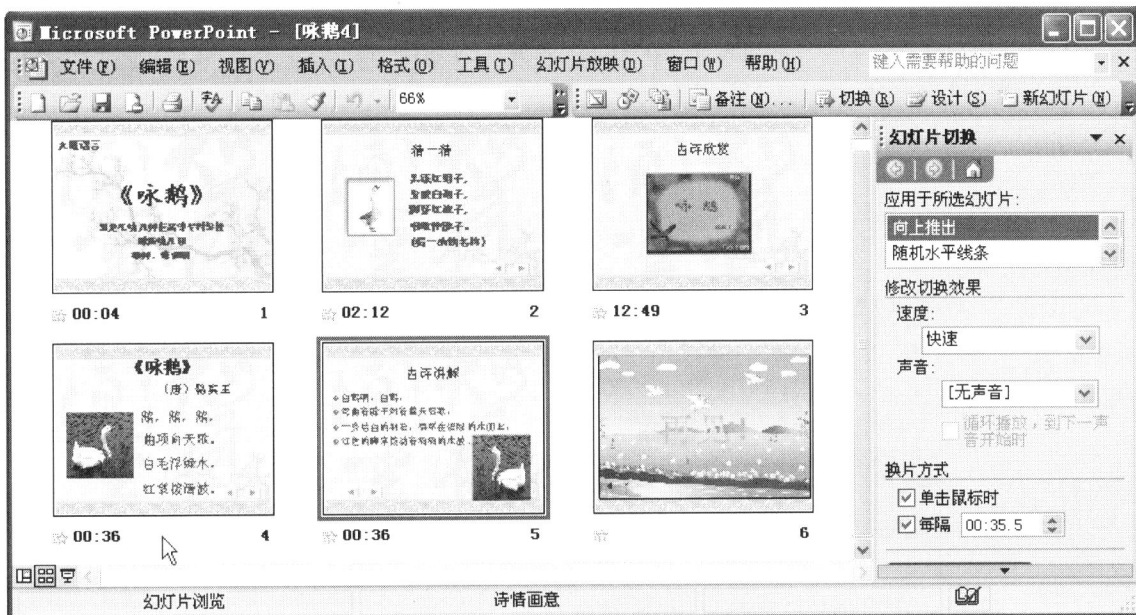

图 3 - 37 设置各幻灯片的播放时间

(3) 执行"幻灯片放映"→"设置放映方式"命令,打开"设置放映方式"对话框,如图 3 - 38 所示。

(4) 执行"幻灯片放映"→"观看放映"命令,即可看到播放效果。

(5) 课件的打包:选择"文件"→"打包成 CD"命令菜单,弹出"打包成 CD"对话框,如图 3 - 39 所示。

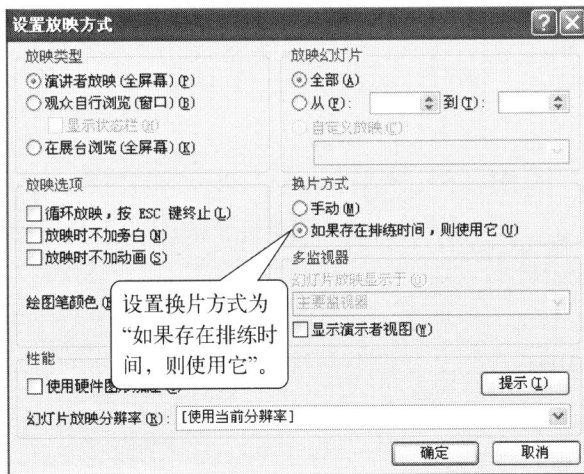

图 3 - 38 "设置放映方式"对话框

图 3 - 39 "打包成 CD"对话框

[知识拓展]

1. 课件放映小技巧

(1) 可以让 PowerPoint 在屏幕的左上角显示幻灯片的缩略图,这样就能在编辑的时候预览得到的结果。进入"普通视图",然后选择第一个想要显示的幻灯片,按住"Ctrl"键并点击"幻灯片放映"按钮,就可以点击幻灯片缩略图进行换片,就像进行全屏幕课件放映时一样。

(2) 按住"Alt"键不放,依次按下"D"和"V"键可在窗口模式下放映课件。

(3) 有时候希望在课件播放的时候能够暂停,以便进行其他的操作。如果想暂停后,屏幕变成白屏的话,可以在播放时按下"W"键;如果希望黑屏的话,则应该按下"B"键。按空格键可以取消暂停,继续播放课件。

2. 演示型课件的交互式放映

可以利用动作按钮创建超级链接来进行幻灯片的自由放映。

3. 演示型课件的打印

PowerPoint 2003 也支持打印功能。PowerPoint 以演示为主,主要通过计算机、投影仪或网络进行放映,因此,一般对打印和页面设置的要求不高。

PowerPoint 默认课件长 24 cm,宽 18 cm,用户可以根据需要设置页面,在菜单栏上选择"文件"→"页面设置"选项即可。

打印演示文稿前先进行打印预览,以便进行适当的调整;然后在菜单栏上选择"文件"→"打印"选项,打印演示文稿。

也可以将课件设置为"讲义"打印,这样,一页纸上可以容下 2 到 9 张幻灯片的内容。

单击"文件"→"打印"菜单命令,启动"打印"对话框,我们可以在此对话框中设置各类参数,设置按"讲义"打印的方法如图 3-40 所示。

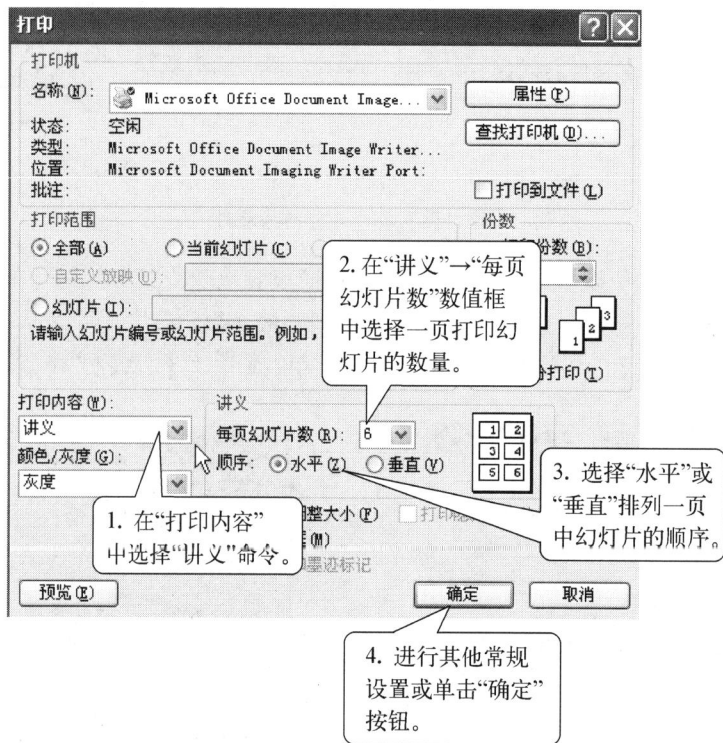

图 3-40 "打印"对话框

[探索与练习]

1. 如何将幻灯片设置成循环放映方式?

2. 如何进行课件的交互式放映?

3. 如何播放打包的课件?

4. 打印课件需要进行哪些设置?

本章小结

演示型课件的制作,一般要经历下面几个步骤:

1. 确定结构:根据课件内容,对演示文稿的整体组织结构进行设计。

2. 准备素材：对演示文稿中所需要的图片、声音、动画等素材进行收集和整理。

3. 初步制作：对各张幻灯片插入相应的素材对象。

4. 编辑处理：设置幻灯片中对象的相关要素（包括位置、大小、动画等）。

5. 播放预演：设置播放过程中的一些要素，确定最终的播放效果。

演示型课件的制作原则：

主题鲜明，叙述简练

结构紧密，逻辑性强

图文结合，美观大方

生动活泼，便于理解

习　题

一、填空题

1. 在 PowerPoint 中，创建新演示文稿一般可以通过＿＿＿＿、内容提示向导、设计模板、根据现有演示文稿及相册等方式来实现。

2. PowerPoint 演示文稿的文件扩展名为＿＿＿＿；模板文件的扩展名为＿＿＿＿。

3. 在 PowerPoint 中，添加＿＿＿＿或创建超链接都可以控制演示文稿的放映顺序。

4. 用 PowerPoint 制作幻灯片后，可以根据需要使用三种方法放映幻灯片，这三种放映方式分别是＿＿＿＿、＿＿＿＿和＿＿＿＿。

5. 在 PowerPoint 的放映状态下，"ESC"键的作用是＿＿＿＿。

二、实践题

1. 选择一个幼儿故事，制作成演示型课件。要求：至少包含 5 张素材页，有声音、文字、图片等对象。

2. 根据幼儿园教学的 5 大领域，选择一个主题制作演示型课件。要求：至少包含 5 张素材页，有动画、视频等对象，具有超链接功能。

第 4 章

交互式课件制作

本章导读

    Authorware 是美国 Macromedia 公司开发的一种多媒体制作软件，目前最新版本是 Authorware 7.0。Authorware 是一个基于图标和流程线的多媒体制作工具，使非专业人员快速开发多媒体软件成为现实，它无需传统的计算机语言编程，只通过对图标的调用来编辑一些控制程序走向的活动流程图，将文字、图形、声音、动画、视频等各种多媒体素材汇集在一起，就可达到多媒体课件制作的目的。

    本章以 Authorware 7.0 中文版为例，学习利用 Authorware 应用程序制作交互式课件的方法，主要包括 Authorware 的基本操作、运动设置、交互式课件的制作和作品发布等内容。

4.1 Authorware 的基本操作

4.1.1 任务 1：创建第一个 Authorware 应用程序

○ **学习目标**

    通过创建第一个 Authorware 应用程序实例，掌握 Authorware 的基本操作。

案例 4-1 新建一个 Authorware 应用程序，在演示窗口中显示"这是我的第一个 Authorware 作品"，以文件名"入门作品. a7p"保存到桌面"Authorware 实例"文件夹中。

[**相关知识与技能**]

    Authorware 文件的基本操作主要包括打开文件、新建文件、引入图标、保存文件、关闭文件和程序文件的演示运行等。

    同其他 Windows 应用程序一样，要使用 Authorware 制作交互式课件，必须先启动 Authorware 应用程序。Authorware 启动成功后，系统自动建立一个名为"未命名"的空的系统流程线，也可以根据"知识对象"向导创建一个带框架的应用程序，然后向流程线上添加图标或编辑流程线上的图标来制作交互式课件。在流程线中引入图标进行课件制作是 Authorware 应用程序有别于其他课件制作程序的特点之一。在 Authorware 中引入图标的方法有两种，一是直接将图标栏中的功能图标拖放至流程线；二是利用"插入→图标"命令将功能图标插入至流程线。引入的图标默认名称为"未命名"，插入图标后可以重新为该图标命名，图标的名称可以使用数字、字母或汉字,如果不为图标命名,会降低程序的可读性,并可能影响程序的执行。

编辑操作完成后,应及时保存和关闭应用程序。

[方法与步骤]

(1) 双击 Authorware 7.0 快捷图标![icon],启动应用程序,待欢迎界面消失后,单击对话框中的"取消"按钮,进入"未命名"设计窗口。

(2) 引入显示图标并添加文字,操作步骤如图 4-1 所示。

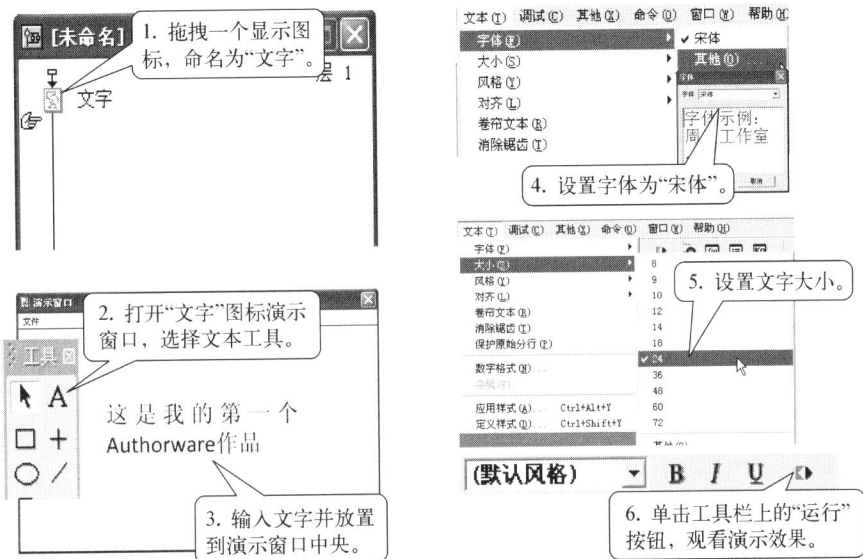

图 4-1　在显示图标中添加文字

(3) 执行"文件→保存"命令,在对话框中将文件夹定位到桌面上的"Authorware 实例"中,以"入门作品"为文件名保存。

(4) 选择"文件→退出"命令,退出 Authorware 应用程序。

[知识拓展]

1. Authorware 界面

Authorware 也是一种 Windows 应用程序,它有着和 Windows 其他应用程序类似的窗口结构,例如标题栏、菜单栏、工具栏等,除此之外,也有着自身特殊的结构,如图标栏、属性面板、流程设计窗口、演示窗口等。图 4-2 是 Authorware 7.0 启动成功后的窗口界面。

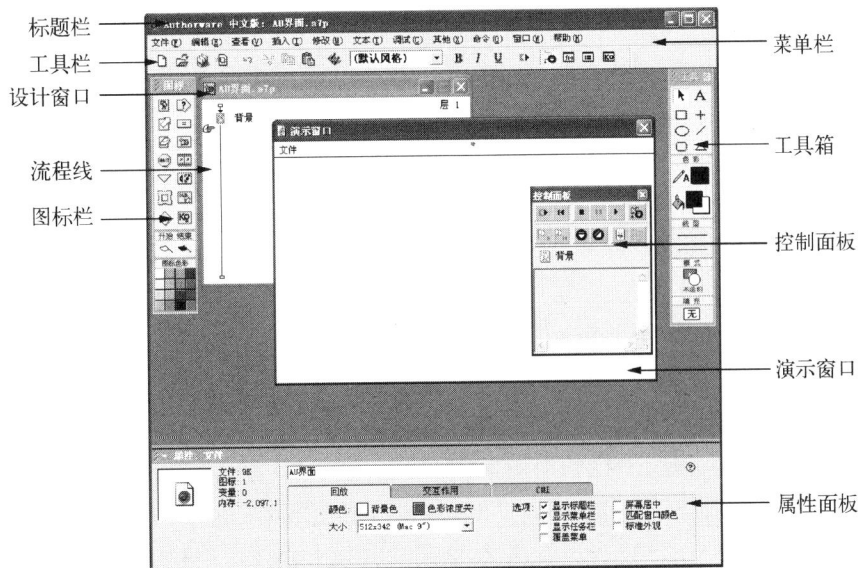

图 4-2　Authorware 7.0 工作界面

（1）标题栏：显示 Authorware 应用程序控制图标、应用程序名称、Authorware 文件名以及最小化按钮（或最大化按钮）、还原按钮和关闭按钮。

（2）菜单栏：提供 Authorware 所有操作命令，包括文件、编辑、查看、插入、修改、文本、调试、其他、命令、窗口、帮助等 11 组菜单。

（3）工具栏：提供 Authorware 常用操作的快捷按钮。

（4）设计窗口：该窗口是 Authorware 应用程序的工作窗口，其标题栏部分显示该窗口的文件名、最小化按钮和关闭按钮，标题栏下部是工作区，包括主流程线、程序的起始位置、各种图标、支流程线、插入标志及程序结束位置。

（5）图标栏：功能图标是构建 Authorware 应用程序的基本元素，图标栏提供 Authorware 应用程序制作的所有功能图标以及开始旗帜、结束旗帜和图标调色板，如图 4-3 所示。

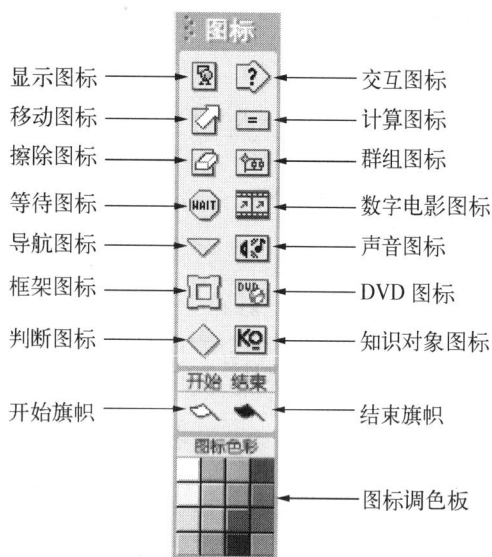

图 4-3　图标栏

显示图标：插入文字、图形和图像素材等。

交互图标：创建交互分支流程，还具有显示图标的功能。

移动图标：移动显示图标和交互图标中的显示对象，生成运动效果。

计算图标：对变量进行赋值、书写表达式、插入函数及程序代码的编写等。

擦除图标：擦除屏幕上指定的显示对象。

群组图标：将多个图标组合为一个图标。

等待图标：在应用程序中设置等待效果。

数字电影图标：添加和播放数字格式的视频素材或动画素材。

导航图标：在框架程序结构的内部实现页面的跳转。

声音图标：添加和播放声音素材。

框架图标：建立页面查询及管理结构的复合图标。

DVD 图标：驱动计算机外部的硬件设备来播放外部存储设备中的视频素材。

判断图标：创建逻辑分支流程。

知识对象图标：根据向导创建知识对象框架结构。

开始旗帜：调试程序时设置运行起始位置。

结束旗帜：调试程序时设置运行结束位置。

图标调色板：设置图标颜色。

（6）工具箱：提供选择工具、文字工具、绘图工具、填充工具、线型工具及图像显示模式设置等工具。

（7）控制面板：对应用程序的调试和控制应用程序的播放。

（8）演示窗口：该窗口可以演示程序的运行和实现对应用程序的简单编辑。

（9）属性面板：设置图标的属性，图标不同，其属性设置内容也不同。

2. Authorware 的启动与退出

（1）启动 Authorware 的方法有：

① 执行"开始→所有程序→Macromedia →Macromedia Authorware 7.0 中文版"命令。

② 打开"资源管理器"，找到"Macromedia Authorware 7.0 中文版"的安装文件夹，双击其中的 Authorware 应用程序图标　。

③ 双击桌面上 Authorware 7.0 的快捷图标　。

启动程序后，屏幕会提示应用程序的欢迎界面，单击此界面或稍等片刻，系统即会进入 Authorware 7.0 的工作环境，用户可以在此环境下编制、调试、演示或打包多媒体应用程序。

（2）退出 Authorware 的方法有：

① 单击"退出"按钮 ☒ 。

② 执行"文件→退出"命令。

③ 按下快捷组合键"Alt"+"F4"。

④ 双击标题栏左侧的控制图标(Authorware 的标志 ✍)退出 Authorware 7.0。

3. 创建 Authorware 文件

在 Authorware 中,可以通过以下方法建立新文件:

(1) 在 Authorware 启动成功后,会自动弹出新建文件的对话框,如图 4-4 所示,然后选择一种知识对象创建新文件。如果不需要通过知识对象创建文件,单击"取消"按钮,系统会建立一个空白的 Authorware 文件。

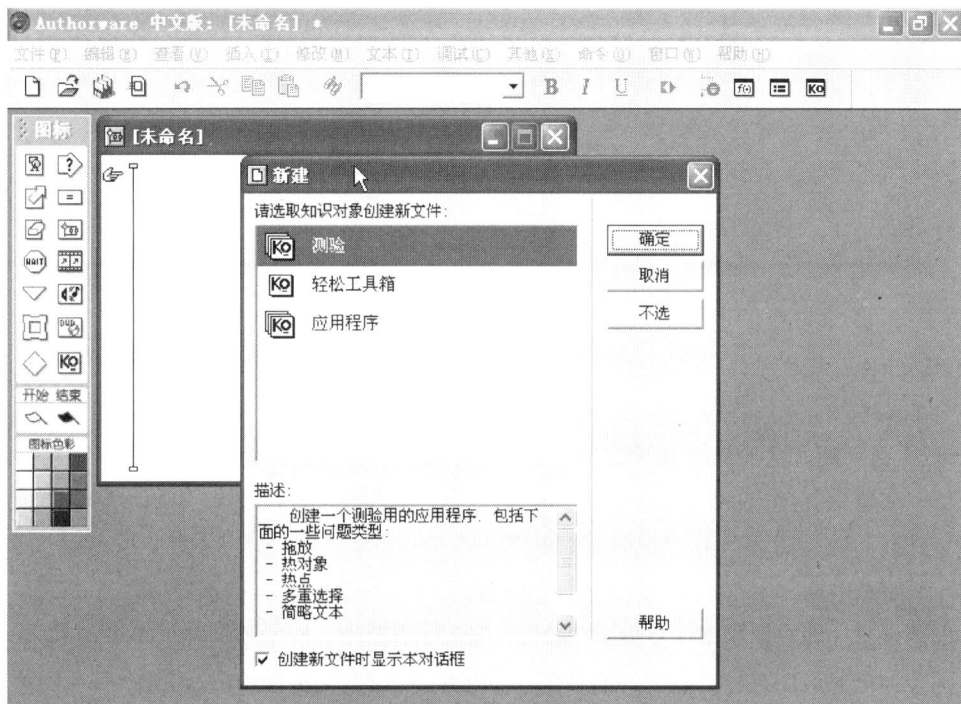

图 4-4 新建对话框

(2) 在 Authorware 编辑状态下,执行"文件→新建→文件"命令。

(3) 单击工具栏中的"新建"按钮进行创建。

(4) 按下快捷键"Ctrl"+"N"。

4. 保存 Authorware 文件

对创建的文件进行保存,通常会有两种不同的情况:

(1) 第一次保存文件或以不同的文件名存储同一文件时,可以选择"文件→另存为"命令,在弹出的对话框中为文件指定存储路径和文件名,然后单击"保存"按钮。

(2) 对已经存盘的文件,用同一文件名再存盘时,执行"文件→保存"命令(或按下快捷组合键"Ctrl"+"S",或单击工具栏中的"保存"按钮 ❤)。

5. 打开 Authorware 文件

对已编辑的文件进行修改,就要先打开相应的文件。打开 Authorware 文件有以下几种方法:

(1) 在 Authorware 编辑状态下,执行"文件→打开→文件.."命令(或单击工具栏中的"打开"按钮 ☞ ,或按下快捷组合键"Ctrl"+"O"),弹出"打开"对话框,如图 4-5 所示,选中文件名后,单击"打开"按钮即可。当打开另外一个文件时,Authorware 会自动关闭当前文件。因此,在打开一个文件之前,要注意保存当前文件。

(2) 直接双击 Authorware 应用程序创建的文件图标。

图 4-5　选择文件对话框

6. 关闭 Authorware 文件

如果想结束对当前应用程序的编辑,选择其他应用程序继续编辑,则可以先关闭当前文件窗口,关闭 Authorware 文件的方法有以下几种:

(1) 执行"文件→关闭"命令。

(2) 单击设计窗口标题栏中的"关闭"按钮 ⊠ 。

关闭命令与退出命令的区别是:关闭命令是结束运行当前编辑的文件而不结束 Authorware 应用程序的运行;退出命令是连同当前编辑的文件和 Authorware 应用程序一同结束运行。如果文件在关闭之前未进行保存,则会弹出确认保存的对话框。如果用户不想进行保存,则可以单击"否"按钮,关闭该文件。

4.1.2　任务2:编辑流程线上的图标

◎ 学习目标

掌握流程线上图标的基本操作。

案例 4-2　新建一个 Authorware 应用程序,设计程序流程如图 4-6 所示。

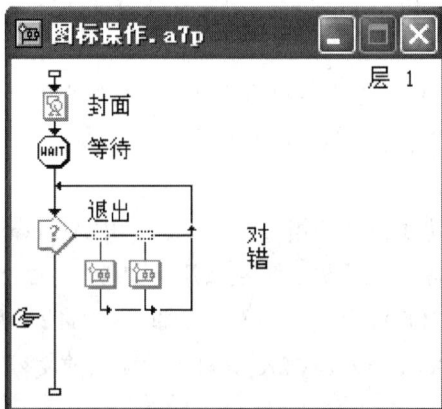

图 4-6　示例流程

[相关知识与技能]

用 Authorware 设计的流程,实际上就是将一个个功能图标串接在主流程线上,然后根据需要对所串接的各种功能图标的属性进行设置。流程线上图标的基本操作包括图标的添加、选择、复制、移动、删除、重命名、设置图标颜色及设置功能图标属性等。

[方法与步骤]

(1) 启动 Authorware 应用程序,新建一个 Authorware 文件,命名为"图标操作.a7p"。

(2) 按示例所示引入设计图标,如图 4-7 所示。

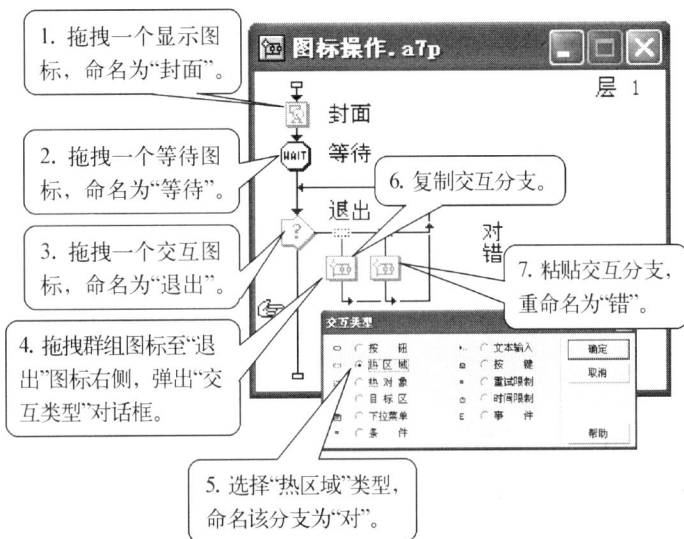

图 4-7　引入设计图标

(3) 执行"文件→保存"命令,保存文件。

[知识拓展]

关于图标的基本操作主要包括:

1. 图标的选择

要对图标进行复制、移动、删除等操作,首先需要选择图标。若选择单个图标,直接单击流程线上的图标即可;若选择多个连续的图标,可按住鼠标左键拖拽出一个矩形线框,框选需要选择的图标,如图 4-8 所示;若选择多个不连续的图标,先选择第一部分图标,然后按住"Shift"键不放,用鼠标左键点选或框选其他图标,直到选择完毕,同时松开"Shift"键和鼠标左键即可。

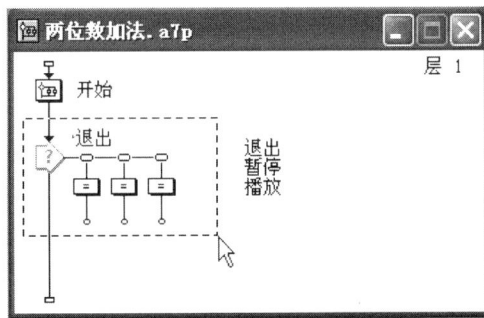

图 4-8　选择多个连续图标

2. 图标的重命名

在引入图标时就应立即给图标起一个同其内容相关的名称,以便于以后查找和调试程序。图标默认的名称为"未命名",若要为图标重命名可直接在需要命名的图标上单击,直接键入图标名称即可。

3. 设置图标的颜色

在 Authorware 中可以为设计图标设置不同的颜色以示区别,在图标工具栏的底部,有一个包括 16 种颜色的图标调色板,选择流程线上的图标之后,单击图标调色板上的一种颜色,将改变图标的颜色,通过这种操作,可以改变默认的白色图标。

4. 图标的删除

在流程线上选择需要删除的图标,按键盘上的"Delete"键,或在图标上单击鼠标右键,在弹出的快捷菜单中选择"删除"命令,即可将图标从流程线上删除。

5. 图标的复制

选择需要复制的图标,执行"复制"操作,然后在流程线上需要粘贴图标的位置单击鼠标,出现插入标志☞,执行"粘贴"操作即可完成复制图标的操作。

6. 图标的移动

如果用户对鼠标操作较熟练,可以直接用鼠标将图标拖到需要移动到的位置,或者使用"剪切"和"粘贴"命令来完成移动操作。

7. 撤销操作

无论是对图标的操作还是对图标编辑的操作,如果对本步操作不满意,可以执行"编辑→撤销"命令随时撤销本步操作。在 Authorware 中只能撤销一步操作,通过关闭并选择不保存,可撤销自上次保存后的所有操作。

8. 图标属性的设置

Authorware 中每个设计图标都有属性面板,设置面板中的选项即可修改该图标的属性。不同的图标,其属性设置面板的内容也不同,图 4-9 是显示图标的属性设置面板。

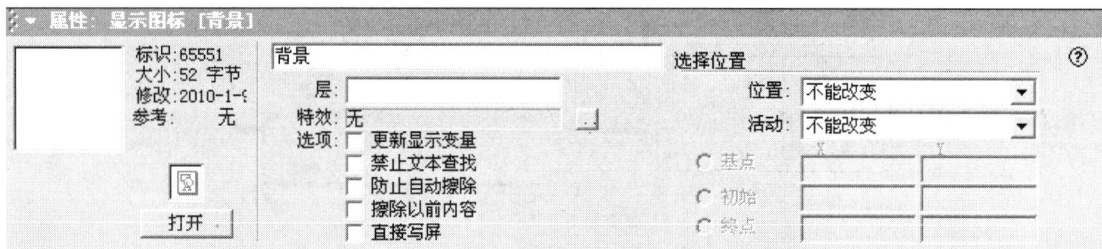

图 4-9　显示图标的属性面板

4.1.3　任务 3:文本对象的添加与设置

○ 学习目标

掌握向 Authorware 中添加和处理文本对象的方法。

案例 4-3　为课件"让我来做你的眼睛.a7p"添加标题页文字。

[相关知识与技能]

文本是多媒体课件中最基本的表现形式及重要元素之一。文本对象可以出现在"显示"图标🖼或"交互"图标🔳中。通过"文本"菜单中的命令可以设置文本的属性,如字体、字号、对齐方式、风格和样式等。

[方法与步骤]

(1) 新建一个 Authorware 应用程序,以"让我来做你的眼睛.a7p"为文件名保存。

(2) 引入图标,插入文本,设置文本格式,如图 4-10 所示。

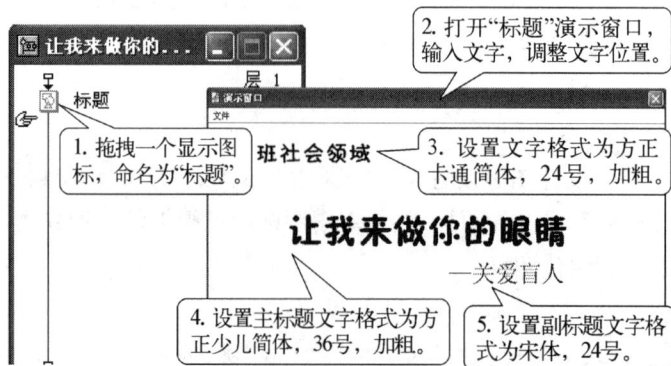

图 4-10　添加标题页文字

（3）执行"文件→保存"命令，保存所做操作。

[知识拓展]

1. 导入外部文本

外部文本的导入也必须在"显示"图标 🔣 或"交互"图标 ⑦ 中才能实现，Authorware 7.0 提供了以下几种文本导入的方法：

（1）命令导入。利用文本处理软件创建好的 Txt 文件或 RTF 文件，可以通过导入命令实现。执行"文件→导入或导出→导入媒体"命令（或单击工具栏中的导入按钮 回），导入所需文件后会弹出"RTF导入"对话框，如图 4-11 所示。

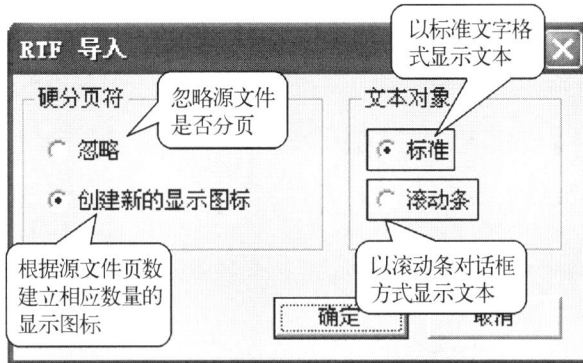

图 4-11　RTF 导入对话框

（2）剪贴板导入。利用剪贴板复制和粘贴文本。

（3）鼠标拖放导入。在资源管理器中直接将文本文件拖放到 Authorware 流程线上，系统会自动创建一个与文本文件名称相同的显示图标，其内容与文本文件内容相同。

（4）插入对象导入。在 Authorware 展示窗口中，执行"插入→OLE 对象"，弹出如图 4-12 所示的"插入对象"对话框，在对话框中可以新建或由外部文件创建一个文本对象，并能够在 Word 环境下进行编辑。

2. 设置文本属性

同其他文本处理软件一样，Authorware 也能够对文本的属性进行相关的设置，具有格式排版能力，有关文本属性的设置命令，都包含在"文本"菜单中。

（1）设置文本字体。

执行"文本→字体→其他"命令，弹出"字体"对话框，如图 4-13 所示，在下拉列表框中选择要设置的字体。

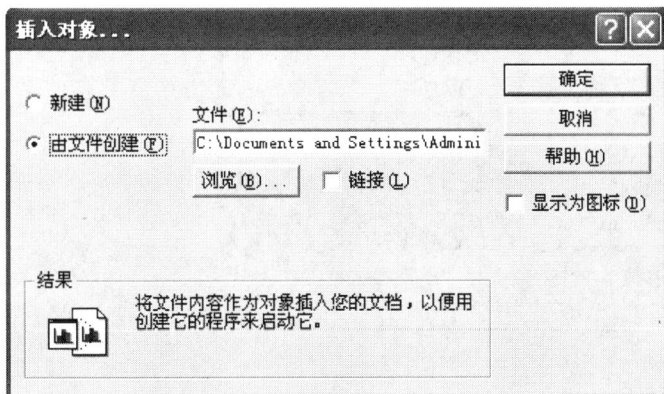

图 4-12　插入对象对话框

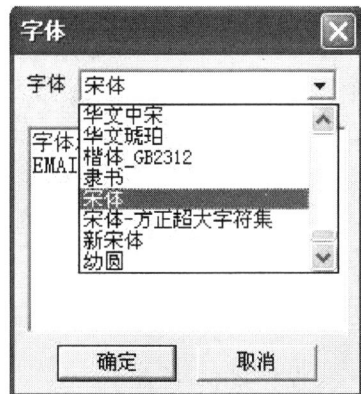

图 4-13　字体对话框

（2）设置文本字号。

选择"文本→大小"菜单，出现如图4-14所示的子菜单，该子菜单由三部分组成：第一部分是一系列数字，是系统为字体提供的预设大小，当前文本字号前用"√"标识；第二部分为"其他"命令，单击这个命令会弹出"字体大小"设置对话框，如图4-15所示，用户可以在这个对话框中自行设置字体大小；第三部分为"字号增大"和"字号减小"两个快捷命令，使用这两个命令可以不受字体具体大小的约束，只要字体大小与演示窗口的比例关系协调即可。

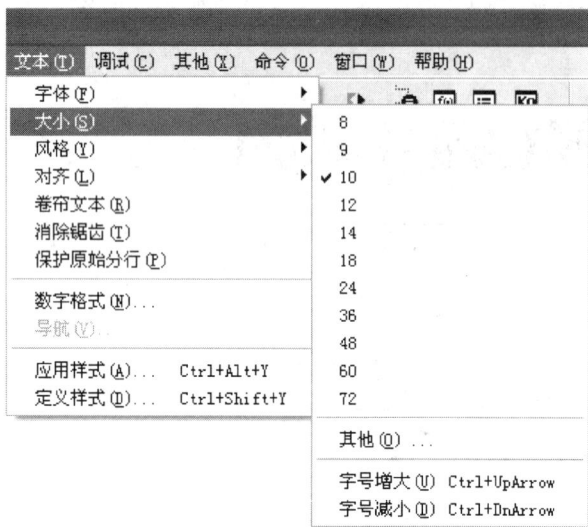

图4-14 设置字号大小菜单　　　　　图4-15 设置字体大小对话框

（3）设置字体风格。

选择"文本→风格"菜单，弹出如图4-16所示的文本风格子菜单，包括常规、加粗、倾斜、下划线、上标和下标六个命令，Authorware默认的字体风格为常规。这些风格除了上标、下标两种风格以外，其他风格都可以混合使用。

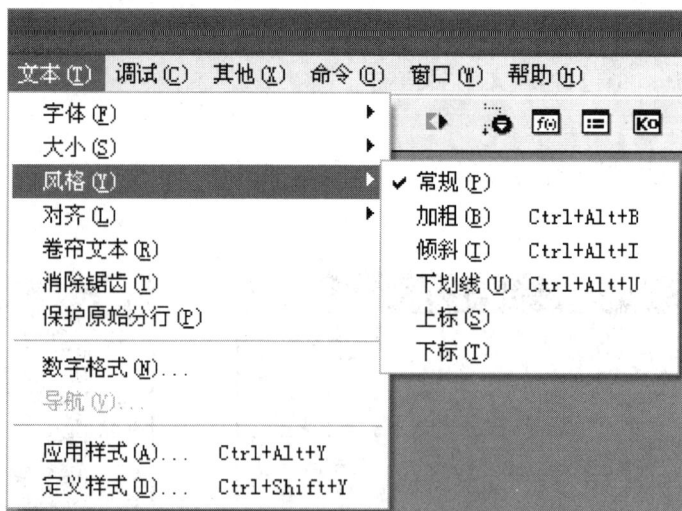

图4-16 字体风格设置

（4）设置文本颜色。

选择要设置颜色的文本，单击工具箱中的边框字体颜色设置工具，弹出"选择自定义颜色"对话框，在对话框中选择合适的字体颜色。

（5）设置文本的对齐方式。

文档中对段落的设置可根据文档的显示效果设置不同的对齐方式，在 Authorware 7.0 中，文本有左对齐、居中对齐、右对齐和正常四种对齐方式，如图 4-17 所示。

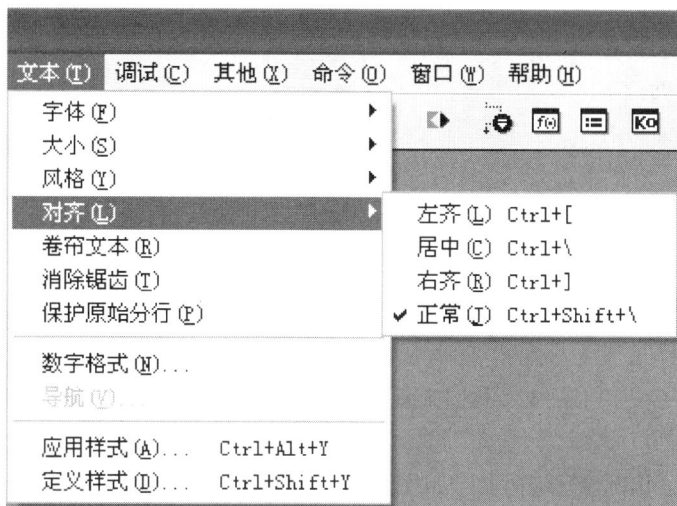

图 4-17　文本对齐方式

（6）消除锯齿。

当文本的字体扩大时，在文本的周围会产生明显的锯齿现象，针对这种现象，Authorware 提供了抗锯齿功能，可以将文本与背景更好地融合为一体，使文本的边缘显得柔滑。选中文本后，执行"文本→消除锯齿"命令即可消除文本锯齿现象。

3. 文本动态效果的设置

（1）设置文本对象的过渡显示效果。

选中包含要设置过渡显示的文本对象的图标，执行"修改→图标→属性"命令，打开显示图标属性面板，单击面板中"特效"标签右侧的浏览按钮　，弹出"特效方式"对话框，如图 4-18 所示，选择合适的特效方式即可。"特效方式"对话框中各组成部分含义如下：

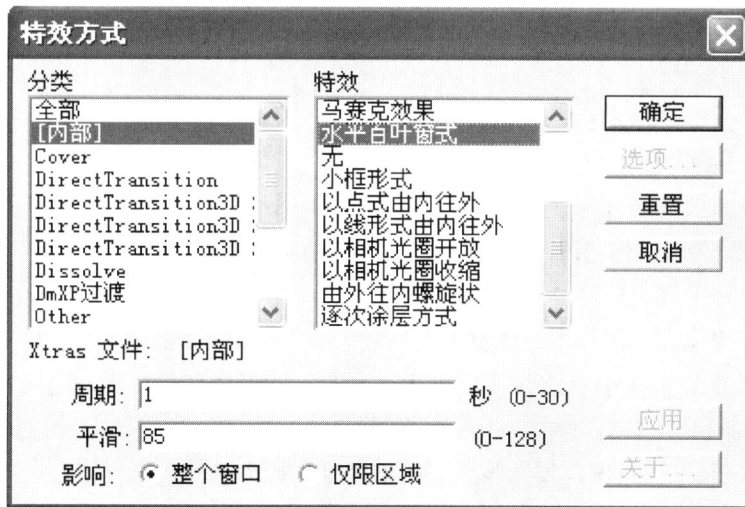

图 4-18　特效方式对话框

分类：列出过渡效果的类型。默认为"内部"。

特效：列出所选类型中包含的所有过渡效果。

周期：以秒为单位，设置显示过渡效果持续的时间，最大值不超过 30 秒。

平滑：设置显示过渡效果的平滑程度，0 表示最平滑。数值越大，过渡效果越差。

影响：设置过渡效果影响的区域。选择"整个窗口"则影响整个窗口，选择"仅限区域"则仅影响显示对象所在的区域。

重置：设置当前过渡效果的"周期"、"平滑"参数为默认值。

选项：设置过渡效果详细参数。

Xtras 文件：特效文件路径。

（2）取消文本对象的过渡显示效果。

选中包含设置过渡显示的文本对象的图标，单击显示图标属性面板中"特效"标签右侧的浏览按钮，弹出如图 4-18 所示的"特效方式"对话框，在"分类"列表框中选择"内部"选项，在"特效"列表框中选择"无"，即可取消文本的过渡显示效果。

（3）设置文本对象的过渡擦除效果。

文本对象的过渡擦除效果是通过"擦除"图标 ⬛ 实现的。"擦除"图标的主要功能是擦除课件画面中的显示对象以及完成某一动作之后所剩余的、无用的显示对象。在流程线上添加一个"擦除"图标，运行应用程序，当程序执行到"擦除"图标时自动停止，弹出擦除图标属性面板，在演示窗口中单击要擦除的对象，该对象会立即消失，同时该对象所在的图标显示在擦除图标属性面板右侧的列表框中，表示该对象已经被擦除，如图 4-19 所示。单击"特效"标签右侧的浏览按钮，弹出"擦除模式"对话框，其组成及含义同图 4-18 所示的"特效方式"对话框各组成部分及含义完全相同。

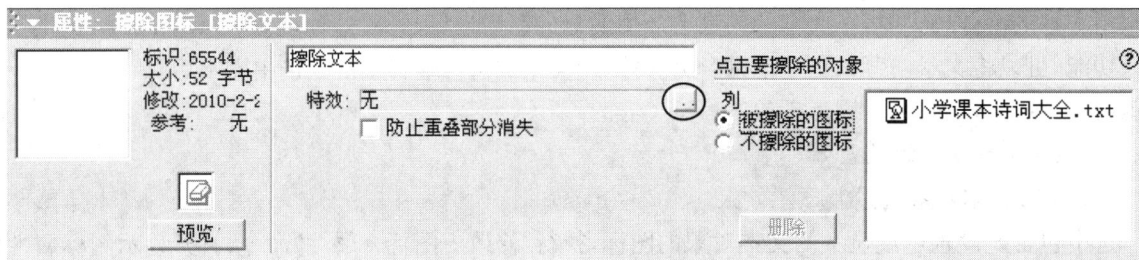

图 4-19　擦除图标属性对话框

4.1.4　任务 4：图形图像对象的添加与设置

学习目标

掌握图形图像对象添加及属性设置的方法。

案例 4-4　为课件"让我来做你的眼睛.a7p"设计导航主界面。

[相关知识与技能]

图形图像也是多媒体课件制作中一种重要的素材，利用 Authorware 可以绘制出形式各样的图形，也可以导入外部精彩的图像素材，使多媒体课件生动形象。图形图像的添加与编辑，需要在显示图标或交互图标中进行。

执行"文件→导入和导出→导入媒体"命令（或单击工具栏中的导入按钮 ⬛，或利用组合键"Ctrl"＋"Shift"＋"R"），可以导入图像文件。对于导入的图像文件，可以对其进行移动、缩放和裁切操作。

在 Authorware 中可以通过显示图标或交互图标附带的"工具箱"绘制矢量图形，如椭圆、矩形、多边形，还可以设置矢量图形的属性，如边框、填充、显示模式等。

[方法与步骤]

（1）打开"让我来做你的眼睛.a7p"应用程序。

（2）添加显示图标，设计导航界面，操作步骤如图 4-20 所示。

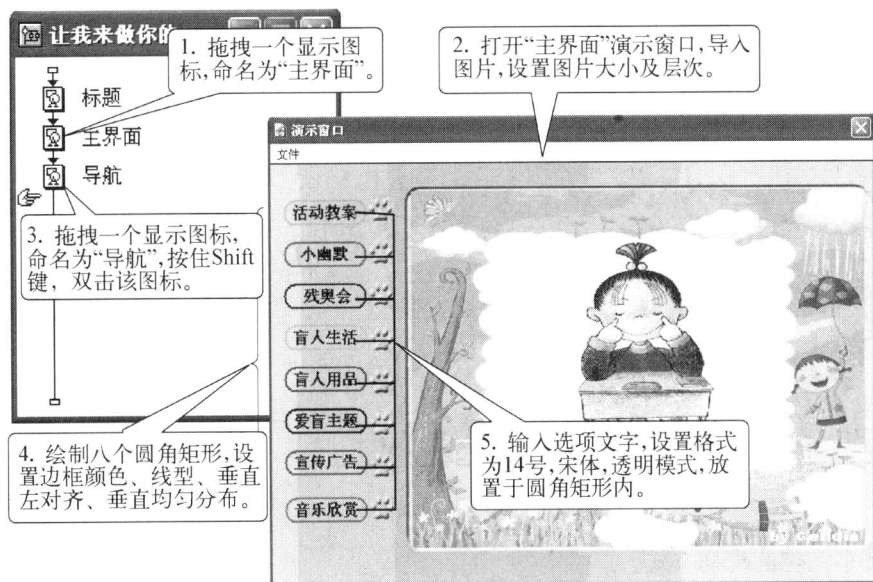

图4-20 设计导航界面

（3）执行"文件→保存"命令，保存所做操作。

[知识拓展]

1. 图像属性对话框

双击需要设置属性的图像，打开图像属性对话框，如图4-21所示。单击对话框中的"导入"按钮，可以导入新的图像来替代当前图像；"图像"选项卡用于显示该图像文件的存储路径和名称、存储的方式、颜色、文件大小、文件格式、颜色深度等信息，设置图像的覆盖模式；"版面布局"选项卡用于设置图像显示方式、图像位置、图像尺寸信息和放置方式。

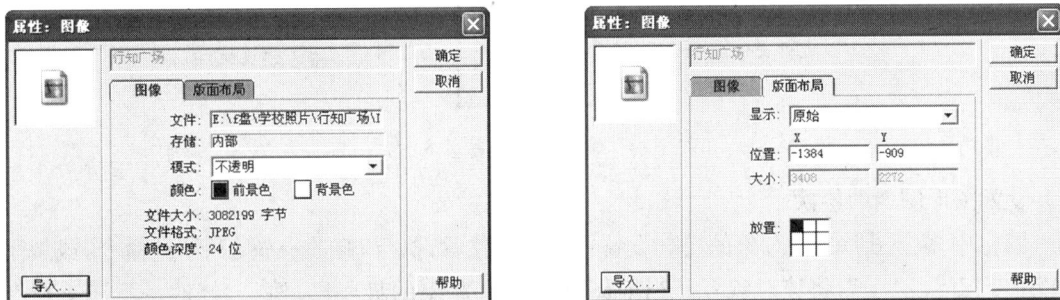

图4-21 图像属性对话框

2. 设置图形图像的关系

（1）设置图形图像的显示模式。

在多个图形叠放时，显示模式的设定在很大程度上影响了图片的显示效果，通过显示模式的设置，我们可以把两个显示对象非常吻合地显示在一起。在 Authorware 7.0 中，可以为图形图像设置不透明、遮隐、透明、反转、擦除和阿尔法六种不同的显示模式。

不透明：Authorware 默认显示模式，该模式下的图形图像会覆盖其后面的所有对象。

遮隐：对在 Authorware 中绘制的图形对象所起的作用与不透明模式相同。对于一幅位图而言，选择这种模式将会使位图边沿部分的白色褪掉，位图内部的白色部分仍然保留。

透明：图像对象中的所有白色区域均变为透明，下面的对象通过透明部分显示。

反转：图形对象将以反色显示，最终它们究竟呈现什么颜色与其下方对象或演示窗口的背景色有关。

擦除：图形对象的背景色变为透明，前景色和线条色所在区域变为演示窗口背景色。

阿尔法：利用图像的 Alpha 通道，可以制作出透明物、发光体等效果。

六种方式的显示模式如图4-22所示。

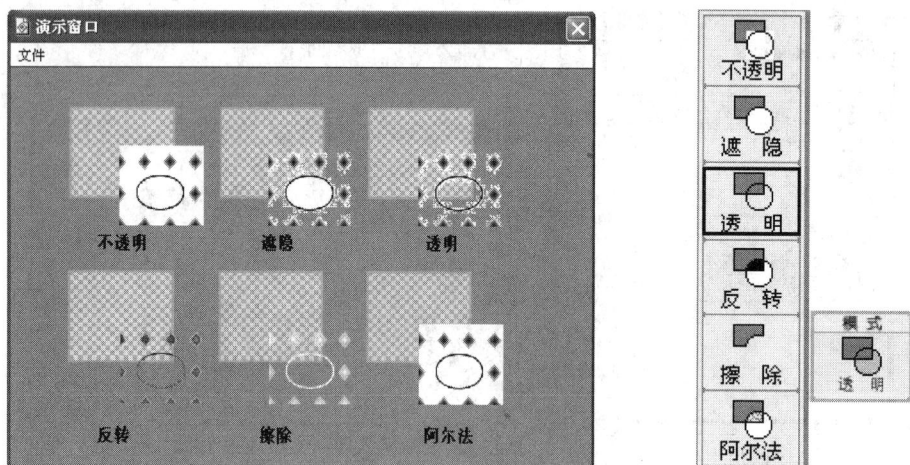

图 4-22 六种显示模式

（2）设置图形图像的排列方式。

选择两个或两个以上图形或图像，执行"修改→排列"命令，或按下组合键"Ctrl"＋"Alt"＋"K"，系统会打开多对象分布与对齐选择框，如图 4-23 所示。Authorware 7.0 提供了 8 种对齐排列方式，用户可以根据需要设置多个对象的分布和对齐方式。

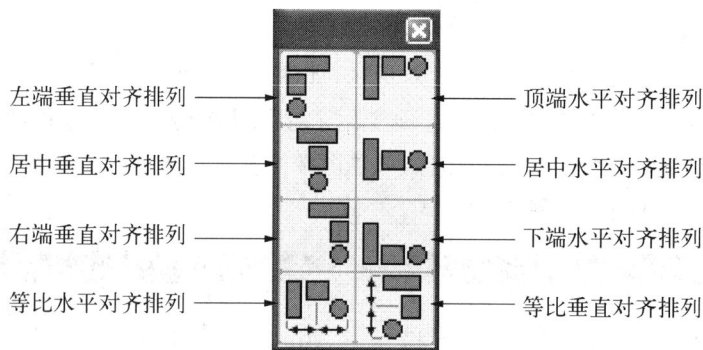

图 4-23 多对象分布与对齐方式

（3）设置图形图像的层次。

同一图标中多个图形图像对象的层次设置：选中对象后，执行"修改→置于下层"命令，或按下组合键"Ctrl"＋"Shift"＋"↓"，将该对象置于当前图标中所有对象的最底层；执行"修改→置于上层"命令，或按下组合键"Ctrl"＋"Shift"＋"↑"，将该对象置于当前图标中所有对象的最上层。

不同图标中的图形图像对象的层次设置：选中流程线上需要调整层次的图标，执行"修改→属性"命令，弹出图标属性面板，如图 4-24 所示，在面板中的"层"文本框中输入要设置的层次数即可。

图 4-24 图标属性面板

（4）图形图像的群组。

若多个对象之间的位置关系已经确定，为防止操作中破坏各对象之间的结构，可以将这些对象进行群组操作。选中需要组合的多个对象，执行"修改→群组"命令，或按下组合键"Ctrl"＋"G"进行组合操作。如果想取消已经组合的对象，执行"修改→取消群组"命令，或按下组合键"Ctrl"＋"Shift"＋"G"即可完成取消群组操作,如图 4-25 所示。

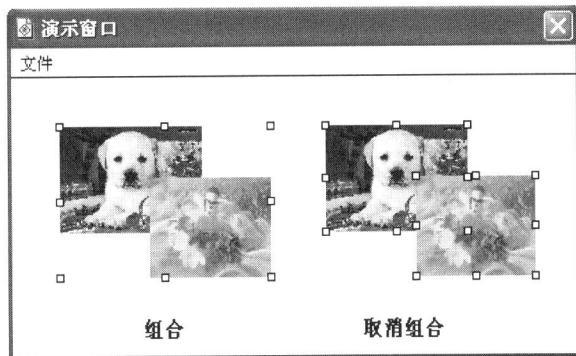

图 4-25 多个图形图像的群组操作

(5)设置图形图像的动态效果。

图形图像的动态效果设置包括图形图像过渡显示效果的设置、图形图像过渡擦除效果的设置。其设置方法与文本对象的过渡显示效果、"擦除"图标实现的过渡擦除效果操作方法完全相同,设置图形图像的动态效果的方法可参照设置文本对象的操作方法,这里不再进行详细的讲解。

3. 绘制线条

(1)绘制直线:利用工具箱中的直线工具＋,可以绘制水平线、垂直线和45°角斜线。

(2)绘制斜线:利用工具箱中的斜线工具╱,可以绘制任意角度的斜线,在绘制时若按住"Shift"键也可以绘制水平线、垂直线和45°角斜线。

(3)设置线条的线型:选中绘制完成的线条,单击工具箱中的线型按钮▤,弹出"线型"列表框,如图 4-26 所示。从"线型"列表框中选择所需的线型,即可改变线条的类型,不同线型效果如图 4-27 所示。

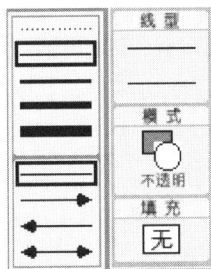

图 4-26 线型列表框

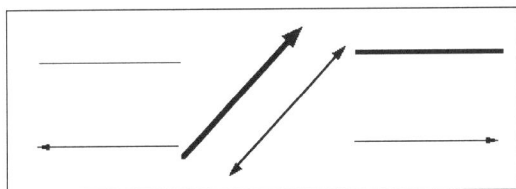

图 4-27 不同线型效果

(4)设置线条的颜色:选中绘制完成的线条,在工具箱中单击"字体/边框颜色工具"按钮╱▣,弹出"颜色"列表框,如图 4-28 所示。在"颜色"列表框中单击所需颜色色块,即可改变线条颜色。默认状态下,所有绘制的线条颜色均为黑色。

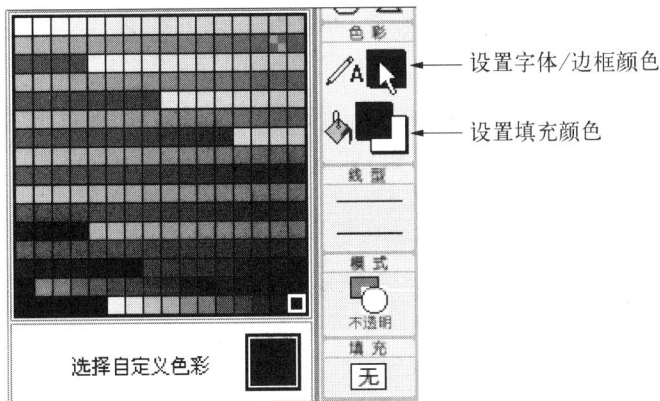

图 4-28 字体、边框、填充颜色列表框

4. 绘制椭圆

(1) 绘制椭圆：工具箱中的椭圆工具 ⬭ ，可以用于绘制椭圆形或正圆(绘制正圆时需按住"Shift"键)。

(2) 设置椭圆的线型和线条颜色：修改椭圆的线形和线条颜色的方法与修改线条颜色的方法基本相同，不同的是不能够对椭圆的线型设置箭头类型。

(3) 设置椭圆的填充颜色：选中绘制完成的椭圆，在工具箱中单击"填充颜色工具"按钮 🔳 ，弹出"颜色"列表框，如图4-28所示。在"颜色"列表框中单击所需颜色色块，即可改变填充颜色，默认状态下，所有绘制的椭圆的填充颜色均为无色。

(4) 设置填充图形：选中绘制完成的椭圆，在工具箱中单击"图形填充工具"按钮 🖼 ，弹出"图形填充"列表框，如图4-29所示，在"图形填充"列表框中单击所需的图形填充类型，即可改变椭圆的前景填充类型，填充样式如图4-30所示。

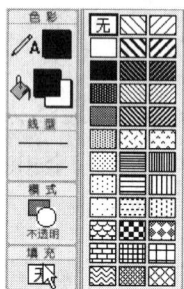

图4-29 填充样式列表

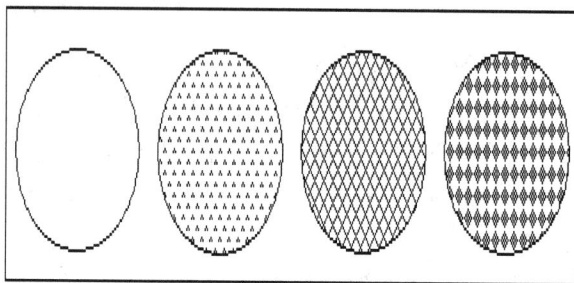

图4-30 不同前景填充效果

5. 矩形、圆角矩形的绘制与设置

(1) 绘制矩形：工具箱中的矩形工具 ▭ ，可以用于绘制矩形(绘制过程中按住"Shift"键，可画出一个正方形)。

(2) 绘制圆角矩形：工具箱中的圆角矩形工具 ⬭ ，可以用于绘制圆角矩形(绘制过程中按住"Shift"键，可画出一个正圆角矩形)。当绘制完成以后在图形上会出现一个自由句柄，用以控制圆角的弧度，如图4-31所示。

图4-31 自由句柄控制圆角矩形的圆角弧度

(3) 设置矩形、圆角矩形属性：矩形、圆角矩形与椭圆形同属于平面图形，所以修改方法与椭圆形相同，修改其边框、填充颜色及填充图形的方法可参照椭圆的相关操作方法。

6. 多边形的绘制与设置

(1) 绘制多边形：工具箱中的多边形工具 ◿ ，可以用于绘制多边形(绘制过程中按住"Shift"键，可绘制只有水平线、垂直线和45°角直线的多边形)。

(2) 调整多边形顶点位置：多边形绘制完成后，在每个顶点处会出现自由句柄，拖动一个句柄可以调整该句柄所在边的位置，即改变该顶点的位置，如图4-32所示。

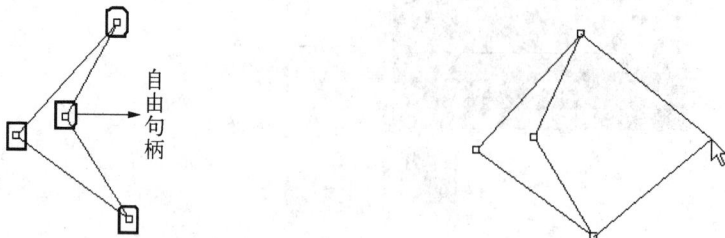

图4-32 自由句柄改变多边形顶点位置

（3）设置多边形的边框类型、边框颜色、填充颜色及填充方式：多边形边框类型、边框颜色、填充颜色、填充方式的设置方法与椭圆/圆的设置方法基本相同，不同的是使用多边形工具绘制出的图形无论是封闭的不规则图形，还是不封闭的线折，填充的内容（颜色和图形）都是以绘制出多边形的开始点与终点相连接进行填充的，如图 4－33 所示。

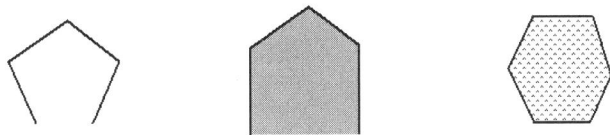

图 4－33　多边形前景填充

4.1.5　任务 5：声音对象的添加与设置

学习目标

掌握 Authorware 中声音对象的添加及声音属性的设置方法。

案例 4－5　为课件"让我来做你的眼睛.a7p"添加背景音乐。

[相关知识与技能]

声音是除文本、图像之外又一传递信息的重要工具，在 Authorware 中可以使用声音图标 来加载和播放声音文件。Authorware 支持多种声音格式，如 MP3、AIFF、PCM、WAVE、VOX、SWA 等文件格式。

[方法与步骤]

（1）打开应用程序"让我来做你的眼睛.a7p"。

（2）添加声音图标、等待图标和计算图标并设置属性，如图 4－34 所示。

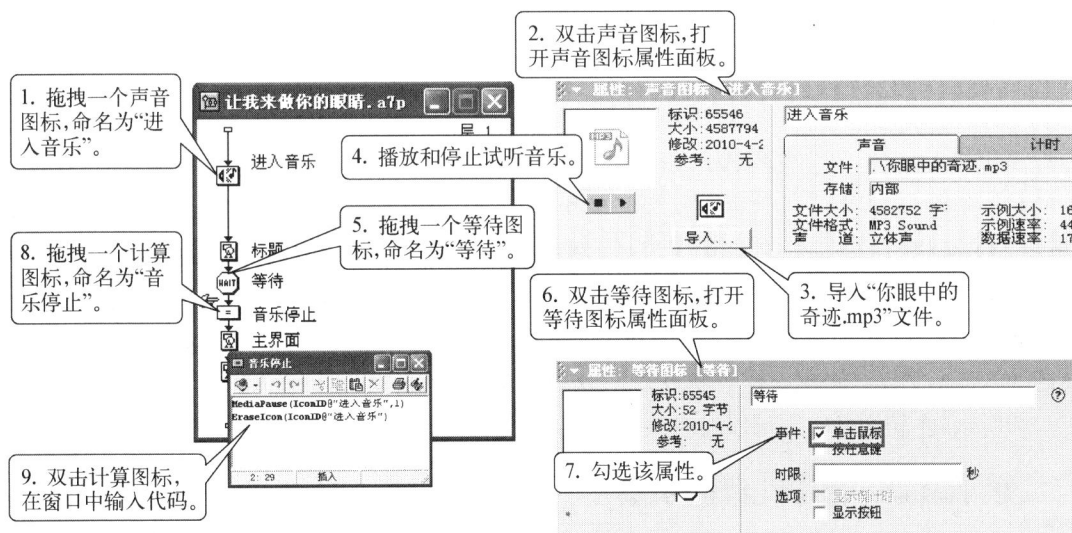

图 4－34　添加和设置背景音乐

（3）图中的 MediaPause（IconID @"进入音乐",1）和 EraseIcon(IconID@"进入音乐")两行代码分别表示停止播放音乐和擦除"进入音乐"声音图标，注意@后面的引号都为半角符号。

（4）执行"文件→保存"命令，保存所做操作。

[知识拓展]

通过设置声音对象的属性，可以控制该图标与其他对象间的关系，也可以控制声音文件在课件中的播放次数和速度等参数。

1. **声音图标属性**

"声音图标属性"面板,包括如图 4-35 所示的"声音"选项卡和"计时"选项卡两部分。

(1)声音选项卡。

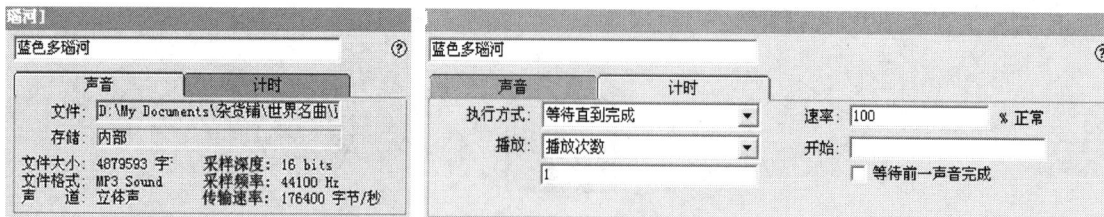

图 4-35　声音图标属性声音选项卡和计时选项卡

"文件"文本框:指示声音数据的来源文件。

"存储"文本框:指示声音数据的保存方式。"内部"表示保存在程序文件内部,"外部"表示保存在外部声音数据文件中。

"声音信息"区域:包括声音数据文件的大小、格式、声道数、采样深度、采样频率及传输速率。

(2)计时选项卡。

"执行方式"列表框:设置声音对象与其他对象运行的同步关系,包含三种方式:

　　等待直到完成:直到声音播放完毕后才继续执行流程线上的其他图标。

　　同时:在播放声音的同时,继续执行其他设计图标。

　　永久:"开始"文本框中的条件满足时,则图标开始播放声音,同时程序继续。

"播放"列表框:设置声音播放的次数,包含两个选项:

　　播放次数:指定播放声音的次数,在下方的文本框中输入数值、变量或表达式。

　　直到为真:在下方的文本框中输入终止播放声音的条件,若为真,则停止播放声音。

"速率"文本框:使用数值或变量控制声音播放的速度,正常为 100%。

"开始"文本框:输入逻辑型变量或表达式为 TRUE 时,开始播放声音。

"等待前一声音完成"复选框:等待前一个声音播放后开始播放该声音。

2. **声音格式的转换**

多媒体课件经常要引用一些音效,这些音效文件的格式主要是 WAV,WAV 格式的声音文件所占的磁盘空间比较大,从而使生成的 Authorware 应用程序占用的磁盘空间增大,并且导入与调用也会占用很大的系统资源,出现声音断续现象。为了解决此问题,Authorware 7.0 提供了一个声音转换的工具,能够将 WAV 格式的声音文件转化为 SWA 格式的声音文件,提高声音文件的加载速度。

执行"其他"菜单→"其他"→"转换 WAV 到 SWA"命令,弹出转换文件格式工具面板,如图 4-36 所示。在面板中单击"添加文件"按钮添加 WAV 格式文件,单击"转换文件的目标文件夹"按钮可以设置转换后的 SWA 文件存储在磁盘中的位置。设置好转换参数后单击"转换"按钮即可开始转换进程,如图 4-37 所示,在转换过程中可以随时停止需要转换的声音文件,只要按下"停止"按钮即可。

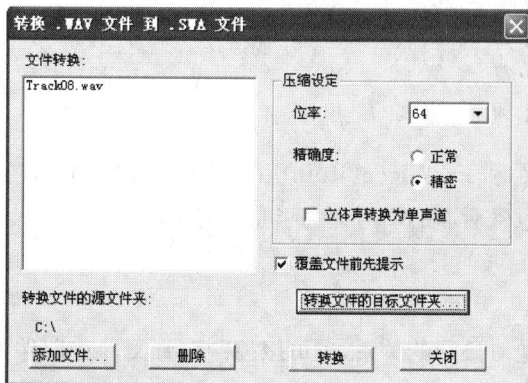

图 4-36　声音转换工具面板

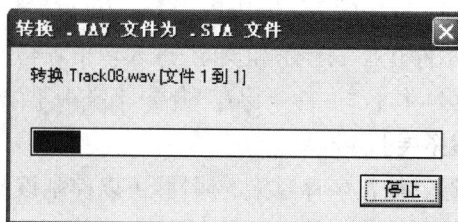

图 4-37　声音转换进度

4.1.6 任务 6：视频对象的添加与设置

● **学习目标**

掌握数字电影图标的添加方法及属性设置方法。

案例 4 – 6 为课件"让我来做你的眼睛.a7p"添加视频广告。

［相关知识与技能］

在 Authorware 7.0 中,视频的处理是通过数字电影图标 ▣ 进行导入并设置的。Authorware 7.0 中可支持的数字电影格式包括 DIR、AVI、MOV、FLC/FLI、MPEG、DIB/BMP 和 PICS。视频文件只能作为外部文件与 Authorware 程序文件产生连接关系,而不能插入 Authorware 文件的内部。

［方法与步骤］

（1）打开应用程序"让我来做你的眼睛.a7p"。

（2）添加数字电影图标并设置属性,如图 4 – 38 所示。

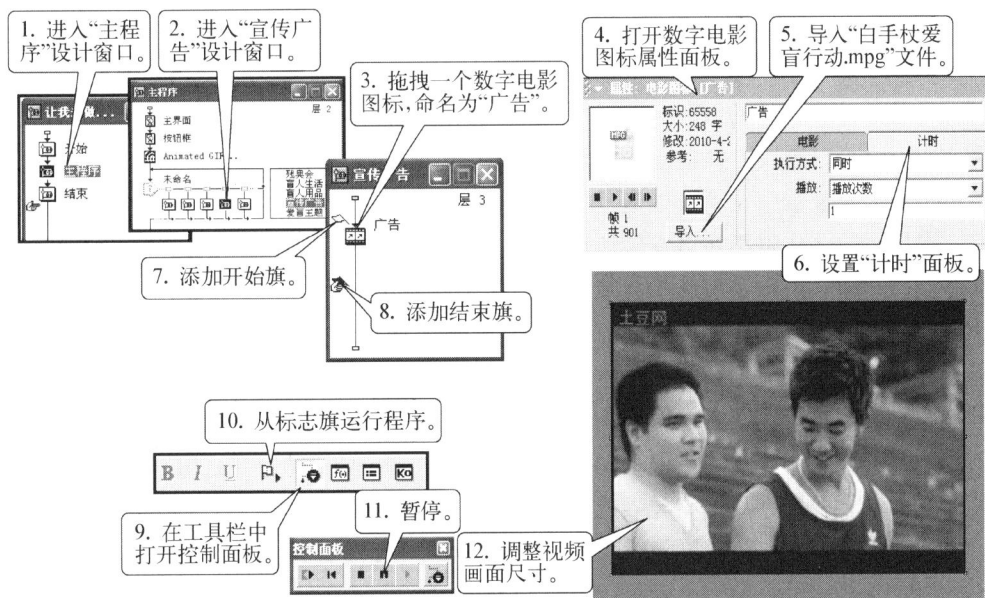

图 4 – 38 添加数字电影图标并设置属性

（3）添加等待图标和擦除图标,设置相关属性,如图 4 – 39 所示。

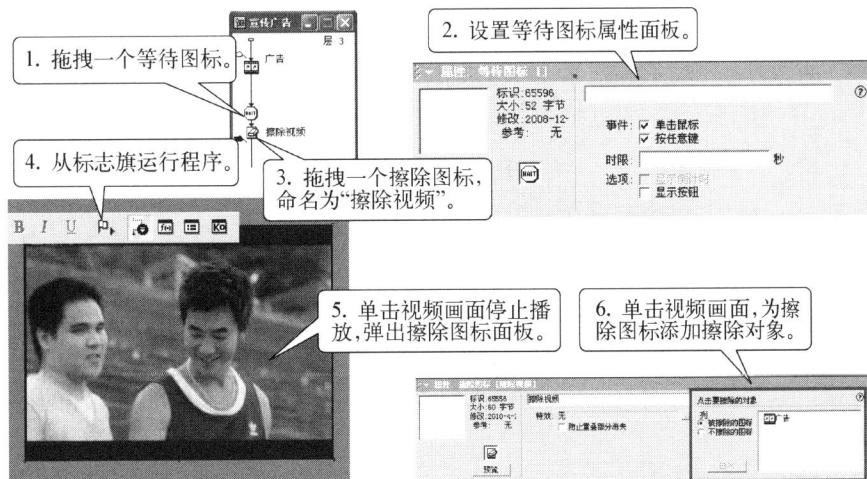

图 4 – 39 等待图标、擦除图标的添加及属性设置

（4）在图标栏中开始旗帜的位置单击鼠标左键,复位开始旗帜。退出分支流程设计窗口,执行"文件→保存"命令,保存所做操作。

[知识拓展]

1. 设置数字电影图标属性

数字电影图标属性面板上面的文本框用于显示和修改该数字电影图标的名称,左边预览框下的四个按钮 ■ ▶ ◀| |▶ 可以用于控制电影的预览,作用分别为停止、播放、倒退一帧和前进一帧。还可以查看预览视频文件时的当前帧和视频的总帧数。除此以外还包含电影、计时和版面布局三个选项卡。

（1）"电影"选项卡,如图4-40所示。

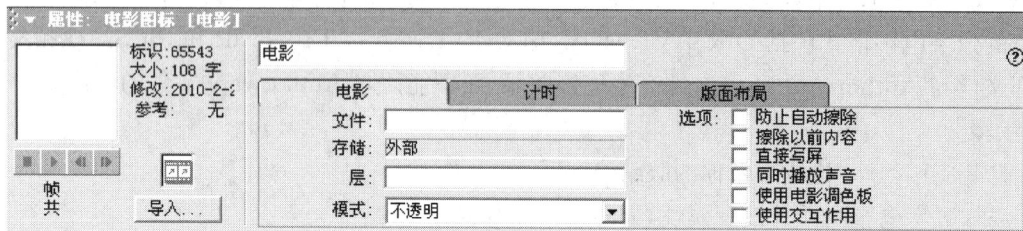

图4-40　数字电影图标属性面板中的电影选项卡

"文件"文本框:显示导入的电影文件的路径和文件名。

"存储"文本框:电影文件的保存方式。

"层"文本框:设置电影文件播放画面的层次。

"模式"列表框:设置数字化电影的覆盖模式。

"选项":提供了数字化电影在多媒体课件运行过程中的六种固定显示模式。

防止自动擦除:该数字电影不会被其他图标自动擦除。

擦除以前内容:播放数字电影之前,擦除显示的对象。

直接写屏:总是以显示最前面的方式播放数字电影。

同时播放声音:播放数字电影中的声音。

使用电影调色板:使用数字电影的调色板代替Authorware 7.0中的调色板。

使用交互作用:允许用户与导入的电影通过鼠标或键盘进行人机交互操作。

（2）"计时"选项卡,如图4-41所示。

"执行方式"列表框:设置数字电影执行过程与其他图标执行过程的同步方式。

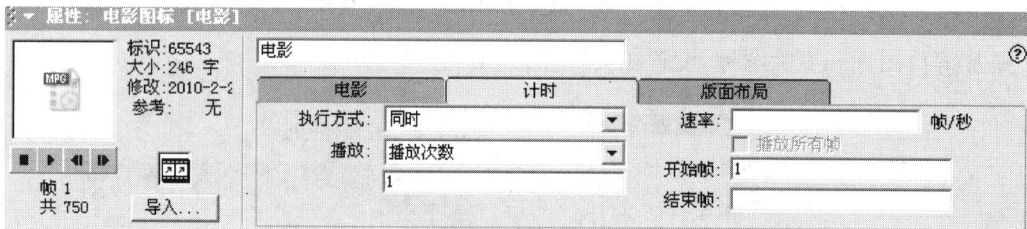

图4-41　数字电影图标属性面板中的计时选项卡

"播放"列表框:控制数字电影的播放效果,包含以下选项:

重复:重复播放电影文件,直到使用擦除图标擦除电影图标或是使用函数来控制电影终止播放。

播放次数:根据下方文本框中输入的数值重复播放电影文件,直到重复指定次数为止。如果输入数字为0,则Authorware只显示电影文件的第一帧。

直到为真:在文本框中输入一个条件,直到该条件为真时,才停止电影文件的播放,否则,将重复播放电影文件。

只有被移动时:当电影文件被移动图标或用户用鼠标移动时,电影文件才开始播放,移动停止,则播放随之停止。

每个重复次数：设置每一次播放过程中的重复次数。

控制暂停和控制播放：由用户控制数字电影的暂停和播放。

"速率"文本框：在文本框中输入电影文件的播放速率，单位为帧/秒。在文本框中也可以使用变量或表达式来设定电影文件的播放速率。

"播放所有帧"复选框：数字电影将播放每一帧。

"开始帧"文本框：设置电影文件播放的开始帧，默认为第一帧。

"结束帧"文本框：设置电影文件播放的结束帧。

（3）"版面布局"选项卡，如图 4 - 42 所示。

该选项卡中的所有属性都是设置数字化电影在课件中播放时所出现的位置和在指定范围内自动移动的位置。

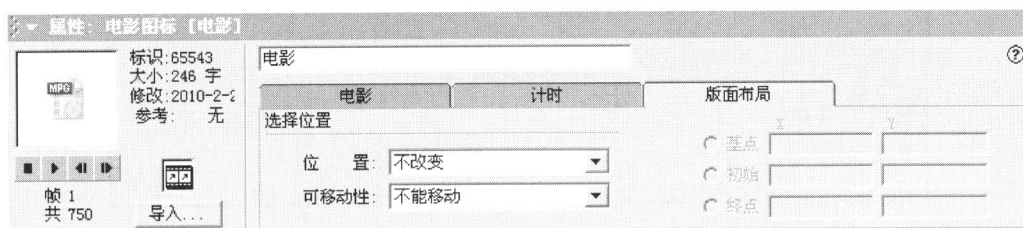

图 4 - 42 数字电影图标属性面板中的版面布局选项卡

"位置"列表框：控制数字电影在课件的演示窗口中播放的位置，主要包括：

不改变：数字电影播放的画面一直以固定位置显示。

在屏幕上：数字电影播放的画面可以出现在屏幕的任何位置。

沿特定路径：数字电影播放的画面以指定的路径显示。

在某个区域中：数字电影播放的画面可以显示在演示窗口中的任意位置。

"可移动性"列表框：控制数字电影在课件的演示窗口中移动的属性，主要包括：

不能移动：无法移动数字电影播放的画面。

在屏幕上：可以移动数字电影播放的画面，系统保护画面的完整性。

任何地方：可以移动数字电影播放的画面，系统不保护画面的完整性。

2. 预览导入的数字化电影文件

完成导入数字电影文件后，预览数字化电影的方法有两种：一种是单击"数字电影"图标属性面板中的"播放"按钮 ▶ 进行预览；另一种是在电影图标上单击鼠标右键，在弹出的快捷菜单中单击"预览"命令即可。

4.1.7 任务 7：GIF 动画的添加与设置

学习目标

掌握 GIF 动画的添加及属性设置方法。

案例 4 - 7 为课件"让我来做你的眼睛. a7p"添加 GIF 动画。

[相关知识与技能]

导入 GIF 动画的方法为执行"插入→媒体→Animated GIF"命令，打开"Animated GIF 属性"对话框，如图 4 - 43 所示，同时在流程上会出现 Animated GIF 图标 。属性对话框的左下角显示了 GIF 动画的总帧数及显示画面的大小。

"链接"复选框：将 GIF 动画作为外部文件链接到 Authorware 文件中，否则会将其插入应用程序内部。

"直接写屏"复选框：将 GIF 动画的层次设置为最前。

"速率"列表框：选择 GIF 动画播放的速度，单位为帧/秒。

"导入"文本框：显示导入的 GIF 动画文件的存储路径或 URL。

"浏览"按钮：添加本地的 GIF 动画文件。

"网络"按钮：添加网络中的 GIF 动画文件。

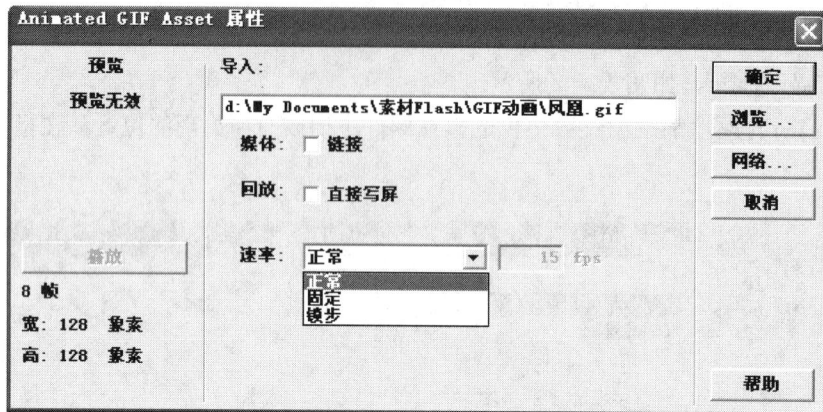

图 4-43 Animated GIF 属性对话框

[方法与步骤]

（1）打开应用程序"让我来做你的眼睛.a7p"。

（2）添加 GIF 动画，设置动画属性，如图 4-44 所示。

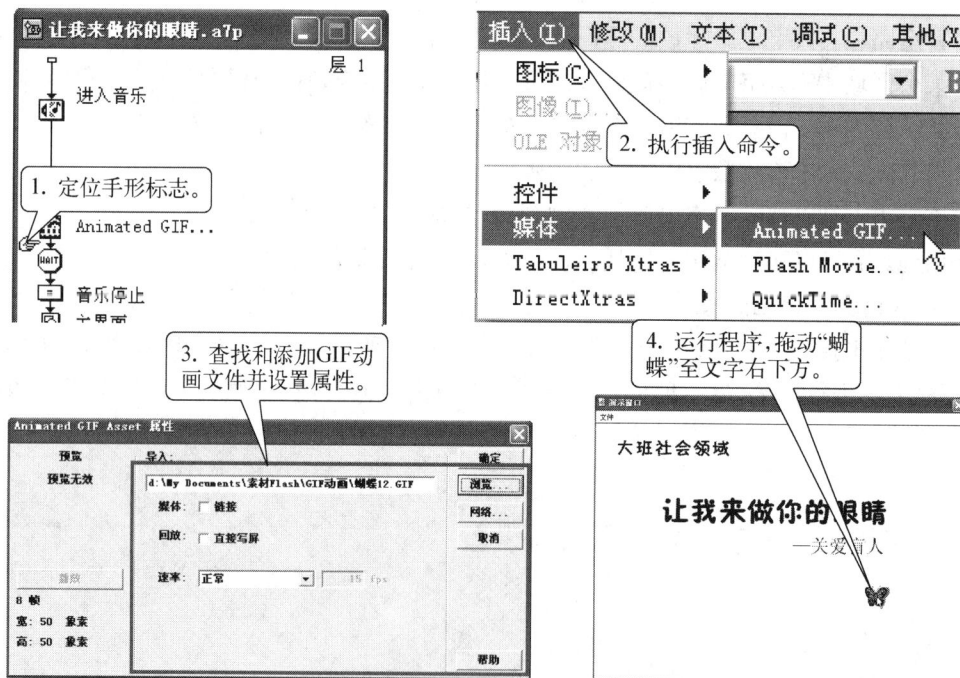

图 4-44 GIF 动画的添加与属性设置

（3）关闭演示窗口，执行"文件→保存"命令，保存所做操作。

[知识拓展]

GIF 动画的属性面板如图 4-45 所示。面板中上部的文本框显示 GIF 动画图标的名称，单击左侧的"选项"按钮，会弹出"Animated GIF 属性"对话框；"功能"选项卡主要用于显示 GIF 动画图标的类型、作用和关联的文件等；"显示"选项卡用于设置层次、显示特效、覆盖模式、前景色及背景色；"版面布局"选项卡用于设置 GIF 动画在课件中播放的位置和移动属性。

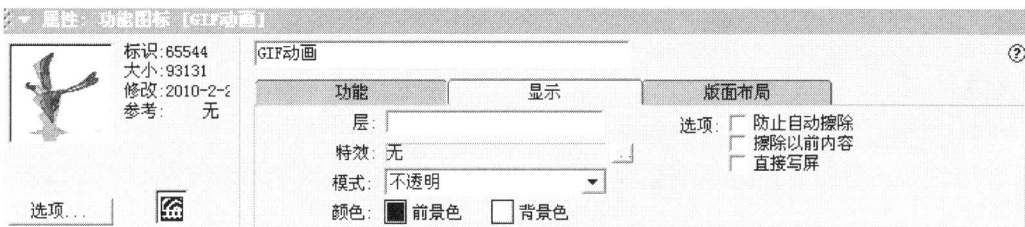

图 4-45　GIF 动画图标属性面板

4.1.8　任务 8：Flash 动画的添加与设置

学习目标

掌握 Flash 动画的添加及属性设置方法。

案例 4-8　在课件"让我来做你的眼睛.a7p"中添加 Flash 动画。

[相关知识与技能]

导入 Flash 动画的方法为执行"插入→媒体→Flash Movie"命令，弹出"Flash Asset 属性"对话框，如图 4-46 所示，同时流程线上出现一个 Flash 动画图标 。属性对话框的左下角显示了 Flash 动画的总帧数、播放速率、显示画面的大小及媒体文件大小，"链接文件"文本框中显示链接的文件名称及路径。

"链接"复选框：勾选状态下说明导入的 Flash 动画将作为外部文件链接到程序中，否则 Flash 动画将导入 Authorware 文件内部。

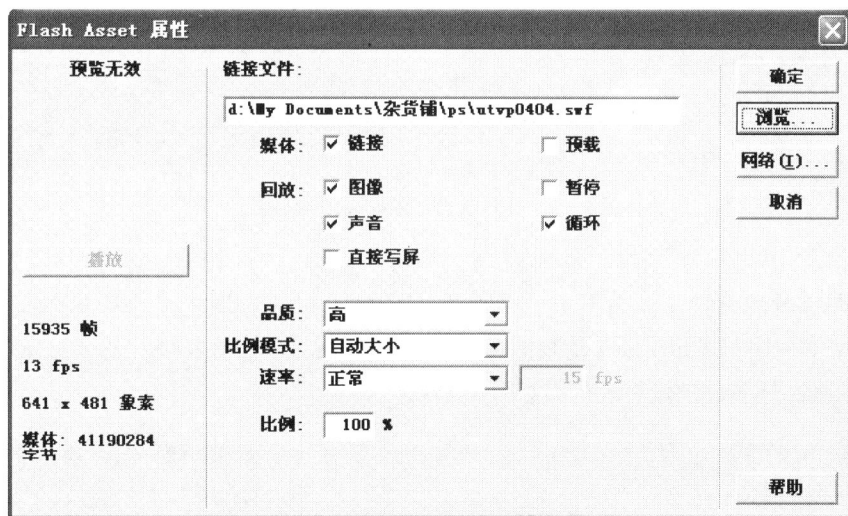

图 4-46　Flash Asset 属性对话框

"预载"复选框：只有"链接"复选框被勾选时才有效，在播放 Flash 动画之前，会将数据预先载入内存，以提高 Flash 动画的播放速度。

"图像"复选框：控制播放 Flash 动画时是否显示图像。

"声音"复选框：控制播放 Flash 动画时是否播放声音。

"暂停"复选框：勾选后可设置课件运行时暂停 Flash 动画的播放。

"循环"选项：Authorware 将循环播放 Flash 动画，否则 Flash 动画将只播放一次。

"直接写屏"选项：设置 Flash 动画播放的层次为最前。

"品质"列表框：设置 Flash 动画播放时的品质。

"比例模式"列表框：Flash 动画按照相应的设置调整窗口的大小。

"速率"列表框：设置 Flash 动画的播放速度。

"比例"文本框：设置 Flash 动画画面的大小，100％为原始大小。

[方法与步骤]

（1）打开应用程序"让我来做你的眼睛.a7p"。

（2）添加 Flash 动画，设置动画属性，如图 4-47 所示。

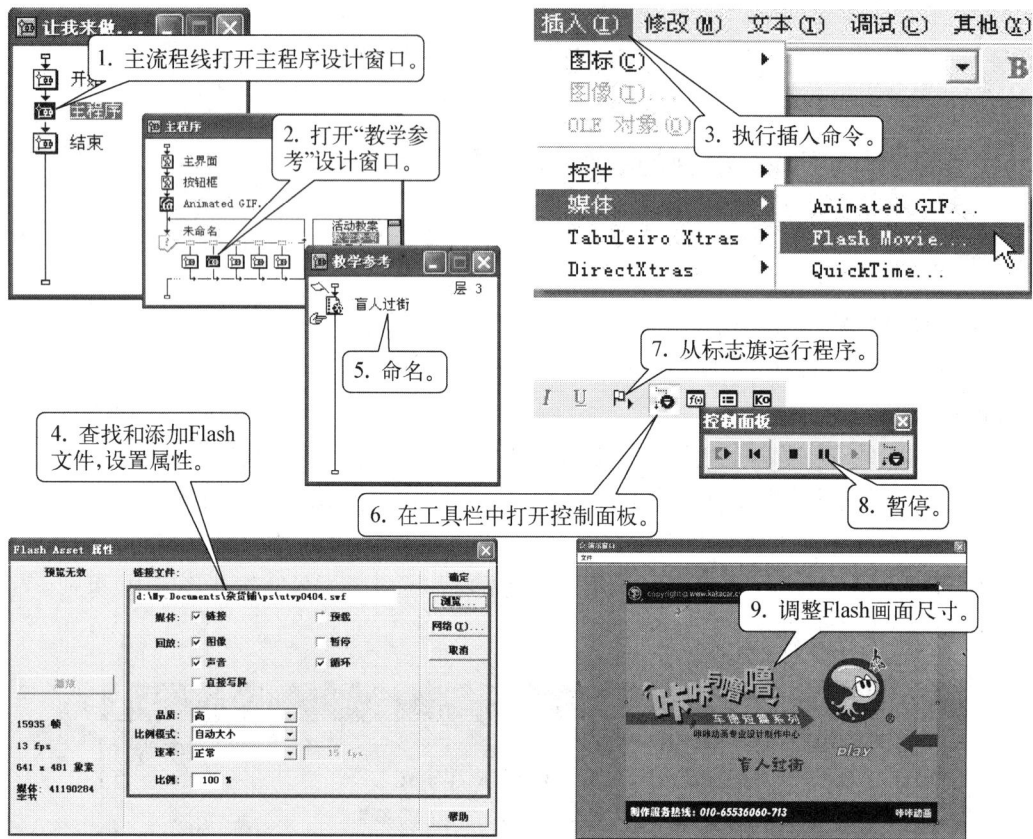

图 4-47　Flash 动画添加及属性设置

[知识拓展]

Flash 动画图标属性设置面板如图 4-48 所示。单击左侧"选项"按钮，会弹出"Flash Asset 属性"对话框，上部的文本框用于显示 Flash 动画图标的名称。另外三个选项卡"功能"、"显示"和"版面布局"的设置与 GIF 动画图标属性的设置相同，这里不再赘述。

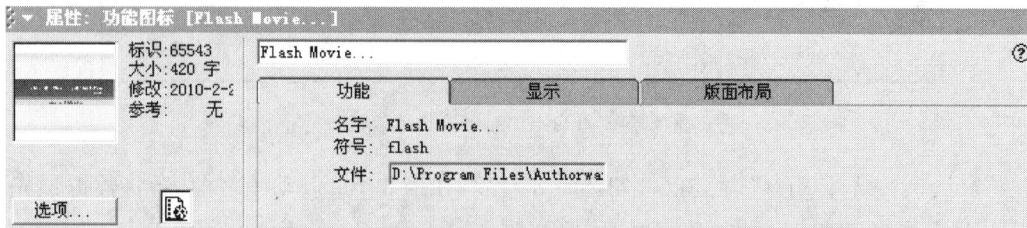

图 4-48　Flash 动画图标属性面板

4.2　Authorware 移动图标的使用

越来越多的动画被引入教学作品中，大大激发了学生学习的兴趣。Authorware 7.0 为用户提供了二维动画制作功能,而且易学易用,使动画的制作变得轻松、快乐,初级用户使用 Authorware 7.0 的移动图标配合 Flash 动画、Gif 动画素材就可以轻松地制作出相对简单的动画。

4.2.1 任务9:认识移动图标

○ 学习目标

了解 Authorware 移动图标的使用。

案例4-9 "欢度六一"——在运行窗口中实现气球飘浮的动画,如图4-49所示。

图4-49 "欢度六一"运行画面

[相关知识与技能]

移动图标本身并不是被移动对象,移动图标的作用是将显示对象从一个位置移动到另一个位置,这里的显示对象可以来源于显示图标、交互图标及计算图标。一旦对某对象设置了移动方式,则该移动方式将应用于此对象所在的显示图标中的所有对象。如果需要移动单个对象,必须保证此对象所在的图标中没有其他对象。移动可以发生在不同时刻,并且移动的类型也可以有所区别,移动对象之间是独立的。

双击流程线上的移动图标,即会打开相应的属性对话框,如图4-50所示。对于新建的移动图标,当课件运行到此处时,Authorware 将自动打开该图标。只要将显示对象放置在移动图标之前,它就会显示在演示窗口内,这样就允许用户对移动属性进行设置了。

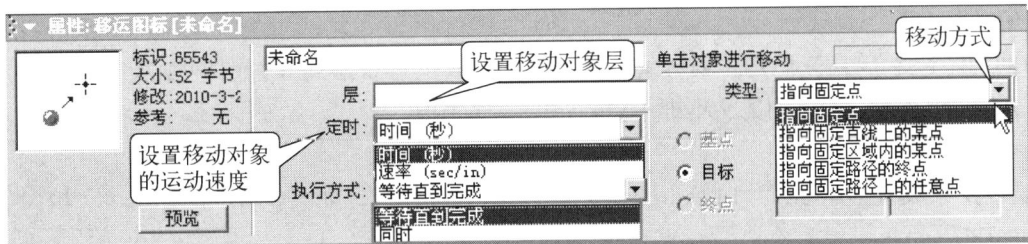

图4-50 "属性:移运图标"对话框

[方法与步骤]

详细步骤如图4-51所示：

图4-51　制作"欢度六一"实例示意图

单击"运行"按钮 ▶，观看最终效果并调试。单击"保存"按钮，命名为"欢度六一"。

提示：导入图片时，如果想要图片和背景更好地融合（如"欢度六一"实例中，文字图片和背景图片上的文字相重合），则要去掉图片的白色填充，应双击"显示工具栏"中的"选择/移动"工具 ，设置图片的显示模式为"透明"或"遮隐"，以达到预期效果。

[知识拓展]

各种不同的位移运动是由移动图标的不同移动类型决定的。双击设置"属性：移运图标"，在对话框中设置移动对象的移动方式；移动对象所在的层次；移动定时及执行方式；移动的位置和活动等属性。图4-50属性窗口中各属性的含义如下：

1. 类型

单击"类型"列表框的下拉按钮，打开其下拉列表框，其中所列的就是移动图标的5种移动方式。

（1）指向固定点：移动对象从屏幕上的原始位置沿直线移动到目标位置。

（2）指向固定直线上的某点：移动对象由原始位置沿直线移动到直线上的某一点。

（3）指向固定区域内的某点：移动对象由初始位置开始，在设定好的矩形区域内沿直线移动到某点。

（4）指向固定路径的终点：移动对象由初始位置沿设置好的曲线路径移动到目标位置。

（5）指向固定路径上的任意点：移动对象由初始位置沿已设置好的曲线移动到该曲线上的某一点。

2. 层

在移动过程中，当两张图片重叠时，用层数决定图片的上下位置。层数值高的在最上面，层数值小的则反之。

3. 定时

"时间"和"速率"，用来确定移动对象在指定运行路线上运行所需要的时间或运行速率。设置"定时"选项后，就能在"定时"下面的文本框中输入时间或速率值。

4. 执行方式

该选项用来设置当运动发生时Authorware 7.0将会做什么。如果选择"类型"中的"指向固定点"选项，则：

（1）等待直到完成：可以播放完移动图标之后再执行流程线上的下一个图标。

（2）同时：可以使当前的动画图标与流程线上的下一个图标同步执行。

当在"类型"下拉列表中选择"指向固定点"以外的其他类型时，执行方式也会随之有所改变。

5. 基点

设置移动对象的初始位置。

6. 目标

移动对象的目标点。

7. 终点

设置移动对象的终点。

4.2.2 任务 10："指向固定点"移动方式

学习目标

如何进行"指向固定点"的移动。

案例 4 - 10 "神枪手"——包含多个移动对象，有"手枪"和"子弹"，其中只有子弹的移动是指向固定点的移动，如图 4 - 52 所示。

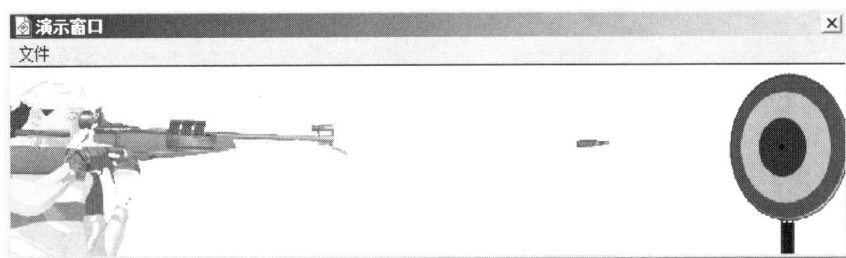

图 4 - 52 "神枪手"运行画面

[相关知识与技能]

移动图标中，"指向固定点"的移动是最简单的移动方式。选择该移动方式规定了移动对象的运行轨迹只能是从起点到终点的直线。

[方法与步骤]

详细步骤如图 4 - 53 所示：

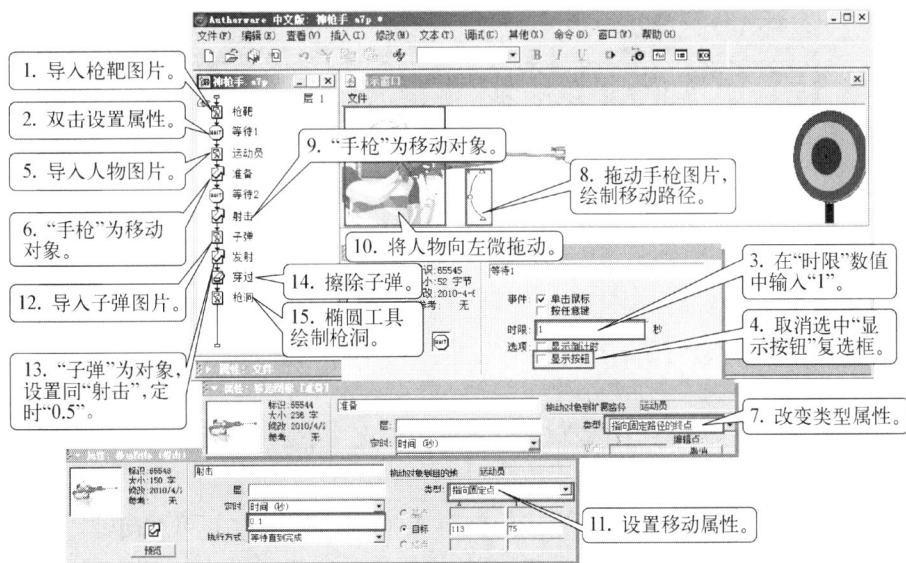

图 4 - 53 制作"神枪手"实例示意图

单击"运行"按钮 ![icon]，观看最终效果并调试。单击"保存"按钮 ![icon]，命名为"神枪手"。

提示：将要实现的效果是，当子弹射中靶子中心位置时它就消失，并且射中后会在靶子上留下一个子弹穿过的洞。单击"预览"按钮，可以查看运行效果。

4.2.3 任务11："指向固定直线上的某点"的移动

○ 学习目标

如何进行"指向固定直线上的某点"的移动。

案例 4 - 11　在"小小图书馆"这个任务中主要介绍使用移动图标中的"指向固定直线上的某点"的移动方式，如图 4 - 54 所示。这里，只需按照实际的操作步骤进行即可，不必细究，因为有关交互图标的使用还将在后面章节中进行更详细的介绍。

图 4 - 54　"小小图书馆"运行画面

［相关知识与技能］

"指向固定直线上的某点"的移动，是使对象以直线方式移动到指定线段上的某个位置，当移动图标设置为直接到线段上某一点移动方式之后，移动的终点是预先指定线段的某个位置。此位置既可以在程序之初定义，也可以根据变量值在运行过程中设置。

［方法与步骤］

这个任务所要实现的效果就是当在窗口的文本框中输入一个 1～8 的数字时，画面上的小动物图画会随之移动到相应的图书分类右侧。详细步骤如图 4 - 55 所示。

至此，制作完成，单击工具中的"运行"按钮 ![icon]，执行画面。在键盘上随意向输入框中输入一个数字，例如输入"3"，然后按"Enter"键，"指示标志"会从原始位置向"3 幼儿书籍"方向移动，并最终停在其右侧。单击"保存"按钮 ![icon]。

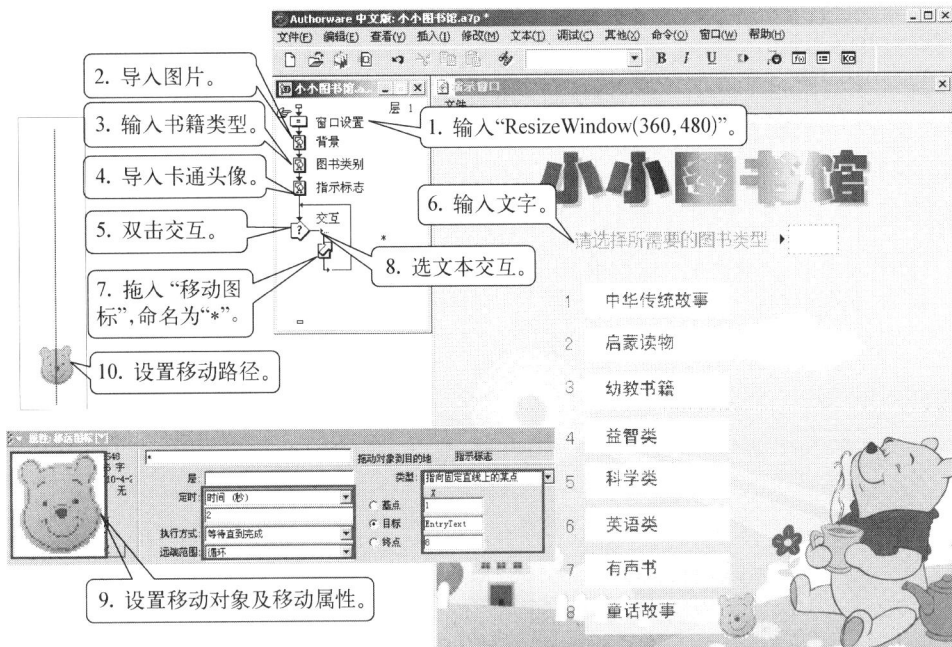

图 4-55　制作"小小图书馆"实例示意图

[知识拓展]

选择"指向固定直线上的某点"选项与选择"指向固定点"选项的"属性：移运图标"对话框有一定的区别，下面分别对这两个对话框进行介绍。

"属性：移运图标"对话框的"类型"下拉列表中选择"指向固定直线上的某点"选项时，如图 4-56 所示。

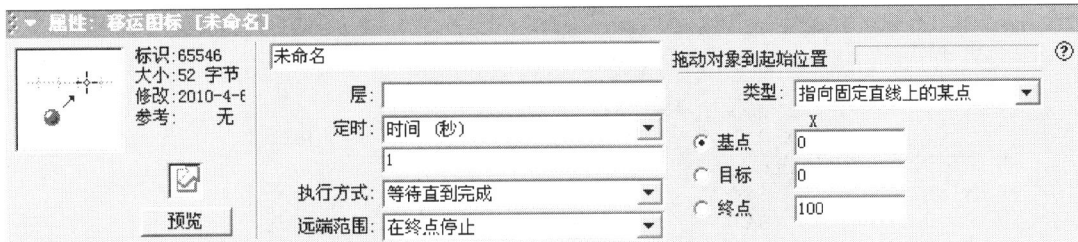

图 4-56　"指向固定直线上的某点"属性对话框

此时的对话框对比选择"指向固定点"，有两点不同之处：

（1）"执行方式"下拉列表中除了有"等待直到完成"和"同时"两项外，还多了"永久"一项，如图 4-57 所示。当选择该项后，在退出该图标时，Authorware 7.0 会检查对话框右侧的"目标"文本框内变量和表达式的值是否发生变化。若发生了变化，那么移动对象就会根据新的值移动到相应的新位置处，直到退出程序运行为止。如果在"目标"文本框内没有输入变量或表达式，则选择"指向固定点"和选择"指向固定直线上的某点"，两者基本上没有什么区别。

图 4-57　"指向直线上的某点"移动属性

（2）在"执行方式"下方还多了"远端范围"选项，单击其下拉按钮，打开如图 4-57 所示的下拉列表，其中三个选项含义如下：

① 循环：用"目标"文本框中的变量或表达式的值求差来确定坐标点的坐标值。例如，"目标"文本

框内变量和表达式的值是100,坐标终点值为50,那么坐标点的坐标值应为50。

②在终点停止:无论"目标"文本框内变量和表达式的值比"终点"的坐标值大多少,移动对象都会停在"终点";无论该值比起点值小多少,移动对象都会停在"基点"处。

③到上一终点:以"基点"和"终点"的值为参考点,可以认为坐标轴无限长,用"目标"文本框内变量和表达式的值作为直线坐标点的值来确定坐标点位置,这样会使对象移出屏幕。

在"属性:移运图标"对话框中,提供了"基点"、"目标"和"终点"三个单选按钮及其文本框,通过它们可以建立运动路线的直线坐标。在这三个文本框内可以输入数值型的变量、函数和表达式。在"基点"文本框中输入起点的坐标值,在"终点"文本框中输入终点的坐标值,在"目标"文本框中输入移动对象所在位置的坐标值或将要到达位置的坐标值。

4.2.4　任务12:指向固定区域内的某点的移动

学习目标

掌握设置"指向固定区域内的某点"的移动方法。

案例4-12　"蝴蝶飞"——程序运行后,在矩形框中出现一只蝴蝶,接着出现一个鲜花画面,蝴蝶在此画面上开始移动,不断地撞击到矩形的边框,并发出声响,然后再随机向下,向左或向右移动,然后再撞击矩形边框,如此交替地进行,周而复始。当运行到一定次数后,它会自动停止,然后退出程序。运行效果如图4-58所示。

图4-58　"蝴蝶飞"运行效果

[相关知识与技能]

"指向固定区域内的某点"的移动类型,是将对象移动的范围扩大到整个二维平面。当在"移动图标"属性面板中的"类型"下拉列表选择了"指向固定区域内的某点"后,"基点"、"终点"和"目标"位置由"X"和"Y"两个坐标值决定,移动对象就在这两个坐标值所确定的一个二维平面内运动。

[方法与步骤]

详细步骤如图4-59所示。

单击"运行"按钮 ,观看最终效果并调试。单击"保存"按钮 ,命名为"蝴蝶飞"。

提示1:其中的X和Y的变量表示平面坐标的水平和垂直坐标值,取值范围为0～100。M变量表示随机函数的步进值,M=1时,101-M=100;M=100时,101-M=1。N变量表示图标的图层号,其

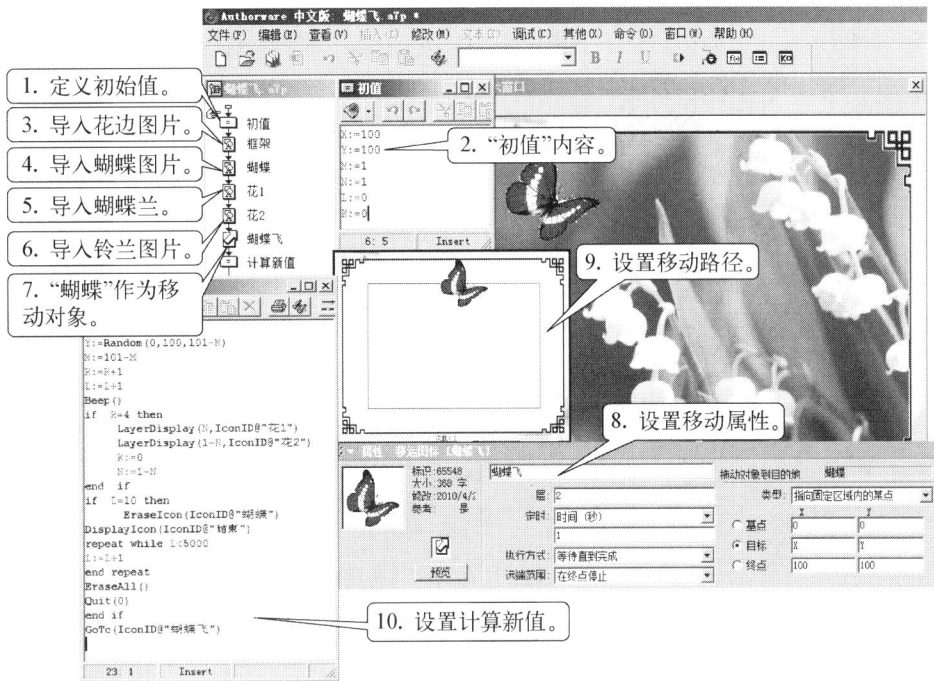

图 4-59 制作"蝴蝶飞"实例示意图

中 N=1 时,1-N=0;N=0 时,1-N=1。L 和 K 变量表示撞击的次数。

提示 2:为了在学习计算图标的同时,还能更好地对 Authorware 7.0 中的变量和函数有一个基本的了解,并且能够应用它进行简单的编程,下面来介绍图 4-59 中各个语句的作用:

X:=Random(0,100,M)	产生一个随机的 X 坐标值
Y:=Random(0,100,101-M)	产生一个随机的 Y 坐标值
M:=101-M	产生新的 M 值
K:=K+1	撞击次数加 1
L:=L+1	撞击次数加 1
Beep()	响一声
If K=4 then	当 K=4 即撞击次数显示为 4 时,执行下面语句
LayerDisplay(N,IconID@"花 1")	改变"花 1"的图层号
LayerDisplay(1-N,IconID@"花 2")	改变"花 2"的图层号
K:=0	K 重新赋值
N:=1-N	改变图层号
End if	
If L=10 then	当 L=10 时,执行下面的语句
EraseIcon(IconID@"蝴蝶")	擦除"蝴蝶"图标中的内容
DisplayIcon(IconID@"结束")	显示"结束"图标的内容
Repeat while L<5000	
L:=L+1	
End repeat	
EraseAll()	擦除所有图标
Quit(0)	退出 Authorware 程序
End if	
Goto(IconID@"蝴蝶飞")	转到"蝴蝶飞"图标去执行

[知识拓展]

"指向固定区域内的某点"的移动是第三种移动方式,在"指向固定区域内的某点"的移动过程中,可以使对象以直线方式移动到指定区域的一点,也就是说能够使物体从屏幕指定的开始位置沿直线路径移动到指定区域(坐标系)的指定位置,但是这个指定位置的确定是通过横、纵坐标根据给定的变量或表达式的值来完成的,整个移动过程是连续的。此外,对于移动物体的移动速度是可以灵活地进行控制的。

如果在"属性:移运图标"的"类型"下拉列表框中选择"指向固定区域内的某点"选项,此时的对话框如图 4-60 所示。

图 4-60 "指向固定区域内的某点"属性对话框

此对话框中的各项设置,如"层"、"定时"、"执行方式"和"远端范围"等与选择"指向固定直线上的某点"选项后的各项设置基本上是一致的。

但在对话框的右侧可以很直观地看到"类型"选项卡的下面有 3 个选项和 6 个文本框,通过它们就可以进行平面坐标的建立。

在 6 个文本框中可以输入数值型变量、函数和表达式。"基点"文本框用来输入起点的坐标值,"终点"文本框用来输入终点的坐标值,而"目标"文本框中需要输入的数值是物体所在位置的坐标值或物体将要到达位置的坐标值。

4.2.5　任务 13:指向固定路径上的任意点

学习目标

掌握"指向固定路径上的任意点"的移动设置。

案例 4-13　"春天来了"——在窗口左侧,燕子按设置好的路径飞出,但每次运行,停留的位置都与上次运行结果不同,如图 4-61 所示。

图 4-61 "春天来了"运行画面

[相关知识与技能]

前面所学的移动类型中的移动轨迹为直线,而"指向固定路径的终点"和"指向固定路径上的任意点"方式的移动路径形式多样:可以是折线,也可以是曲线;可以是封闭的,也可以是不封闭的。下面通过实例,了解物体沿固定路径的移动方式。

[方法与步骤]

详细步骤如图 4 - 62 所示:

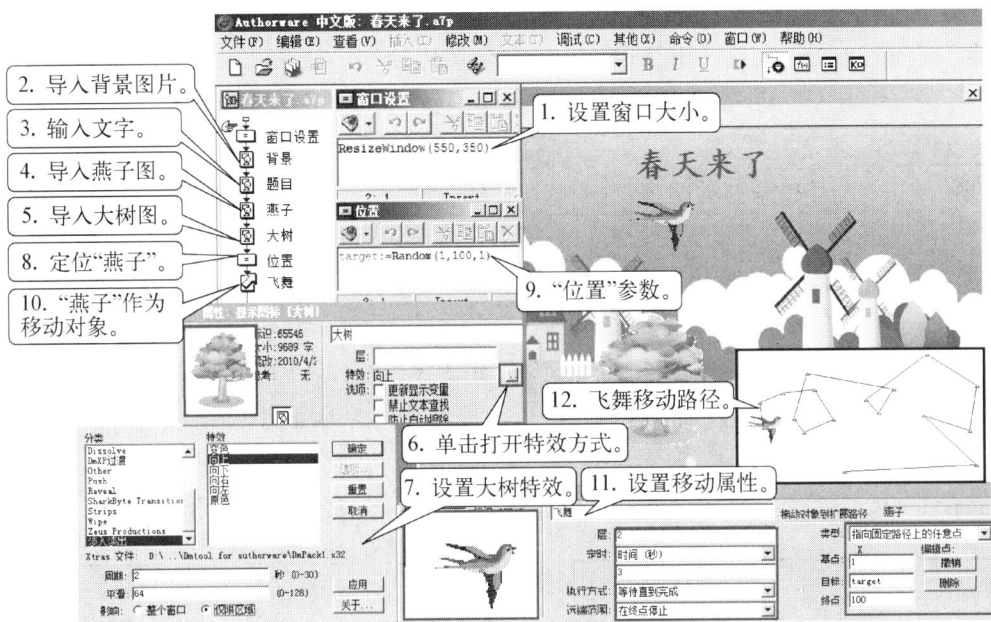

图 4 - 62 制作"春天来了"实例示意图

单击"运行"按钮 ▶ ,观看最终效果并调试。单击"保存"按钮 🖫 ,命名为"春天来了"。

提示:此计算图标的功能是产生一个名为 target 的变量,并随机赋给它一个 1～100 之间的整数值,它是燕子沿路径定位移动的参数。

说明:这是运行过程中的某个画面。每次运动的终点是由 target 随机给出的变量来确定的,例如 target＝50,则燕子在飞舞过程中只走该曲线路径的前 50％。

[知识拓展]

1. "指向固定路径的终点"移动方式

(1)"指向固定路径的终点"的移动。

此种移动方式,能够使物体由原位置沿曲线路径移动到终点,也就是说沿着创建的路径起点移动到固定的终点。

(2)"指向固定路径的终点"的属性设置。

当流程线上存在一个"显示图标"和"移动图标"时,双击"移动图标",就可以调出"属性:移运图标"对话框,在该对话框的"类型"下拉列表中选择"指向固定路径的终点"选项,打开如图 4 - 63 所示的对话框。

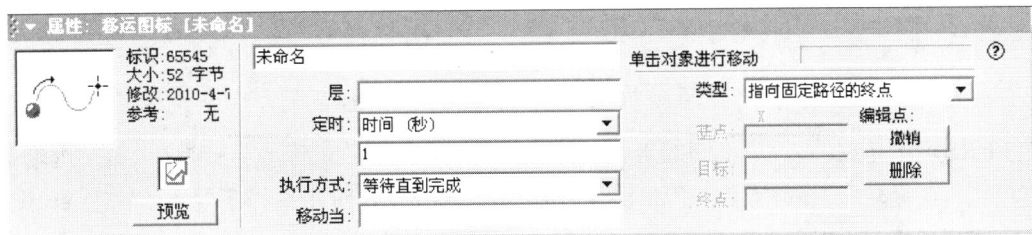

图 4 - 63 "指向固定路径的终点"属性对话框

下面我们来分别介绍该对话框中各个选项和文本框的作用。

打开"属性：移运图标"对话框后，在演示窗口中单击要移动的物体，此物体缩小的图像就会出现在该对话框左上角的预览框中，此框中显示的物体也就是移动对象。

在"移动当"文本框中，允许输入逻辑常量、变量、表达式和函数。当它们的值为真时，物体才会移动；若它们的值为假，物体就不移动。如果在该文本框中没有输入任何内容，则第一次执行此移动图标时，可以使物体移动一次。

在选项卡的"编辑点"区中有两个按钮："撤销"和"删除"。"撤销"按钮用来恢复刚刚删除的控点，而"删除"按钮是为了删除路径上的控点。这两个按钮的作用就是在制作路径过程中用来修改路径的。

（3）建立路径。

只需在演示窗口中单击要移动的物体，那么在物体上就会出现一个小黑三角，它表示物体移动的起始位置。设置了起始位置点，可以在演示窗口中拖动物体，当移动到转折点时释放鼠标，确定一个控点。按照同样的方法，连续操作，拖拽出所需的路径，直到全部完成。如图4-64所示，制作了一条简单的路径。

建立一个路径后，经常要进行修改和编辑。只需用鼠标拖拽各转折点的小三角，就可以改变转折点的位置和路径形状。单击两个控点间的路径线还可以产生一个新的小三角，使该点变为转折点（即控点）。

双击路径上的小三角可以使它变成一个小圆圈，路径也由直线变成了曲线，如图4-65所示。

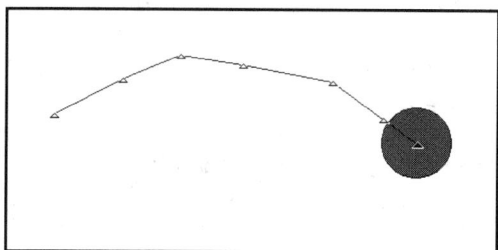

图4-64 制作一条路径　　　　　　　图4-65 双击控点的路径

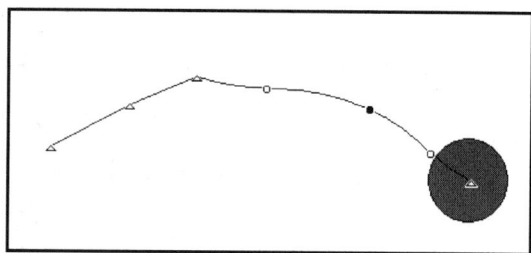

同样的道理，如果在路径线上双击，可以产生一个新的小圆圈，与它相连的路径也会由直线变为曲线。再次双击小圆圈，又可以将其变成小三角，与之相连的路径会由曲线变为直线。

2."指向固定路径上的任意点"

像前几种移动方式一样，只需在"属性：移运图标"对话框的"类型"下拉列表框中选中"指向固定路径上的任意点"选项，即可对其进行设置，如图4-66所示。

图4-66 "指向固定路径上的任意点"属性设置

与"指向固定区域内的终点"不同的是，在选择"指向固定区域内的某点"选项之后，在"远端范围"的下拉列表框中有"循环"、"在终点停止"和"到上一终点"三个选项，而在选择了"指向固定路径上的任意点"选项后，在"远端范围"下拉列表框中只有"循环"和"在终点停止"两个选项。

在"编辑点"处有两个按钮，即"撤销"和"删除"按钮，它们的作用和"指向固定路径的终点"中的作用是一样的,主要用来撤销或删除路径上的节点。

除了这两个按钮以外,还有 3 个文本框,在这 3 个文本框中可以输入数值型变量、函数和表达式。在"基点"文本框中输入的是起点的坐标值,在"终点"文本框中输入的是终点的坐标值,而在"目标"文本框中输入的是物体所在位置的坐标值或物体将要到达位置的坐标值。

4.3　交互式课件的制作

4.3.1　任务 14:认识交互图标

○ 学习目标

掌握交互图标的功能、类型及交互图标属性对话框的设置。

[相关知识与技能]

交互图标是交互过程的核心内容,但其本身并不具有交互性,它只能作为创建交互的基础。实际上,交互图标是由显示图标、判断图标、等待图标和擦除图标共同组合而成的。

[知识拓展]

1. 交互图标的功能

(1) 显示功能。

当执行到交互图标时,它一方面可以显示交互图标中的文字或图片,另一方面还可以显示该图标所附属的交互图标的一些信息,如按钮或文本输入等。

(2) 判断功能。

在执行交互图标时,按提示进行交互后,程序会根据用户的输入响应来判断执行所附属的某一条或几条路径。

(3) 等待功能。

等待功能有两种方式,一种是当交互功能完成后,系统会出现暂停,询问是否进入下面的内容;另一种是交互功能完成后,只有当交互中进行的所有选择都正确的情况下,多媒体作品才会自动进入下面的内容。

(4) 擦除功能。

当执行完某条交互路径后,决定是否将该条路径中的显示内容擦除。

2. 交互图标的类型

在 Authorware 中,系统提供了 11 种交互类型,每种交互类型都会对应不同的交互类型符号。将一个交互图标拖放至流程线上,并命名为"交互",然后就可以把其他图标放到其右侧,这时便会自动弹出交互类型对话框,此时的流程图和对话框如图 4 - 67 所示。

(1) 按钮。

选定"按钮"后,就可以在交互图标的演示窗口中看到一个按钮,只要把鼠标移到按钮上并按下便会执行设置的动作,程序会进入该按钮交互标志下方的图标。这个按钮是自动建立的,也可以由制作人员从其他文件中导入。

(2) 热区域。

选定"热区域"后,当程序进入交互图标后,系统会提供一个矩形"热区域",用鼠标单击、双击或经过热区域即可激活交互响应,从而转入相应的响应分支。

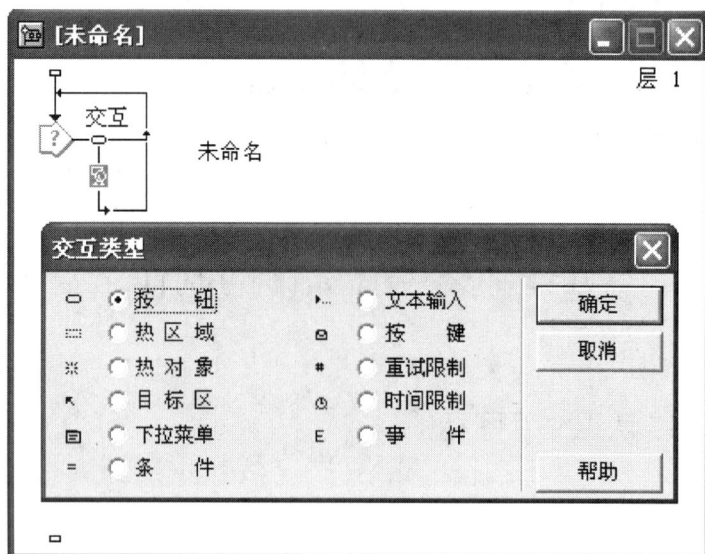

图 4-67　流程图与"交互类型"对话框

（3）热对象。

"热对象"方式与"热区域"方式基本类似，所不同的是，交互内容不是矩形区域，而是某个显示图标中的内容，这种交互方式一般适用于不规则的物体。

（4）目标区。

选定"目标区"后，要求把指定的对象移动到特定的区域中。当拖动对象到达目标区域即完成交互并匹配，程序会执行对应的响应分支。该交互方式一般适用于拼图、搭积木游戏等多媒体的制作。

（5）下拉菜单。

选定"下拉菜单"交互方式后，交互图标演示窗口的左上角会出现一个标准 Windows 下拉菜单，用户可以通过选择菜单项激活相应的响应分支。

（6）条件。

选定"条件"交互方式后，要求设计者规定一个条件，当此条件被满足后执行对应的响应分支。

（7）文本输入。

选定"文本输入"交互方式后，在交互图标的演示窗口中会出现一个文本输入区，可以输入与要求内容相匹配的文字。此交互方式适用于希望用户回答文字信息来响应交互的场合，例如密码、用户名等。

（8）按键。

选定"按键"选项后，当按下指定的键位后执行该键所对应的响应分支。这种交互方式适用于用户提供特殊功能键以控制程序的运行。

（9）重试限制。

选定"重试限制"选项后，可以设置响应交互次数，当达到指定次数时，将执行对应的响应分支。这种交互方式一般与其他交互方式结合使用才能产生需要的效果。

（10）时间限制。

选定"时间限制"方式后，用来限制用户进入交互的时间，如果超过规定时间便会自动退出对应的响应分支。与介绍过的"重试限制"方式基本一样，"时间限制"通常与其他交互方式结合使用，才能产生实用效果。

（11）事件。

适用于 Authorware 7.0 中 Active X 控件的使用，能够为控件设置属性并执行对应于控件的事件。"事件"方式适应于与其他编程语言协同开发多媒体应用程序时使用。

3. 交互图标属性对话框

在使用交互图标设计程序时,设置交互图标的属性是必不可少的操作之一。具体操作方法是用鼠标右键单击流程线上的交互图标,从弹出的快捷菜单中单击"属性"选项,打开"属性:交互图标"对话框。

该对话框中有 4 个选项卡,分别是"交互作用"、"显示"、"版面布局"和"CMI",下面我们来对交互图标属性对话框中的各个选项卡的内容加以介绍。

(1)"交互作用"选项卡,如图 4-68 所示。

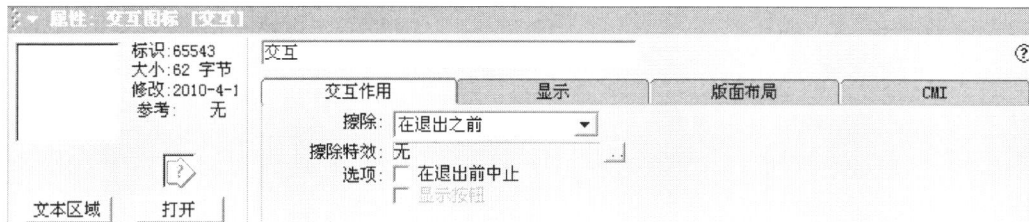

图 4-68 "交互作用"选择卡

图中最上面的文本框中显示的是交互图标的名称,如果没有为交互图标命名,则系统默认其名称为"未命名"。该选项卡可以为交互图标设置以下功能:

擦除列表框:询问是否擦除交互图标显示的文字、图形和图像等,包含 3 个选项:

在下次输入之后:一旦选择该项后,那么当其他任何一个交互图标被激活时,便擦除原交互图标的显示内容。

在退出之前:交互图标显示的内容会一直保留到退出交互时才会被擦除。

不擦除:系统会保留交互图标的显示内容,只有用擦除函数或擦除图标才能擦掉其中的内容。

擦除特效:该项用来设置擦除显示内容时的擦除模式。单击该框右侧的按钮,即可打开"擦除模式"对话框,如图 4-69 所示。

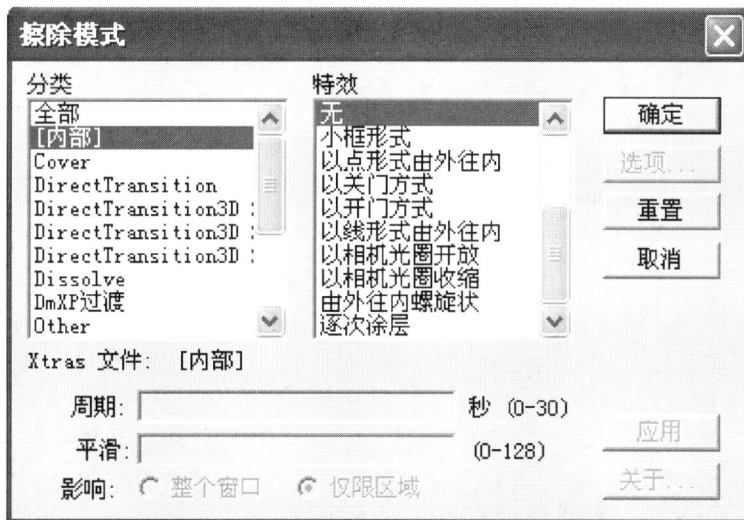

图 4-69 "擦除模式"对话框

选项:在此选项区中有两个复选框,分别是"在退出前中止"和"显示按钮"。若选择其中的"在退出前中止"选项,那么当程序执行完该交互图标时,程序暂停。单击鼠标或按住任意键后,程序正式退出交互图标,继续往下执行。只有选中该项后,下面的"显示按钮"复选框才会激活,单击选中"显示按钮"复选框,则在运行时退出交互后的暂停期间,屏幕会显示一个等待按钮,如图 4-70 所示。

单击此"继续"按钮后,程序会继续往下执行,否则程序一直保持暂停状态。

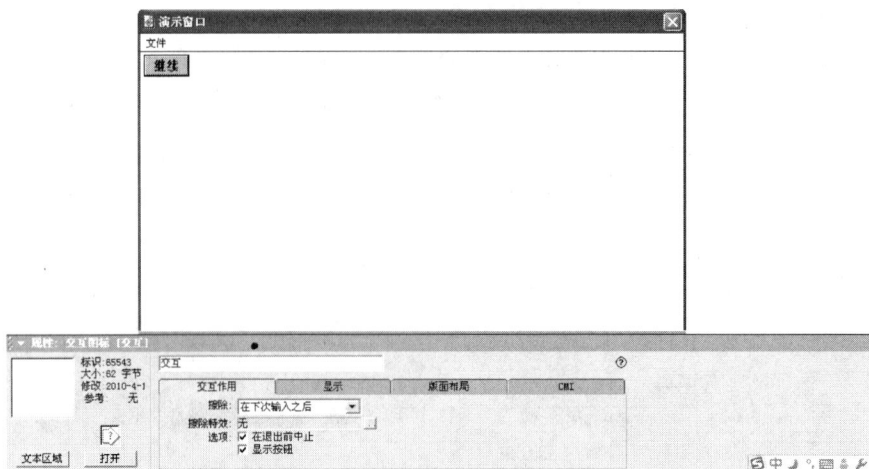

图4-70 选择了"显示按钮"后的对话框和演示窗口

（2）"显示"选项卡，如图4-71所示。

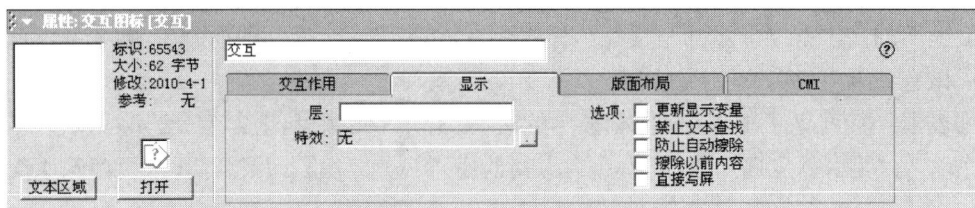

图4-71 "显示"选项卡

该选项卡主要用于设置交互图标对象的显示层次、显示特效以及显示时间等属性。该对话框与显示图标属性对话框的"显示"选项卡完全一样，其中各项的含义及用法参见前面的相关内容。

（3）"版面布局"选项卡，如图4-72所示。

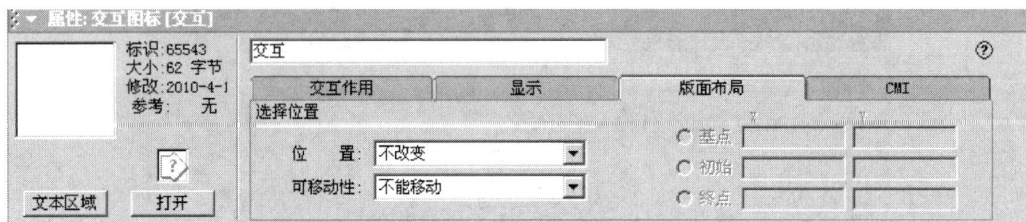

图4-72 "版面布局"选项卡

该选项卡用于设置交互图标中的内容在课件中播放时所出现的位置和在指定范围内的移动属性。

（4）"CMI"选项卡，如图4-73所示。

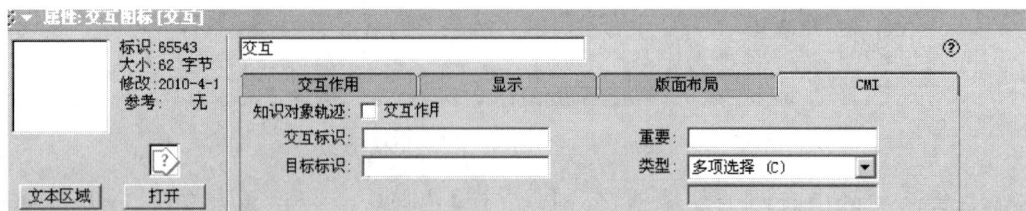

图4-73 "CMI"选项卡

该选项卡是有关计算机管理教学系统的，简称CMI系统。

在Authorware 7.0中，系统提供了大量的系统变量和系统函数用来对学生的交互操作、响应操作及文件操作进行全面的跟踪，也可以跟踪学生在某一个交互或整个课程中所使用的时间以及学生的答案和得分情况。

（5）关于交互图标流程线的说明。

使用交互图标的过程中需要对它的交互类型和退出方式进行设置。每一种交互类型在流程线上有各自的图标符号，退出方式也对应不同的流程线转向。交互图标中各种符号的名称如图 4-74 所示。

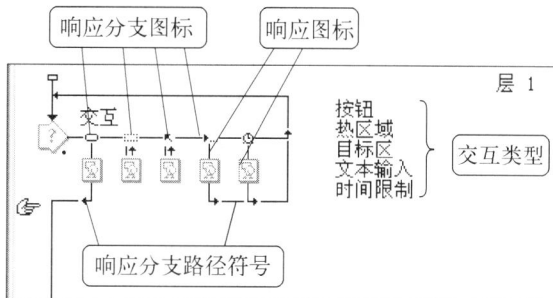

图 4-74 交互图标各部分名称

4.3.2 任务 15：按钮交互类型及属性设置

◦ 学习目标

学会在 Authorware 中使用按钮交互。

案例 4-14 友情链接。

[相关知识与技能]

"按钮"交互方式是常见的一种程序控制方式，可以通过选择不同的按钮形式，执行不同的动作，得到期望的结果。通常情况下，按钮的形状默认为长方形的三维状态，此外也有圆形的单选按钮及方形的复选框。对于长方形按钮，可以设置它的弹起、按下和鼠标经过 3 种状态，还可以为按钮添加声音效果。

[方法与步骤]

（1）新建"友情链接.a7p"应用程序。

（2）设置背景、文字、按钮样式，如图 4-75 所示。

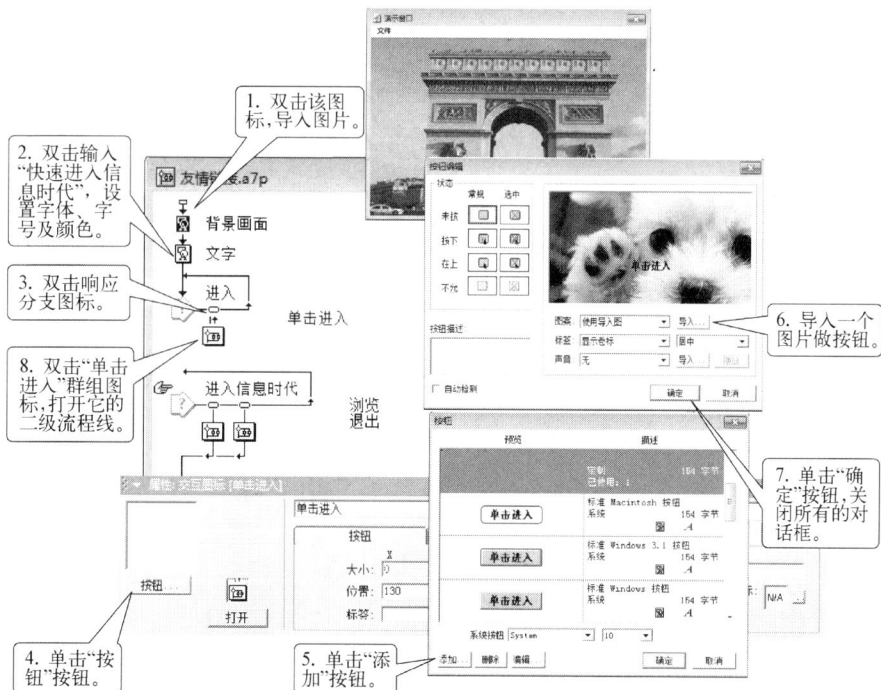

图 4-75 设置背景、文字、按钮样式

（3）设置"单击进入"群组图标，如图4-76所示。

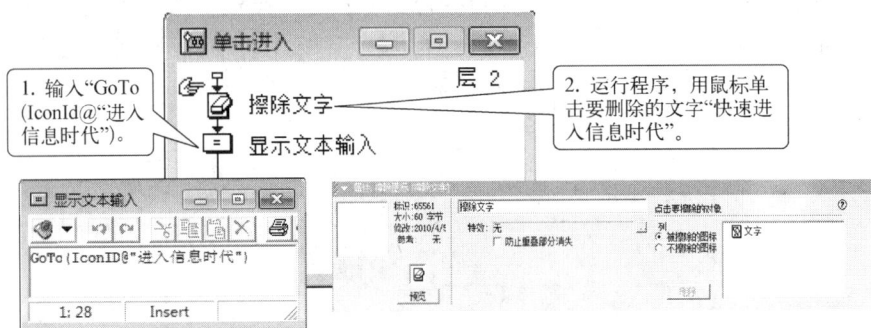

图4-76 设置"单击进入"群组图标

（4）再次运行程序，在出现的第一个画面中单击用小动物做的按钮，进入第二个画面。调整按钮的位置及大小，步骤如图4-77所示。

图4-77 调整按钮的位置及大小

（5）设置"友情链接"部分，步骤如图4-78所示。

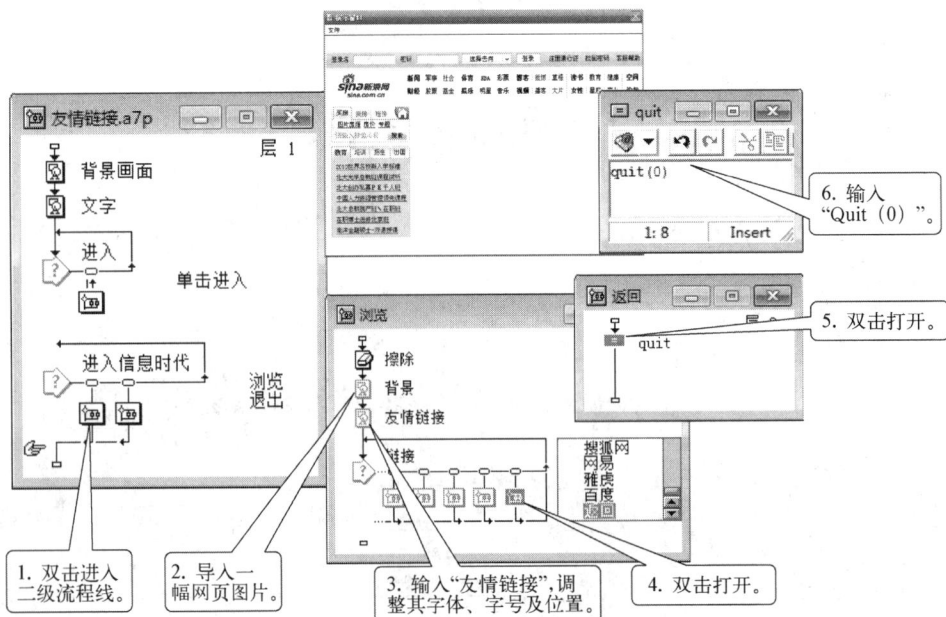

图4-78 设置"友情链接"部分

运行该程序,单击"浏览"按钮后,按"Ctrl"+"P"快捷键,将演示窗口中的按钮位置安排好,如图 4-79 所示。

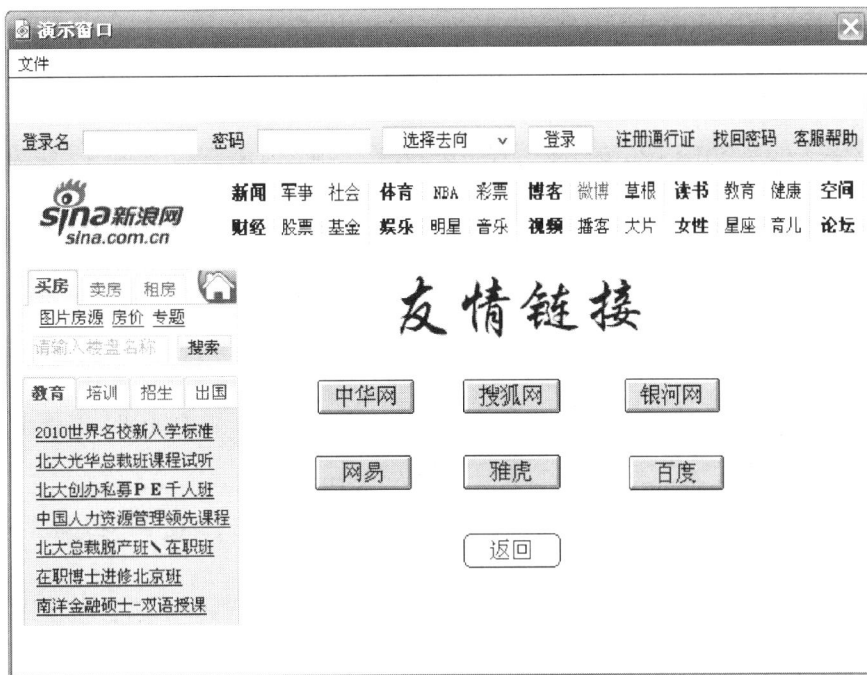

图 4-79 调整按钮的位置

至此,该程序的制作就完成了。

[知识拓展]

在流程线上拖放一个"交互图标"⑦,然后拖放任意一个其他类型的图标到该图标右侧,此时便会自动弹出"交互类型"对话框,单击其中的"按钮"单选按钮,则该响应分支的交互方式为按钮类型。

双击"按钮"交互分支图标,即可以打开它的"属性:交互图标"对话框,该对话框有两个选项卡,"按钮"选项卡可以设置按钮的大小、位置、快捷键、选项和鼠标指针的样式,下面具体介绍"响应"选项卡中的相关设置。

"响应"选项卡

如图 4-80 所示,就是"属性:交互图标"对话框的"响应"选项卡,该选项卡中各项的具体含义如下。

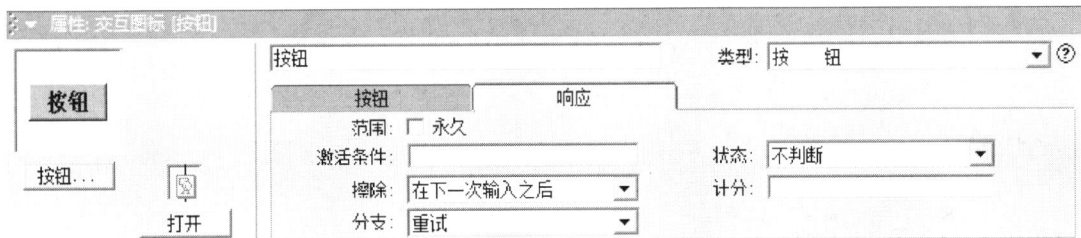

图 4-80 "响应"选项卡

(1)范围:如果想使按钮无论是否离开交互循环都处于激活状态,则可以选中该项中的"永久"复选框;否则一旦退出该交互循环,就不能再对这个按钮进行控制了。

(2)激活条件:在该文本框中可以输入变量或表达式来设置按钮激活的条件。

(3)擦除:该项目列出了退出按钮响应分支时擦除的动作效果。该项的下拉列表中包含 4 项,如图 4-81 所示。

各项的具体含义如下:

在下一次输入之后:当用户做出其他响应动作激活其他交互时,便自动擦除本交互响应图标的显示内容。

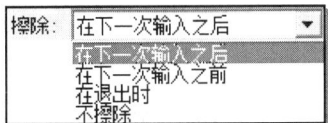

图 4-81 "擦除"选项下面的列表框

在下一次输入之前：在执行下一次响应前擦除本交互信息。

在退出时：本交互响应图标显示内容将保留到退出交互时擦除。

不擦除：不擦除交互图标中显示的内容。

（4）分支：该项用于指定程序的流向。单击其下拉按钮，出现3个选项，如图4-82所示。各项具体功能如下。

重试：选中该项后，当程序执行完该响应分支后，会返回到交互图标处，等待下一次响应。

继续：选中该项后，当执行完该响应分支后，继续查看下面的响应分支。如果有符合条件的其他响应即执行，直到右侧没有符合条件的其他响应时，才返回交互图标处。

退出交互：选中该项后，执行完该响应后会退出交互图标，继续执行流程线上的后续图标。

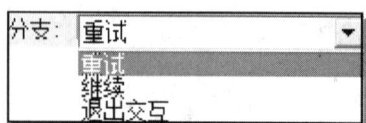

图4-82 "分支"选项的下拉列表框　　　　图4-83 "状态"列表框

（5）状态：该项用来跟踪响应是否正确。在它的下拉列表框中包括3个选项，如图4-83所示。各项的具体功能如下。

不判断：该选项为"状态"的默认选项，作用是不跟踪响应的执行情况。

正确响应：跟踪正确的响应，系统将正确响应次数进行累加，然后存入系统变量中。选择该选项后，在交互图标的名称前会出现一个"＋"号。

错误响应：跟踪正确的响应，但是系统将错误响应次数进行累加，然后存入系统变量中。选择该选项后，在交互图标的名称前会出现一个"－"号。

（6）计分：在该项的文本框中输入表达式，若该响应是正确的，则所得分数是正数；否则，所得分数是负数。

[探索与练习]

在图4-79中除了"返回"可用外，其他的按钮均不能使用，打开剩下的链接网站按钮继续完成本例。

4.3.3　任务16：热区域交互类型及属性设置

○ 学习目标

掌握"热区域"选项卡中属性的设置。

案例 4-15 我爱福娃。

[相关知识与技能]

热区域是演示窗口中的一个特殊的区域，在该区域中，单击鼠标或双击鼠标就可以进入相应的响应分支，其交互方式与按钮交互类似。

当在交互图标中选择了热区域交互类型后，双击交互方式图标流程线上的热区域响应分支图标，打开"属性：交互图标"对话框，如图4-84所示。

小技巧：双击交互图标时出现在展示窗口中的热区域在程序运行时是不可见的，为了使热区域可见，用户可以使用制作工具箱中的矩形工具在展示窗口中绘出该矩形区域；或者干脆将热区域置于展示窗口的某一显示对象上。

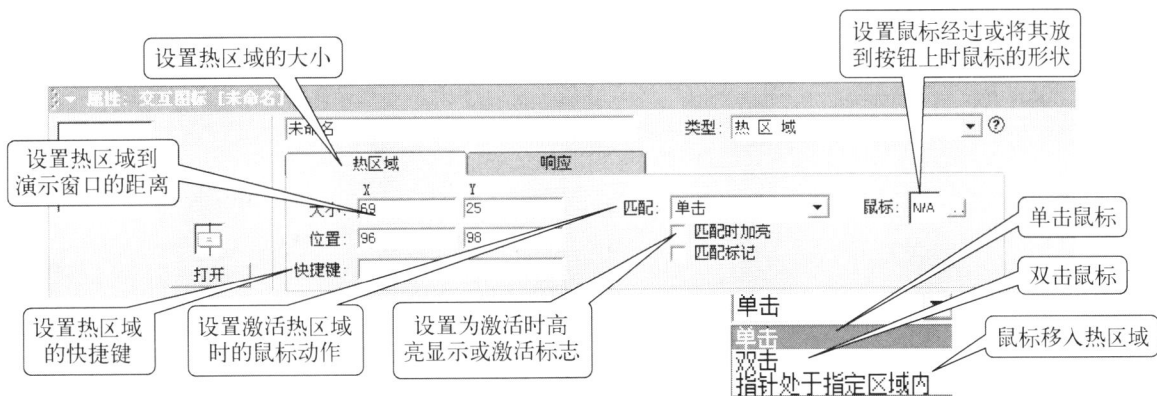

图 4 - 84 热区域的"属性:交互图标"对话框

[方法与步骤]

本实例将学习热区域的使用方法。2008 年北京奥运会的吉祥物是福娃,下面我们就来制作一个有关福娃的小课件。本实例的运行效果是:程序开始运行后,在演示窗口中出现一张 5 个福娃的图片,其中每个图片都被做成了热区域。移动鼠标,当鼠标指向任一个福娃图片时,其余的福娃图片都会消失,只剩下刚才所指向的福娃,并且在福娃的旁边显示相应的文字介绍。

(1)新建"我家福娃.a7p"应用程序。

(2)设置"福娃贝贝",操作步骤如图 4 - 85 所示。

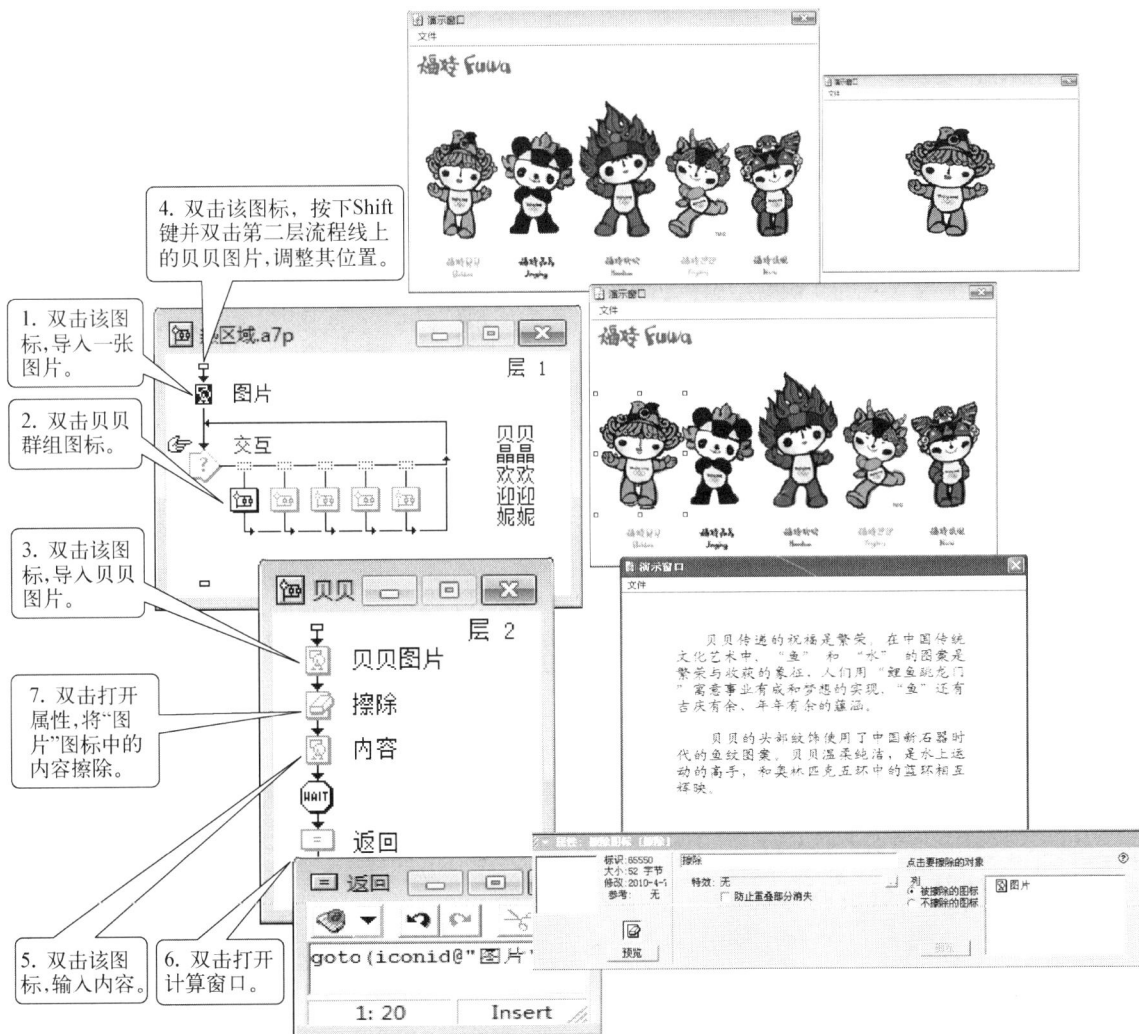

图 4 - 85 设置福娃贝贝

（3）设置"福娃贝贝"热区域，操作步骤如图4-86所示。

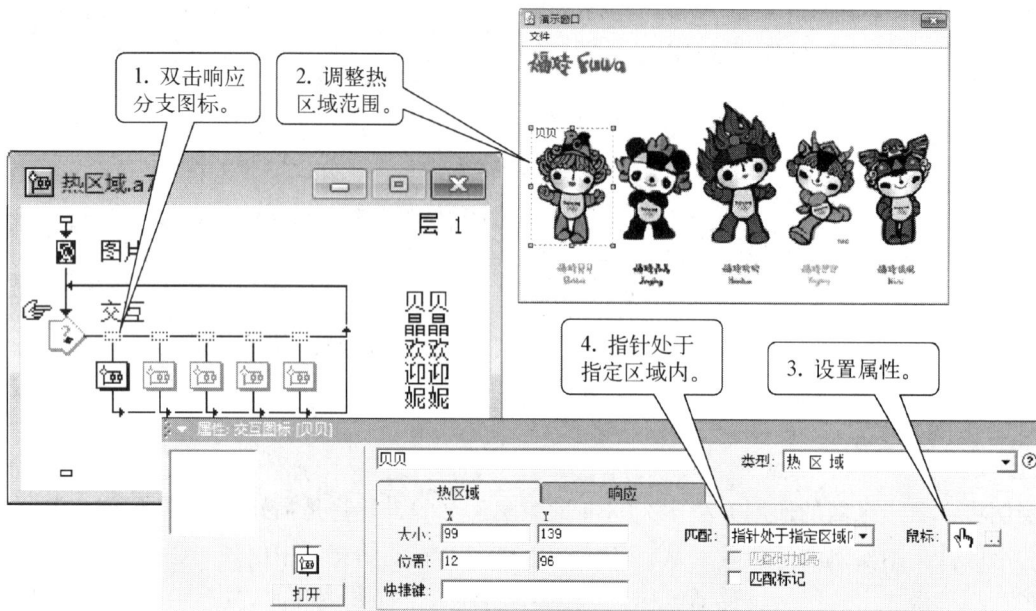

图4-86　设置热区域

（4）调整演示窗口中的文字及按钮位置，步骤如图4-87所示。

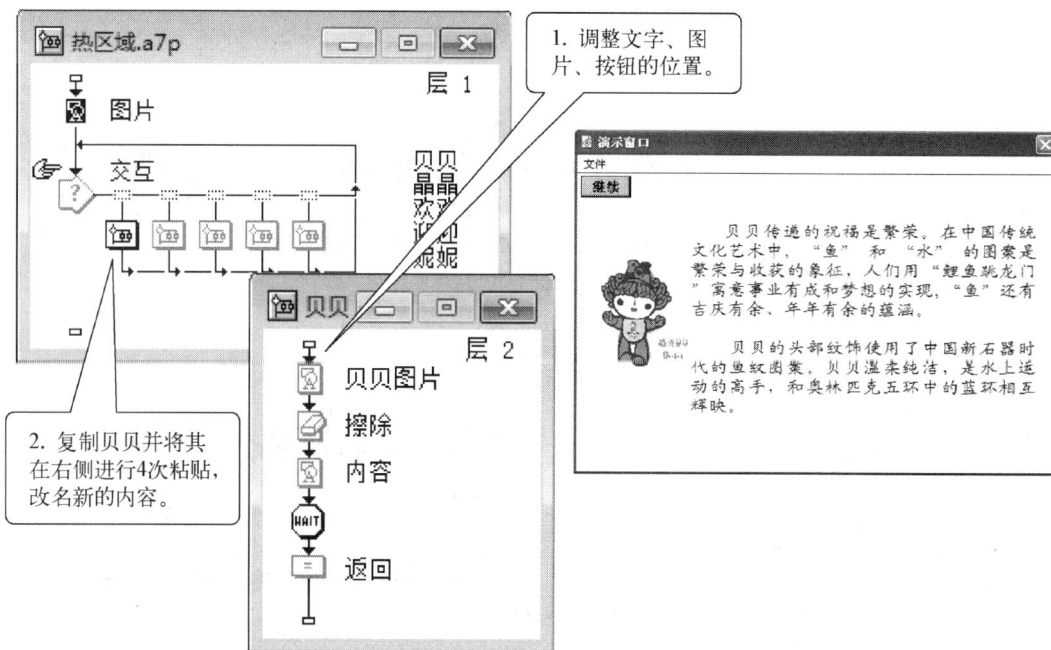

图4-87　调整演示窗口中的文字及按钮位置

按照前面的方法分别设置"晶晶"、"欢欢"、"迎迎"和"妮妮"的热区域。

（5）单击工具栏中的"保存"按钮，保存该程序为"我爱福娃"。

4.3.4　任务17：热对象交互类型及属性设置

学习目标

掌握热对象交互的属性设置。

案例 4-16 圣诞礼物。

[相关知识与技能]

热对象交互是通过单击展示窗口中显示或运动的某个对象以实现交互。

当在交互图标中选择了热对象交互类型后,双击交互图标流程线上的热对象响应分支图标,即可打开"属性:交互图标"对话框,如图 4-88 所示。

图 4-88 热对象的"属性:交互图标"对话框

该对话框与前面的热区域交互对话框基本相同,只是在该对话框中需要用户自行选择交互的对象,即热对象,方法很简单,选择时只需要单击演示窗口中的对象即可。

该对话框中的其他选项已在前面按钮交互和热区域交互部分做过详细介绍,这里就不再重复了。

[方法与步骤]

本例中我们将同时使用热区域和热对象来完成一个实例,制作此实例主要就是想使用户从中体会到热区域和热对象的相同与不同之处。

该实例最后的运行效果是:当程序运行后,在演示窗口中最先出现一个机器猫的卡通人物,它戴着一个红色帽子,就像圣诞老人一样,它背后的红色口袋中放的就是送给小朋友的圣诞礼物。用鼠标单击这个红色口袋时,就会显示口袋中的小礼物,再用鼠标指向小礼物,则会显示出在一对美丽的鲜花围成的心形里有一部手机,这款手机就是最后的生日礼物,并伴有祝福的音乐响起。

(1) 新建"热对象.a7p"应用程序。

(2) 设置背景、热区域,步骤如图 4-89 所示。

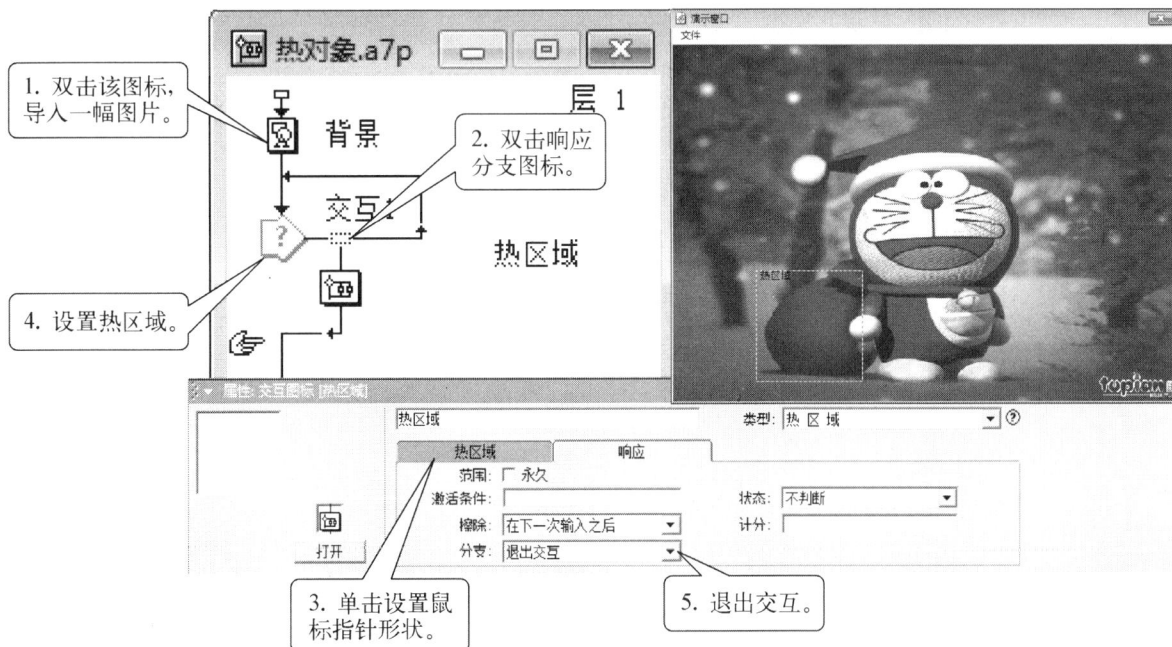

图 4-89 设置背景、热区域

（3）设置响应的热对象，步骤如图4-90所示。

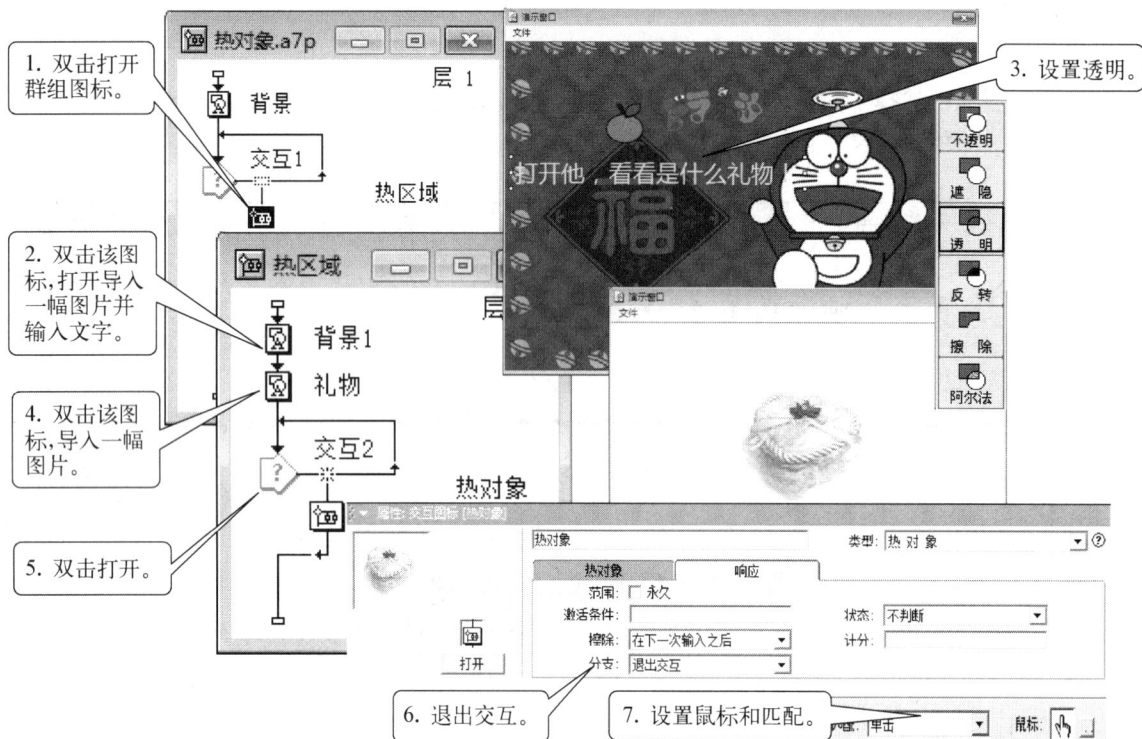

1. 双击打开群组图标。

2. 双击该图标，打开导入一幅图片并输入文字。

4. 双击该图标，导入一幅图片。

5. 双击打开。

3. 设置透明。

6. 退出交互。

7. 设置鼠标和匹配。

图4-90　设置响应的热对象

（4）设置层3中"背景2"、"手机"、"音乐"等图标，步骤如图4-91所示。

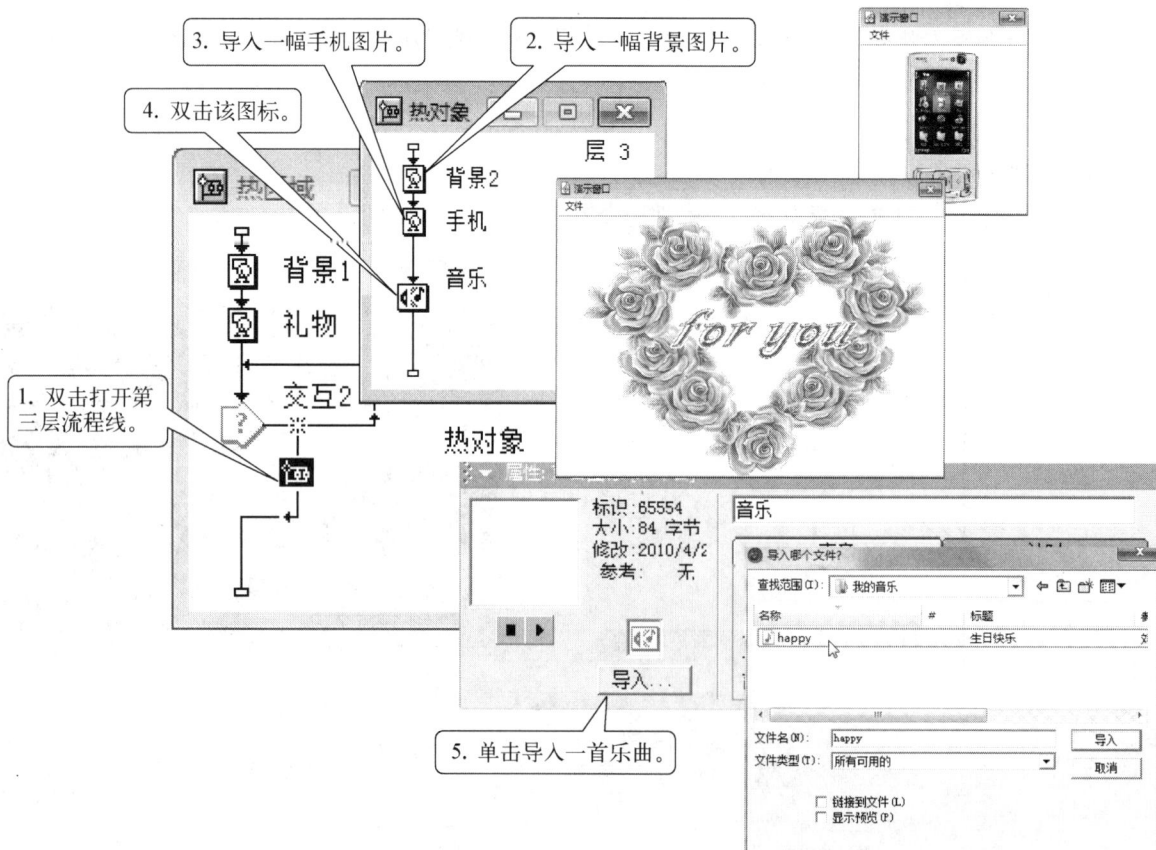

3. 导入一幅手机图片。

2. 导入一幅背景图片。

4. 双击该图标。

1. 双击打开第三层流程线。

5. 单击导入一首乐曲。

图4-91　设置层3

（5）单击工具栏中的"保存"按钮，保存该文件。

[知识拓展]

热对象交互与热区域交互的不同之处是：热对象交互是对展示窗口中呈现的对象做出的交互，该对象可以是一个不规则的形状；当对象移动时，热对象交互位置也在不断变化。而热区域交互是对展示窗口中的固定区域产生的交互，用户只能通过改变定义时的矩形区域才能改变热区域交互的位置。热对象交互可以是动态的，而热区域交互只能是静态的。

4.3.5 任务 18：目标区交互类型及属性设置

学习目标

掌握目标区交互类型的属性设置。

案例 4-17 水果识别。

[相关知识与技能]

目标区交互是当用户把物体拖放到某个正确或错误的位置后，系统给出相应判断的一种交互类型。

使用目标区交互的方法是：在交互图标的右侧放置一个任意类型的图标，当它是第一个响应分支或是放到了相应分支的最左侧，则会出现"交互类型"选择对话框，只要从中单击"目标区"即可。

如果该图标是放到了其他交互类型的右侧，则该图标的类型会与其左侧图标的交互类型一致，此时需要双击响应分支图标，从打开的"属性：交互图标"对话框中更改交互类型为"目标区"。如图 4-92 所示就是一个最简单的目标区交互的流程图。

图 4-92 一个简单的目标区交互流程图

当在程序中使用了"目标区"交互类型后，双击响应分支图标，打开"属性：交互图标"对话框，如图 4-93 所示。并且在对话框后面会有一个演示窗口，该窗口中会有一个"目标区交互"虚框，可以用鼠标拖动该虚框的控点来改变它的大小，也可以用鼠标拖动该虚框以改变目标响应区的位置。

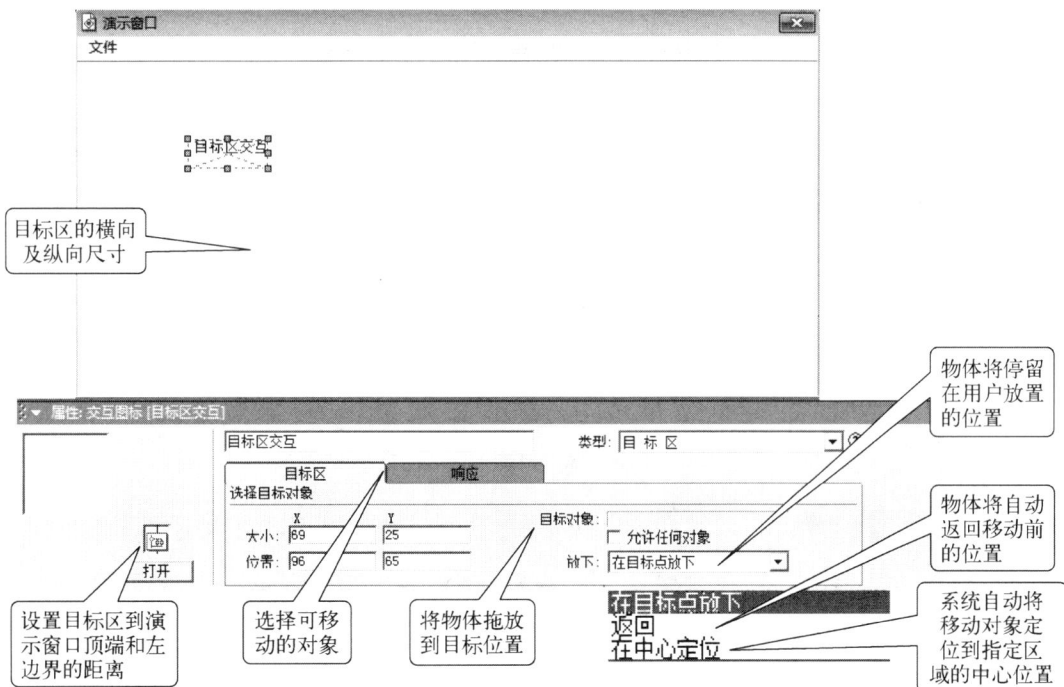

图 4-93 双击"目标响应"分支图标后出现的窗口

在"属性：交互图标"对话框中，除了图 4-93 所示的"目标区"选项卡之外，还有一个"响应"选项卡，如图 4-94 所示。

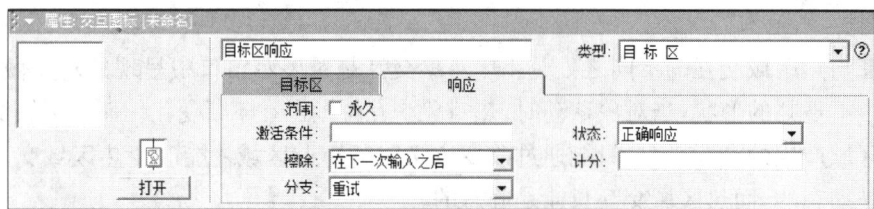

图 4-94 "属性:交互图标"对话框中的"响应"选项卡

[方法与步骤]

（1）新建"水果识别.a7p"应用程序。

（2）组织设计"水果识别"程序流程图,设置"背景图片"群组图标,步骤如图 4-95 所示。

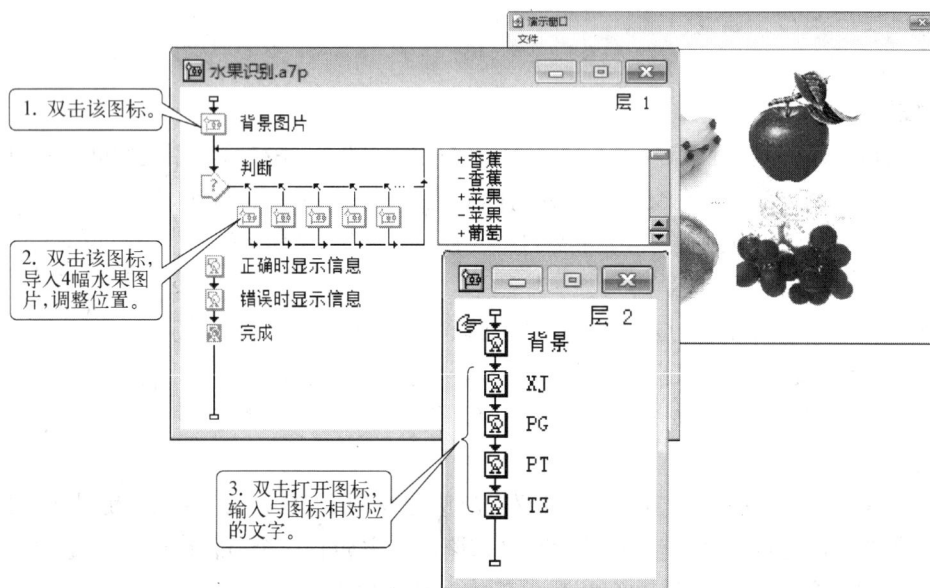

图 4-95 "水果识别"程序流程图

（3）设置"香蕉"正确和错误的目标响应区域,步骤如图 4-96 所示。

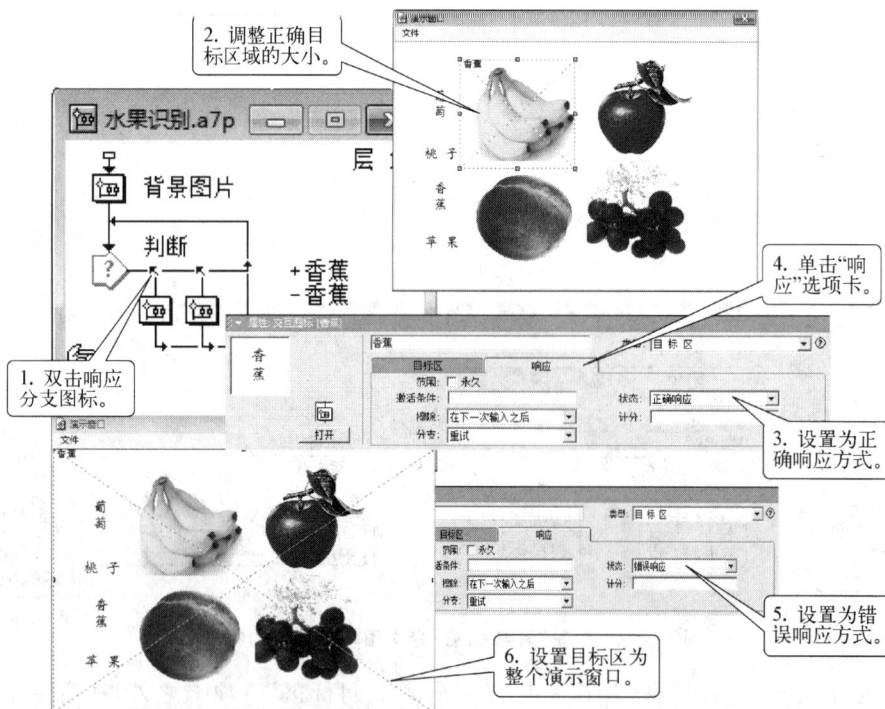

图 4-96 设置目标响应区域

（4）设置"香蕉"正确和错误响应的提示语，操作步骤如图 4 - 97 所示。

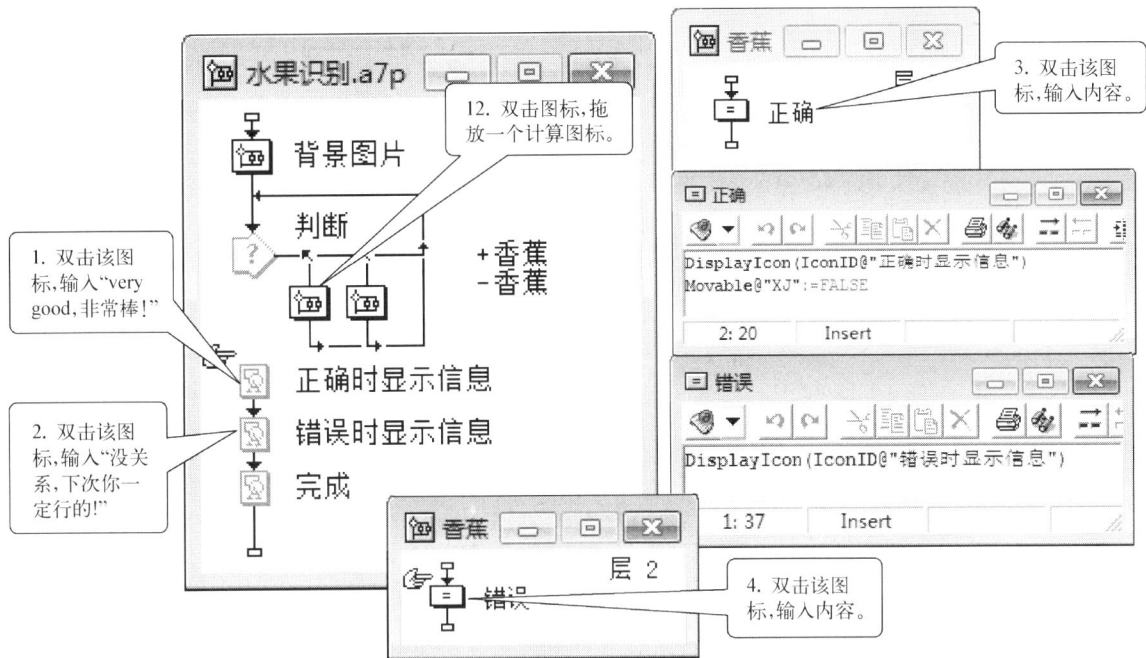

图 4 - 97　设置正确和错误响应的提示语

（5）完成剩余步骤，如图 4 - 98 所示。

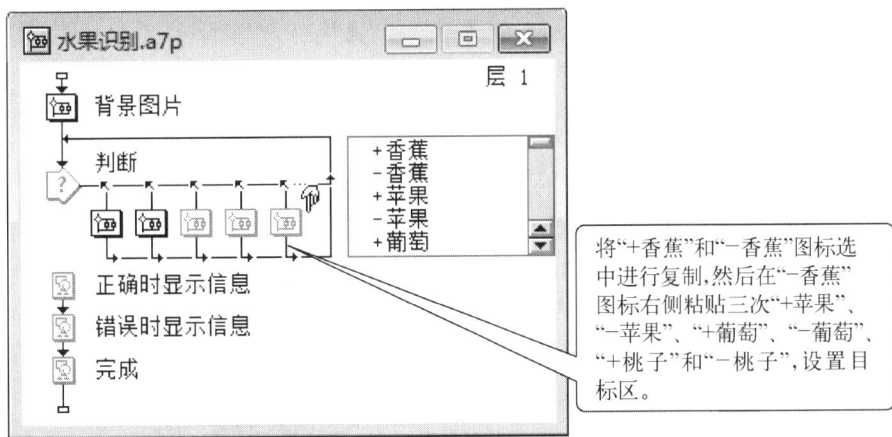

图 4 - 98　完成整个例题

（6）单击工具栏中的"保存"按钮，将该文件进行保存。

4.3.6　任务 19：下拉菜单交互类型及属性设置

学习目标

掌握下拉菜单交互类型的属性设置。

案例 4 - 18　编辑菜单。

［相关知识与技能］

使用计算机的用户一定非常了解下拉菜单的重要用途。有时，在制作多媒体课件的过程中，同样需要有下拉菜单来控制程序的执行方向。在 Authorware 7.0 的交互类型中，系统就提供了下拉菜单交互类型。打开一个 Authorware 文件，默认情况下，演示窗口中只有一个"文件"菜单，而且其中只有一个"退出"命令，如图 4 - 99 所示。下拉菜单的样式和属性设置如图 4 - 100、图 4 - 101 所示。

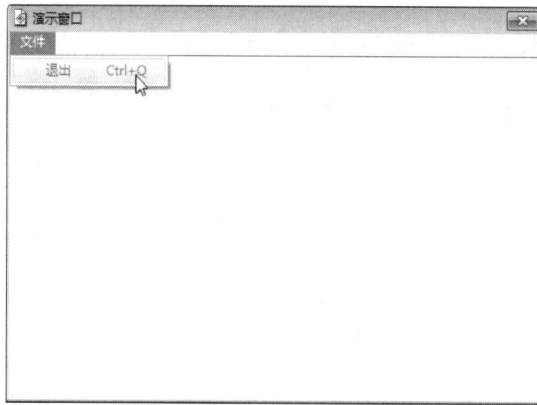

图 4-99 窗口中默认的菜单

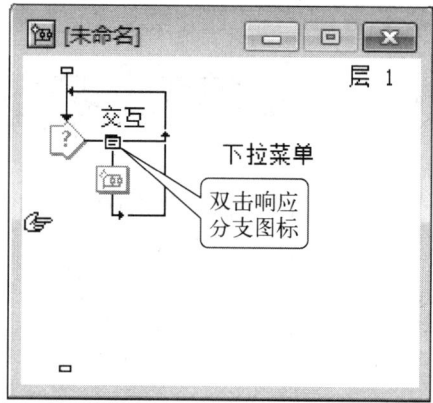

图 4-100 下拉菜单的样式

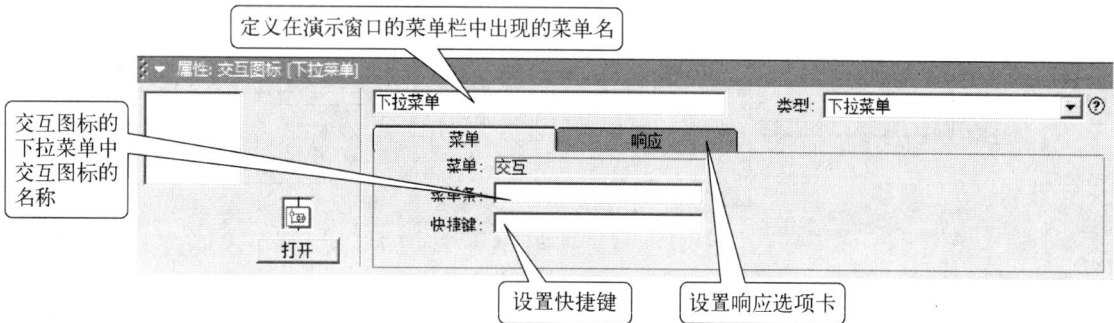

图 4-101 设置下拉菜单属性

[方法与步骤]

这是利用"下拉菜单"交互类型制作的例子,本例所要实现的是:在演示窗口中设置一个"编辑"菜单,然后在该菜单中设置"剪切"、"复制"和"粘贴"3个子命令。当选择了"剪切"命令后,演示窗口中的图片会消失,当选择了"粘贴"命令后,消失的图片又会重新出现在演示窗口中。

(1) 新建"下拉菜单.a7p"应用程序。

(2) "编辑"下拉菜单程序,操作步骤如图4-102所示。

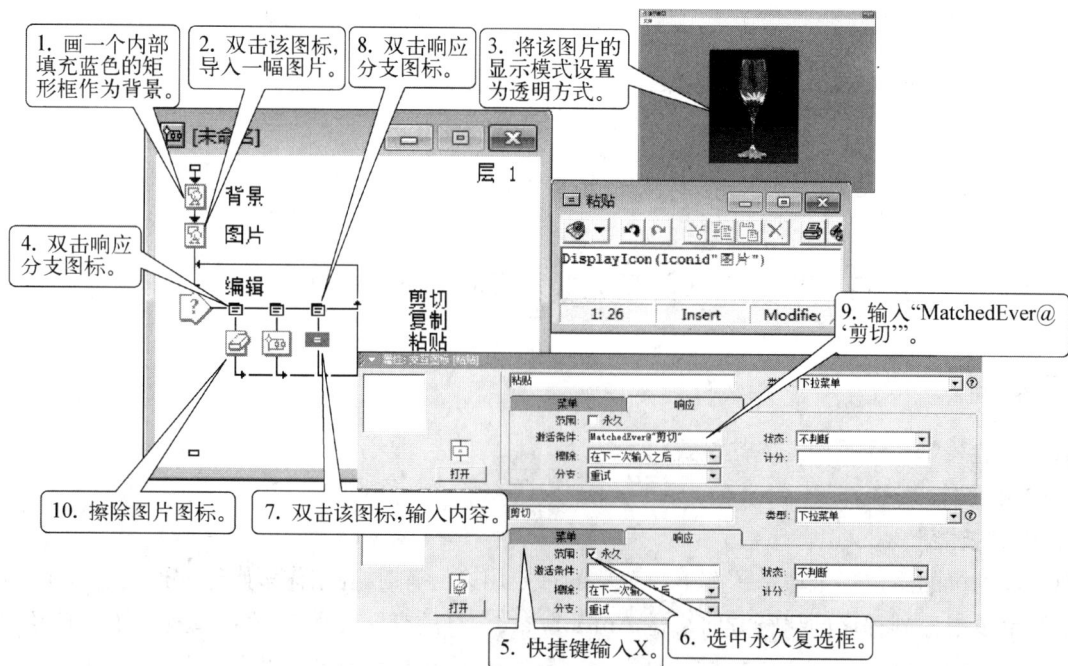

图 4-102 "编辑"下拉菜单程序的流程图

单击工具栏中的"保存"按钮,保存文件。至此,课件完成。

[探索与练习]

本例中我们只是设置了"剪切"和"粘贴"命令,而"复制"命令没有进行设置,所以"复制"选项卡是不能执行响应操作的。学生课后可自行完成"复制"选项卡的设置。

4.4 程序的打包与发行

4.4.1 运行调试

学习目标

Authorware 课件发布前的运行与调试。

[相关知识与技能]

设计开发的课件流程一旦打包为可执行文件,就不允许对其内容再进行修改,因此,在此应用程序进行打包并递交用户之前,必须通过运行调试,排除程序中存在的错误。

对于语法错误或运行期错误,在关闭计算图标输入窗口或在程序运行期间,Authorware 会自动提示出错,因此,这类错误容易发现。而逻辑错误(是指程序的执行流程存在逻辑上的错误)常使流程不能正确反映设计者的意图,比如对某个响应的激活条件进行了错误的设置,造成该响应不可能匹配;或者在一个循环执行的决策判断分支结构中对退出分支结构的条件进行了错误的设置,造成程序无法向后继续执行等,这时 Authorware 并不会提示出错,这种类型的错误隐蔽性较大,常用以下方法进行调试发现:

(1) 将图标栏上的"开始标志"拖放到流程线上欲调试流程段的开始位置(这时运行按钮会变成"从开始标志处运行"按钮)。将"结束标志"拖放到流程线上欲调试流程段的结束位置,此时按下"从开始标志处运行"按钮,就可以只运行两个区段标志之间的程序段。

(2) 就这样一段接一段地运行调试下去,直到所有的程序段都调试完毕,运行结果满意,保存程序。

4.4.2 文件打包

学习目标

Authorware 文件打包的方法。

[相关知识与技能]

打包的目的是为了得到能够在 Windows 环境下直接运行的可执行文件。

(1) 单击"文件→发布→打包"命令,打开"打包文件"对话框,如图4－103 所示。

(2) 在上方的下拉列表中选择"应用平台 Windows9x 和 NT var"选项,使打包文件可以在这样的操作系统下运行。

(3) 选中最下方的"打包时使用默认文件名"复选框,使打包文件与源文件同名,并保存在同一文件夹中。

(4) 单击左下方的"保存文件并打包"按钮,即开始打包和保存文件。

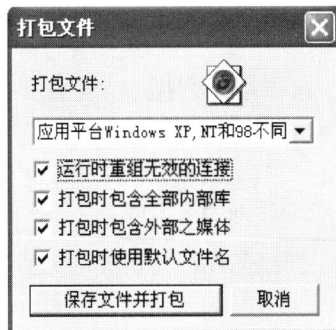

图 4－103 "打包文件"对话框

习题

一、选择题

1. 在显示图标的属性对话框中,"层"文本框中的数字表示当前层,默认情况下为(　　)。

A. 1　　　　　　　　　B. 0　　　　　　　　C. 空　　　　　　　D. 以上答案都错

2. 使用"显示图标工具箱"中的"椭圆"工具可以绘制正圆形或椭圆形,如果按住(　　)键,则绘制出正圆形。

A. Shift　　　　　　　B. Alt　　　　　　　C. Ctrl　　　　　　D. Tab

3. 在制作 Authorware 7.0 文件时,为了使多媒体播放过程中能够出现暂停,可以用(　　)来实现。

A. 显示图标　　　　　B. 擦除图标　　　　　C. 等待图标　　　　D. 定向图标

4. 在设置等待图标时,可以在(　　)对话框中通过选中(　　)复选框,使播放过程中出现"继续"按钮。

A. 等待图标　　　　　B. 属性:等待图标　　C. 单击鼠标　　　　D. 显示按钮

5. 如果在"属性:擦除图标"对话框中选中(　　)复选框,则相邻擦除在擦除对象时,将会按擦除图标的先后逐个擦除。

A. 防止重叠部分消失　B. 删除图标　　　　　C. 保留图标　　　　D. 擦除特效

6. 下面对移动图标叙述不正确的是(　　)。

A. 移动图标本身就具有制作动画文件的功能

B. 移动图标可以使移动对象产生位移,但是被移动的对象本身没有改变

C. 利用移动图标可以将显示图标中的文字和图像实现飞入飞出效果

D. 利用移动图标可以使只能在原地运动的 GIF 动画在给定的路线上移动

7. 在"指向固定直线上的某点"的位移方式中,设置"远端范围"的可选项包括(　　)。

A. 循环　　　　　　　B. 在终点停止　　　　C. 到上一终点　　　D. 以上答案都对

8. 有两个选项用于设置移动对象在演示窗口中的运动速度,这两个选项是(　　)

A. 时间　　　　　　　B. 速度　　　　　　　C. 速率　　　　　　D. 以上无正确答案

9. 在按钮交互图标的名称前会出现一个"+",代表(　　)含义。

A. 跟踪正确响应,系统将错误响应次数进行累加,然后存入系统变量中

B. 跟踪错误响应,系统将正确响应次数进行累加,然后存入系统变量中

C. 跟踪正确响应,系统将正确响应次数进行累加,然后存入系统变量中

D. 跟踪错误响应,系统将错误响应次数进行累加,然后存入系统变量中

10. 在程序中使用下拉菜单交互与其他交互类似,只要在流程线上拖放一个"交互图标",然后在其右侧拖放一个(　　)图标,会随之弹出一个"交互类型"对话框,从中选择"下拉菜单"即可。

A. 显示　　　　　　　B. 计算　　　　　　　C. 分支　　　　　　D. 任意

二、判断

1. "属性:交互图标"对话框包括"响应"选项卡和"大小"选项卡。　　　　　　　　　(　　)

2. 交互图标的擦除功能:当执行完某条交互路径后,决定是否将该条路径中的显示内容擦除。(　　)

3. 交互图标是交互过程的核心内容,但其本身并不能提供交互性。　　　　　　　　　(　　)

4. 在"属性:声音图标"的"播放"下拉列表中选择"直到为真"选项,可以设置声音文件可播放的条件,在文本框中输入一个变量或表达式,当其值为 TRUE 时,则声音文件开始播放。　　　　(　　)

三、实践题

1. 利用 Authorware 7.0 定义风格和应用风格功能,制作"诗歌论坛"。

2. 利用等待图标和擦除图标制作一个简单的"月上枝头,星星出现"的多媒体文件。

3. 利用按钮交互制作一个出题判断的实例。

4. 利用目标区交互制作看图识字的实例。

5. 制作一个类似 Word 程序的菜单栏及其下拉菜单的交互程序。

第5章

网络型课件制作

本章导读

　　由于网页具有多媒体超文本实现能力，并且有良好的交互性和动态特性，能模拟出比传统课堂更加"民主"的互动功能。超媒体是基于超文本支持的多媒体，多媒体的表现可使超文本的交互界面更为丰富，由多媒体和超文本结合发展而成的超媒体系统目前已成为一种理想的知识组织结构和管理方式。本章我们学习使用 FrontPage 2003 中文版制作简单的网络课件。

5.1　制作网络型课件工具 FrontPage 2003 入门

5.1.1　任务 1：建立"幼儿园网络课件"新网站

学习目标

　　从建立一个新的网站入手，认识 FrontPage 2003 的功能与使用方法。

　　案例 5-1　在新建网页中输入网站标题，如图 5-1 所示。

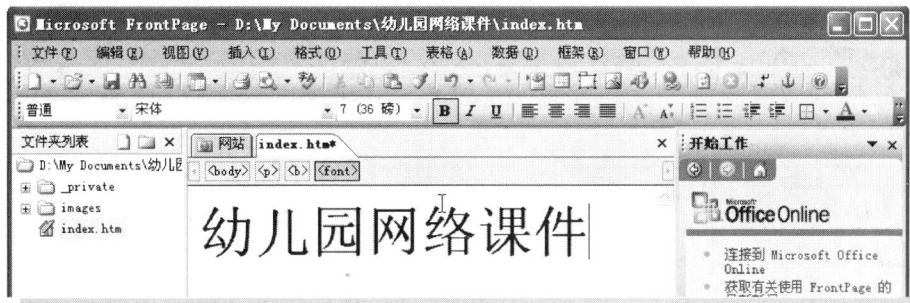

图 5-1　"幼儿园网络课件"网站标题制作

[相关知识与技能]

　　为了将已建立好的课件实现网络资源共享，可以使用 FrontPage 2003 中文版建立网络型课件。在网络型课件中可以包括文本、图片、超链接、水平线、表格、表单以及各种动态元素等。

[方法与步骤]

（1）启动 FrontPage 2003，在"开始工作"任务窗格中选择"新建网页或网站"命令。

（2）新建网站，命名为"幼儿园网络课件"，如图 5-2 所示。

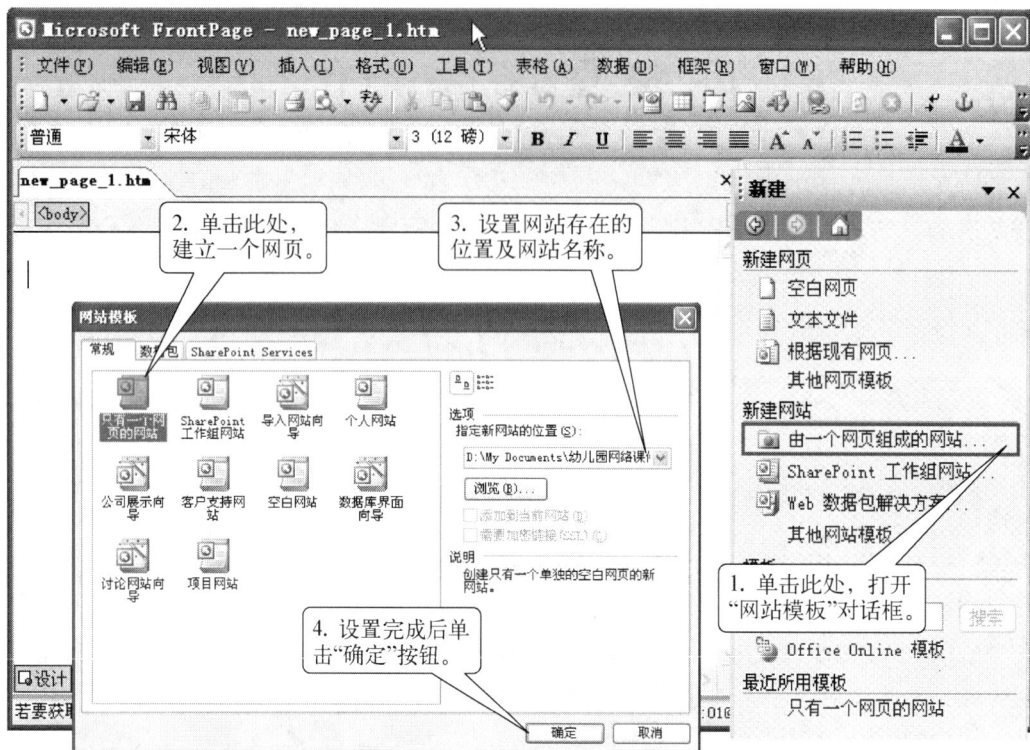

图 5-2 "幼儿园网络课件"网站的建立

（3）在"index.htm"主页中输入"幼儿园网络课件"。设置字符格式为方正舒体、70 pt、粉红色，如图 5-3 所示。

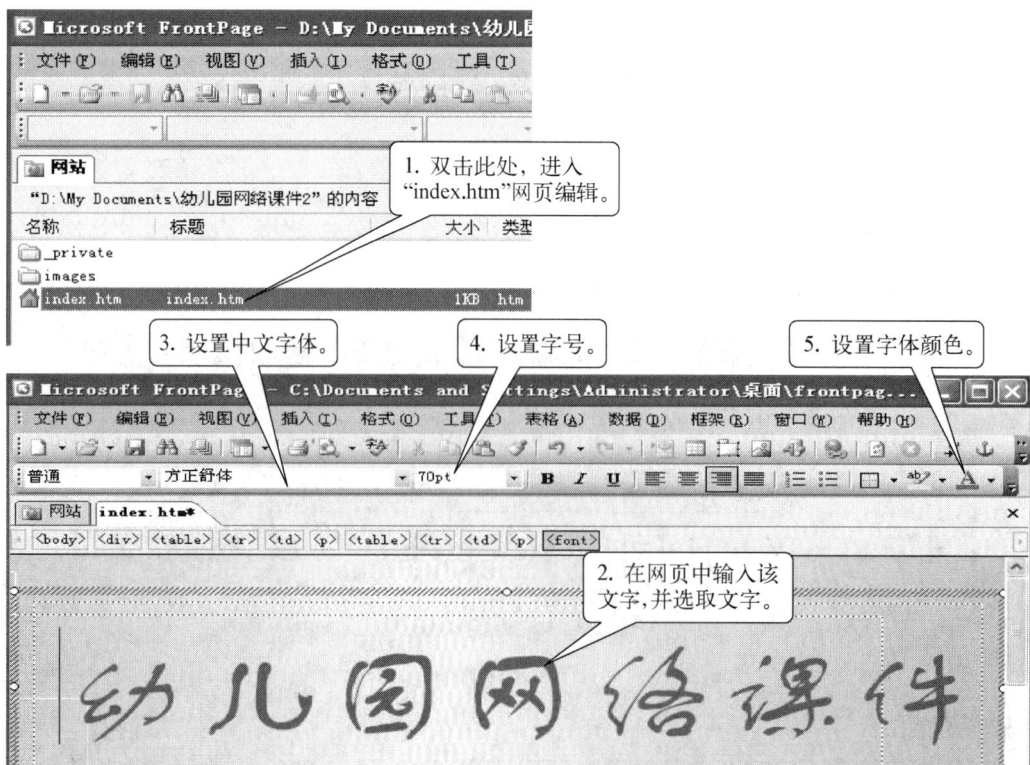

图 5-3 在网页中输入文字

[知识拓展]

1. FrontPage 2003 的启动

启动 FrontPage 2003 一般有以下几种方法：

（1）单击"开始"菜单→"所有程序"→"Microsoft Office"→"Microsoft Office FrontPage 2003"命令，启动 FrontPage 2003 中文版。

（2）在桌面上双击 FrontPage 2003 的快捷图标，启动 FrontPage 2003 中文版，同时建立一个新的网页。

启动 FrontPage 2003 后，屏幕显示 FrontPage 2003 应用程序窗口，如图 5-4 所示。

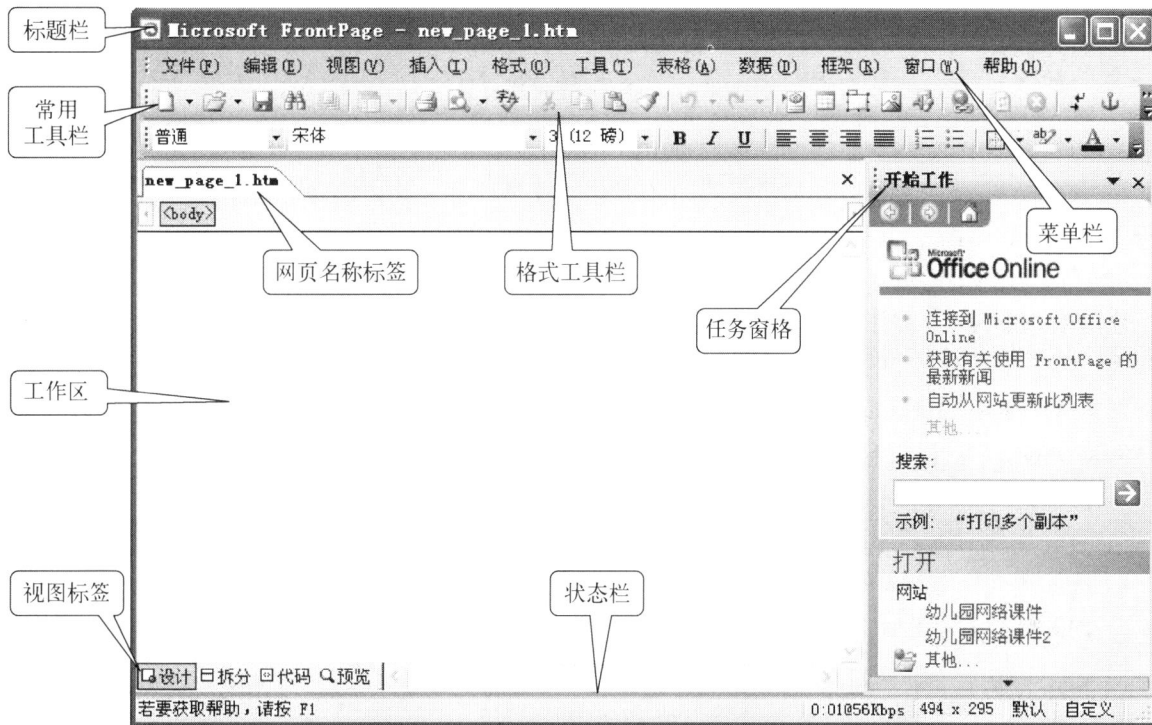

图 5-4　FrontPage 2003 中文版界面

2. 退出 FrontPage 2003

完成对网页的操作后，可以关闭或退出 FrontPage 2003。退出 FrontPage 2003 的方法如下：

（1）在 FrontPage 2003 中选择"文件"菜单→"退出"命令。

（2）在 FrontPage 2003 窗口左上角双击窗口控制菜单按钮。

（3）按"Alt"+"F4"键或单击 FrontPage 2003 窗口右上角的关闭按钮。

3. 网站的基本操作

启动 FrontPage 2003 时，系统自动打开一个网页，并自动将第一个空白网页命名为"new_page_1. htm"，用户可以直接在这个网页中开始工作。根据需要，可以打开一个或多个已建立的网页，也可以再建立新的网页。

（1）创建新的网站。

创建网站有两种方法，一种是利用 FrontPage 2003 中文版的向导和模板快捷地创建网站的大致结构，然后利用其他技术完美和修饰；另一种是摆脱向导和模板的影响，一切从头开始，创建一个全新的网站。创建一个全新的空白网站的过程如下：

① 首先执行菜单"文件"→"新建"命令，FrontPage 2003 中文版将自动在当前窗口的右侧打开"新建"任务窗格。

② 在"新建"任务窗格中单击"由一个网页组成的网站"或"其他网站模板"，在打开的"网站模板"对话框中选择"空白网站"或者"只有一个网页的网站"的模板即可。在窗口右侧"制定新网站的位置"下拉框中，输入网站的目录和名称，单击"确定"按钮，即可生成含有一个空白页面的网站，如图 5-5 所示。

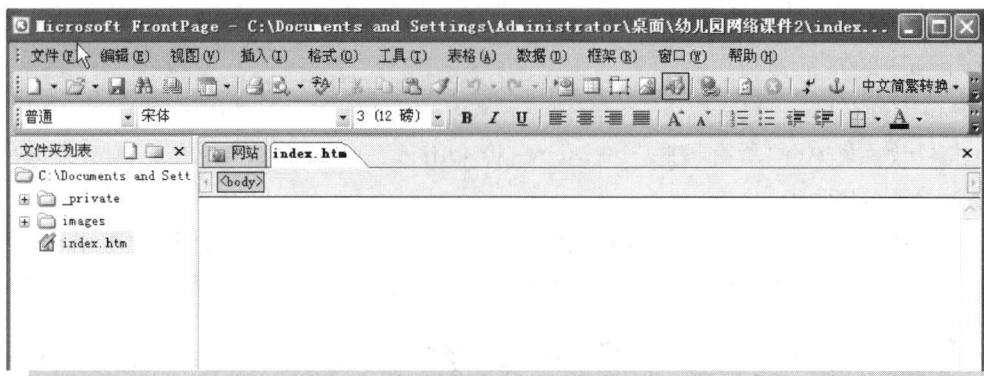

图5-5　只有一个网页的网站

新建的空白网站不包含任何网页文件,但在网站中含有两个文件夹:一个是 private 文件夹,用于存放私人文件;另一个是 images 文件夹,用于存放网页中的图片文件。建立了空白网站,就可以在网站内添加网页和其他相关文件了。

(2) 导入已有的网站。

创建网站不仅可以使用模板和向导,还可以通过从本地计算机、Web 服务器或 Internet 上的导入操作来实现。通常已经存在的网站文件不仅包括. html 文件,还包括许多其他的素材,例如图像文件、多媒体文件等。使用 FrontPage 2003 中文版的导入功能可以把这些文件直接复制到自己的网站中。导入已有网站的操作过程如下:

① 执行菜单"文件"→"导入"命令,打开如图5-6所示的"导入"对话框。

② 单击"添加文件"按钮,打开如图5-7所示的"将文件添加到导入列表"对话框。

③ 选择一个或几个需要导入的文件,单击"打开"按钮,返回如图5-6所示的对话框。

④ 用同样的方法添加其他文件,最后单击"确定"按钮,完成导入操作。

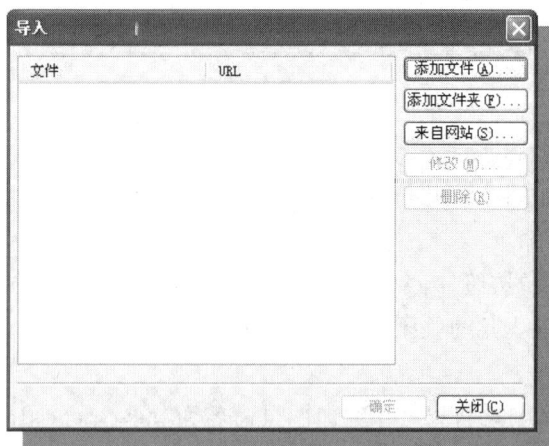

图5-6　"导入"对话框

图5-7　"将文件添加到导入列表"对话框

(3) 打开网站。

打开网站最常用的方法是在 FrontPage 2003 中文版的窗口中执行菜单"文件"→"打开网站"命令,在打开的对话框中选择要打开的站点。

(4) 关闭网站。

关闭网站的方法是在 FrontPage 2003 中文版的窗口中执行菜单"文件"→"关闭网站"命令,即可关闭已打开的站点。

(5) 保存网站。

网站的保存是以网页为单位进行的,对于打开的正在修改的网页,在"常用"工具栏中单击"保存"按钮即可。

在 FrontPage 2003 中文版中，第一次保存网页时，系统会打开一个"另存为"对话框，如图 5-8 所示。在对话框中指定网页文件的保存位置及要保存的网页文件的文件名，然后单击"保存"按钮即可。

如果希望把当前打开的网页文件保存到其他位置，或者是以一个新的文件名保存时，可以执行菜单"文件"→"另存为"命令，进行保存。

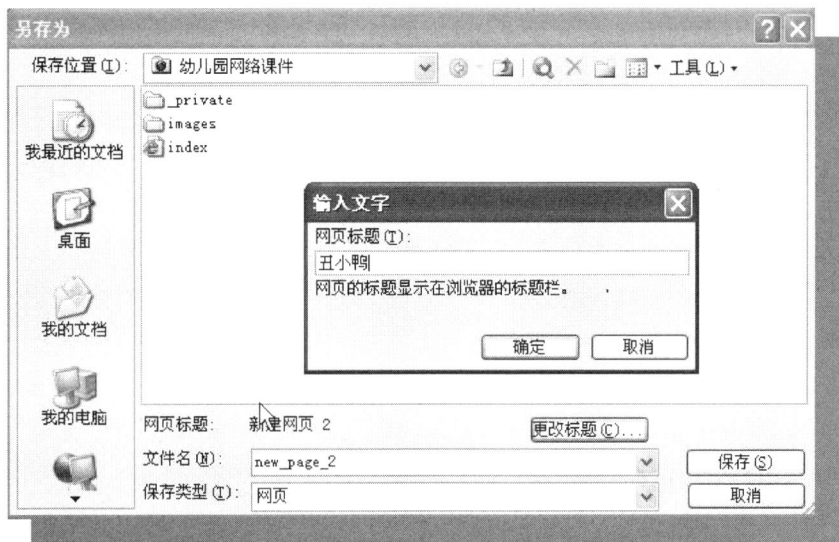

图 5-8 "另存为"对话框

（6）网站重命名。

网站的名称是指向网站服务器或 FrontPage 2003 中文版文件的目录名。网站的名称最好能和网站的大致内容相吻合。如果在初始创建网站时没有给网站起一个好的名字，可以通过网站设置对话框对网站进行重命名。其方法为：执行"工具"菜单→"网站设置"命令，打开"网站设置"对话框，如图 5-9 所示。在"常规"选项卡的"网站名称"文本框中输入合适的网站名称，单击"确定"按钮即可完成网站名称的修改工作。

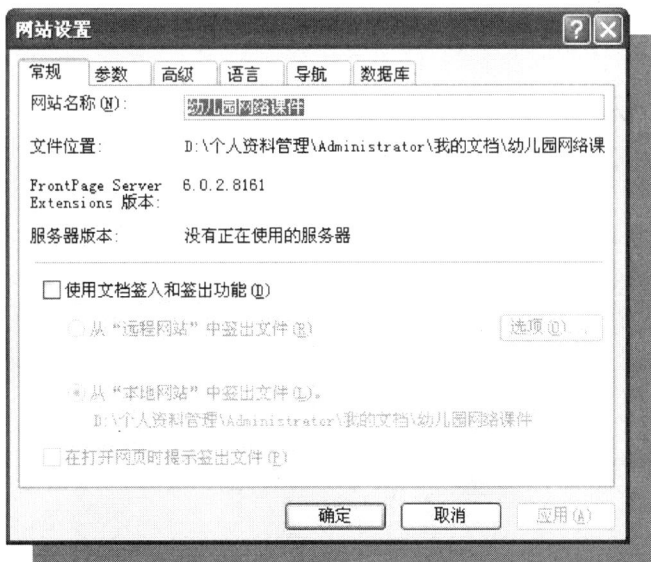

图 5-9 "网站设置"对话框

（7）网页视图。

在编辑网页时，进入的就是网页视图，在网页视图中有四种不同的显示方式（视图模式），即设计视图、拆分视图、代码视图、预览视图。用户可以根据具体需要及想要如何查看和处理网页，从四种不同类型的网页中进行选择。

① 设计视图。可以在默认的网页视图中设计和编辑网页。在此视图模式下允许用户查看文档在

最终产品中显示的形式,并直接在该视图中编辑文本、图形和其他元素。

② 代码视图。在此视图模式下,用户可以查看、编写和编辑 HTML 标记。通过 FrontPage 中的优化代码功能,可以创建清洁的 HTML,并且更易于删除任何不需要的代码。

③ 拆分视图。可以使用拆分屏幕格式来审阅和编辑网页内容,拆分视图模式下可以同时访问代码视图和设计视图。

④ 预览视图。通过预览视图可以在不保存网页的情况下查看网页在 Web 浏览器中的大体显示情况,使用此视图可检查那些不能确定是否要提交的微小更改。

(8) 预览网页。

预览网页可分为在 FrontPage 2003 中文版中预览和在 WWW 浏览器中预览两种方式。

① 在 FrontPage 2003 中文版中预览网页。

在 FrontPage 2003 中文版中预览网页,在网页视图下单击窗口转换栏(在窗口的左下角)中的"预览"标签即可。

② 在 WWW 浏览器中预览网页。

在 WWW 浏览器中预览网页基本上等同于在网上预览网页,能更好地体现出网页的制作效果。执行"文件"菜单→"在浏览器中预览"命令,或单击"常用"工具栏中的"在浏览器中预览"按钮,即可打开"在浏览器中预览"对话框,选择浏览器并设置浏览窗口大小,单击"预览"按钮。

[探索与练习]

1. 分别用以上介绍的方法启动 FrontPage 2003,打开已建网站"幼儿园网络课件",新建"网页 1"与"网页 2"两个网页。

2. 在"网页 1"中输入"返回首页"。

3. 将"网页 1"与"网页 2"两个网页保存至"幼儿园网络课件"网站,类型为 . htm。

5.2 制作课件网页

5.2.1 任务 2:为网页添加图片及文字

○ 学习目标

结合在 Word 中所学知识,掌握如何在 FrontPage 2003 中添加图片与文字。

案例 5 - 2 如下图 5 - 10 所示,在网页中插入图片及输入文字内容。

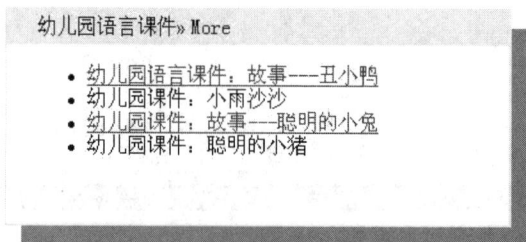

图 5 - 10 "幼儿园语言课件"文字内容

[相关知识与技能]

网页是信息的载体,文字是信息的表达方式,因此网页上绝不可缺少文字,FrontPage 2003 中文版主要通过改变字体、字号、段落、项目符号等操作来设计网页中的文字信息,并加入图片和背景等元素对文字进行修饰。

[方法与步骤]

(1) 启动 FrontPage 2003,打开"幼儿园网络课件"网站。

(2) 在网页中插入文字背景图片,如图 5-11 所示。

图 5-11　插入文字背景图片

(3) 在图片上输入文字内容,如图 5-12 所示。

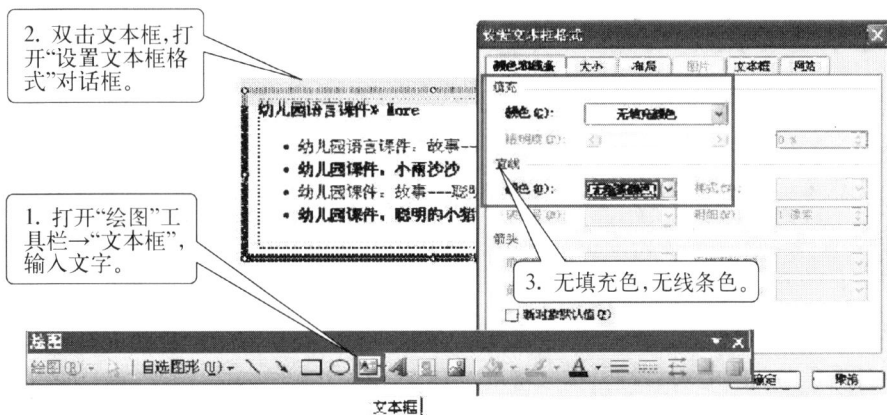

图 5-12　利用文本框输入文字

(4) 设置文字格式与段落格式。如图 5-13 所示。

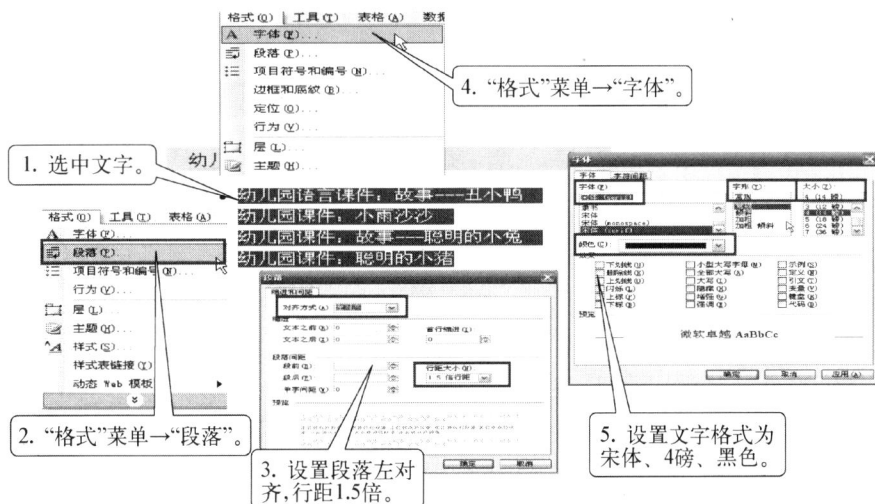

图 5-13　设置文字格式

[知识拓展]

1. 字体操作

字体的编辑属性主要有字体、字号、修饰效果和颜色。这些属性的操作都是首先选中要修改的字符后，单击"格式"工具栏上的相应按钮或执行"格式"菜单→"字体"命令，在"字体"对话框即可完成上述设置，如图 5-14 所示。

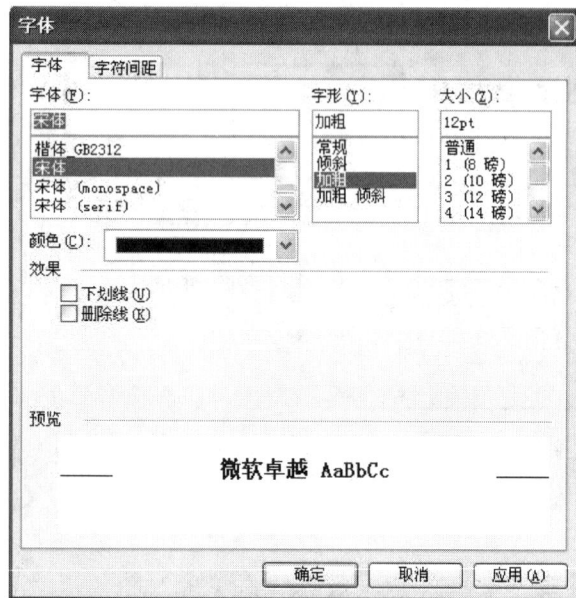

图 5-14 "字体"对话框

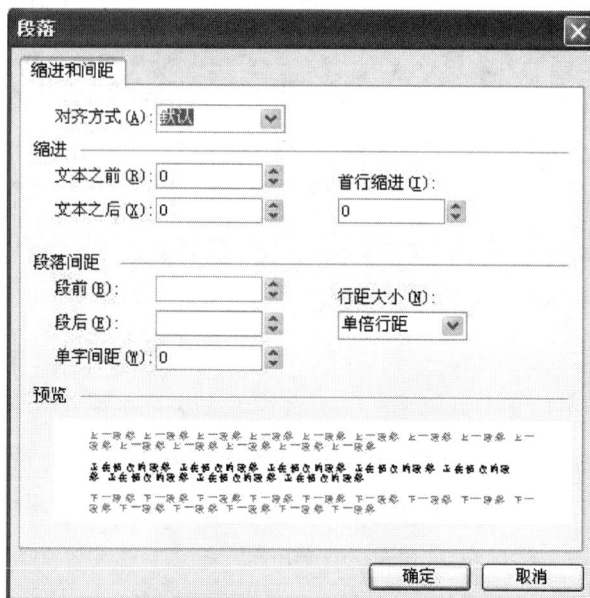

图 5-15 "段落"对话框

2. 段落操作

段落的编辑属性主要有对齐方式、缩进、段落间距等。段落的属性也是首先在选中需要修改的段落后，单击"格式"工具栏上的相应按钮或执行"格式"→"段落"命令，在"段落"对话框完成上述设置，如图 5-15 所示。

3. 项目符号和编号

FrontPage 2003 中文版的项目符号和编号功能与 Word 2003 中文版相似，也是通过执行"格式"菜单→"项目符号和编号"命令，在弹出的"项目符号和编号方式"对话框中进行设置的，如图 5-16 所示。

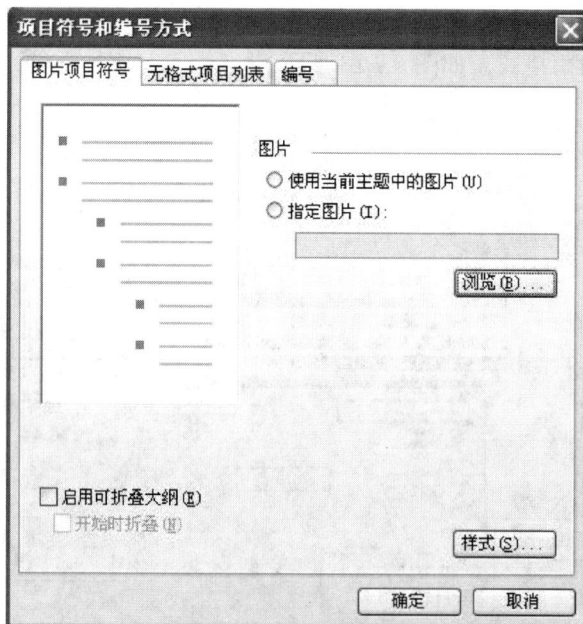

图 5-16 "项目符号和编号方式"对话框

4. 插入图像

图像在 FrontPage 2003 中文版中分为图片和动态视频两类,应用较多的是图片,通过适当地放置图片可以起到美化网页、吸引浏览者的作用。

(1) 插入图片。

① 执行"插入"菜单→"图片"选项→"来自文件"命令,弹出"图片"对话框。

② 单击"图片"对话框中的"打开"按钮,弹出"选择文件"对话框,选择需要插入的图片,单击"确定"按钮即可完成操作。

(2) 编辑图片。

在网页编辑窗口中,选择图片,然后拖动图片边框可改变大小。拖动图片可改变在网页中的位置。另外,当选择图片后,在界面窗口的下面将显示图片编辑工具栏,包含各种图片编辑工具,如在图片中添加文字、调整位置。要注意的是,当调整了图片大小后,程序将会以新的图片大小来保存图片。

(3) 设置图片的属性。

图片的属性一般指图片的一些内部性质,如源文件、格式参数、显示方式、对齐方式、边框和留白等。用鼠标右键单击图片,在弹出的快捷菜单中选择"图片属性"选项,弹出"图片属性"对话框,如图 5-17 所示,此时即可设置图片属性。

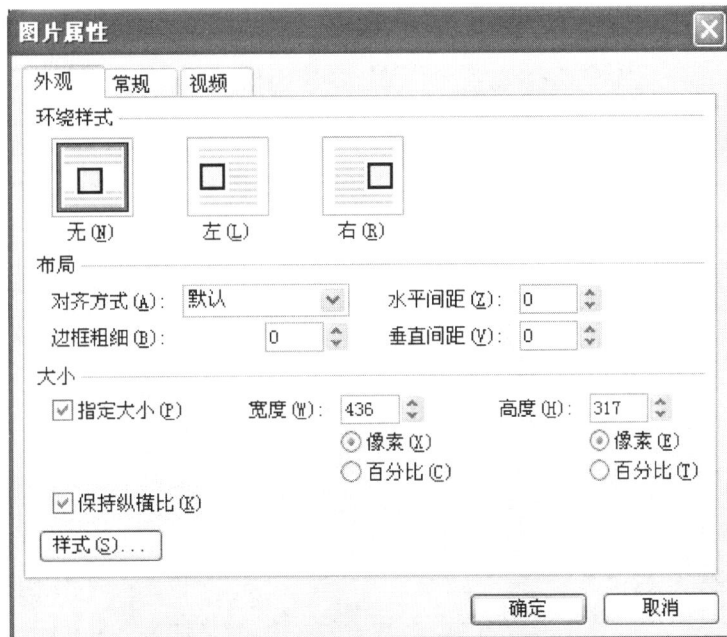

图 5-17 "图片属性"对话框

(4) 插入视频及 Flash 影片。

视频及 Flash 影片的插入方法与图像的插入方法相似,使用"插入"菜单→"图片"选项→"视频"命令或"Flash 影片"命令,打开"选择文件"对话框,从中选取需要的视频或 Flash 影片即可。

5.2.2 任务 3:修饰网络课件

◎ 学习目标

通过案例掌握如何在 FrontPage 2003 中添加背景、水平线及插入 Flash 影片。

案例 5-3 为网页添加背景及 Flash 影片,如图 5-18 所示。

图 5-18 带有 Flash 影片的网页

[相关知识与技能]

在网页中使用背景及水平线可以达到美化网页的效果,并且使用水平线可以在网页中明确地划分相对独立的内容,使浏览者一目了然,便于浏览。而 Flash 影片在网页制作中也属于一种图片,但是它具有动态及声音效果,可以让用户在浏览网页时感到内容更加丰富多彩。

[方法与步骤]

(1) 打开"幼儿园网络课件"网站。

(2) 新建"聪明的小兔"网页,如图 5-19 所示。

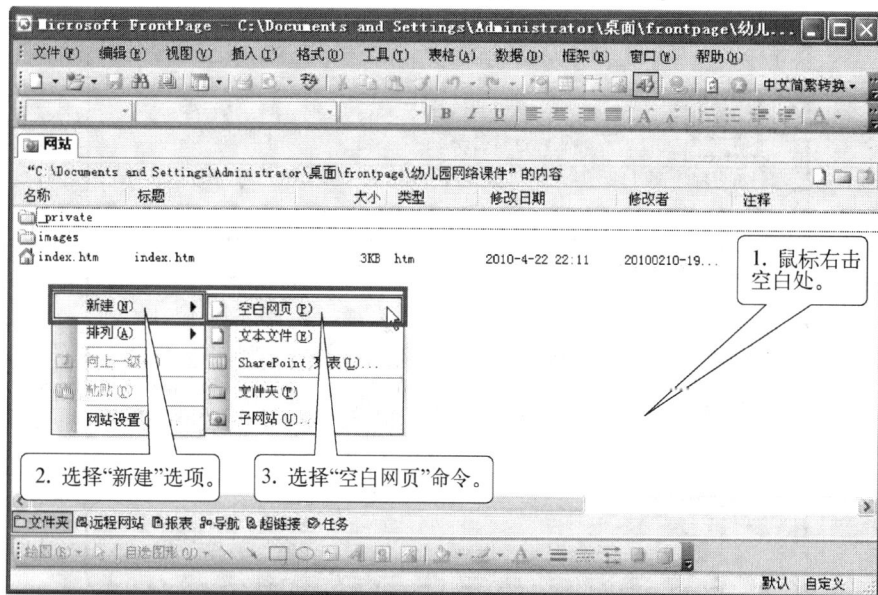

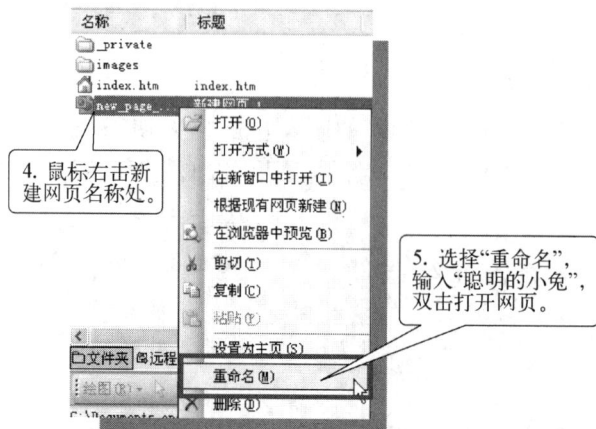

图 5-19 新建"聪明的小兔"网页

（3）插入网页背景，如图 5-20 所示。

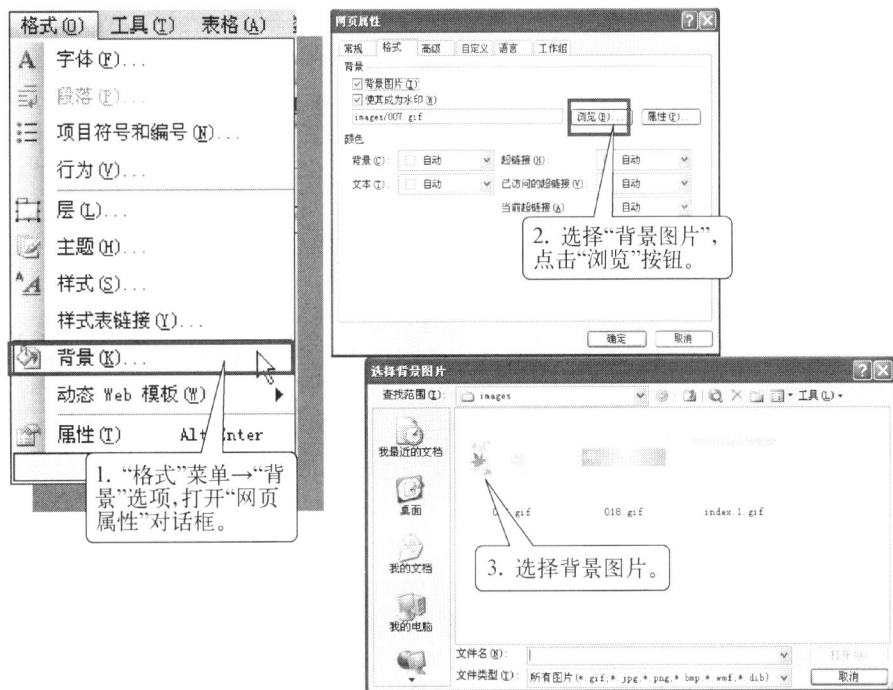

图 5-20 插入背景图片

（4）输入标题文字，设置字符字形为方正舒体、字号 70 pt、加粗显示、居中对齐方式、紫色，如图 5-21 所示。

图 5-21 设置文字格式

（5）插入水平线分隔网页结构，设置水平线格式为宽度 100、高度 3、居中对齐方式、黑色，如图 5-22 所示。

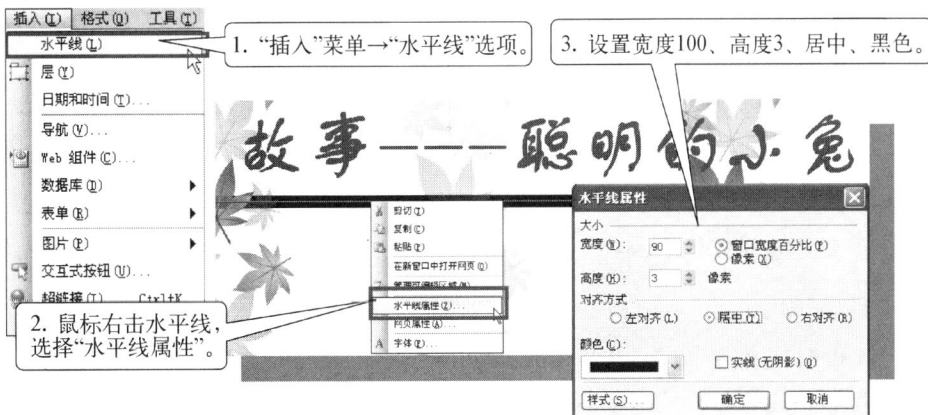

图 5-22 插入水平线

（6）插入 Flash 影片，如图 5-23 所示。

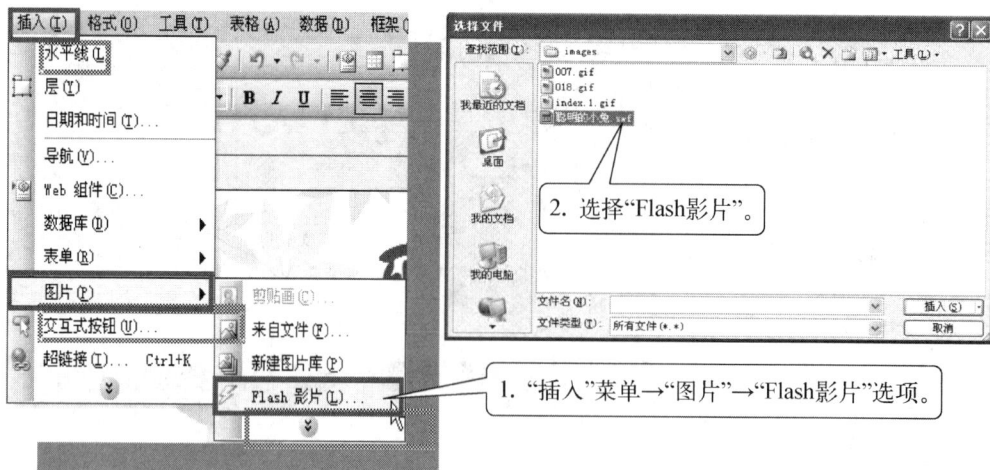

图 5-23　插入 Flash 影片线

［知识拓展］

1. 背景操作

背景就是网页的底色，它可以起到美化网页和衬托网页内容的作用。背景可以是一种颜色，也可以是一张图片。

为一张网页添加背景时，只要在网页空白的地方单击鼠标右键，在弹出的快捷菜单中选中"网页属性"选项，弹出"网页"对话框。

在"网页属性"对话框中单击"格式"选项卡，如图 5-24 所示，在"颜色"栏中单击"背景"下拉列表框，选择合适的颜色，单击"确定"按钮，即可完成背景的设置。

如果要把背景设置为图片，则在图 5-24 中选中"背景图片"复选框，再单击"浏览"按钮，弹出"选择背景图片"对话框，在查找范围内选择所需的图片文件即可。

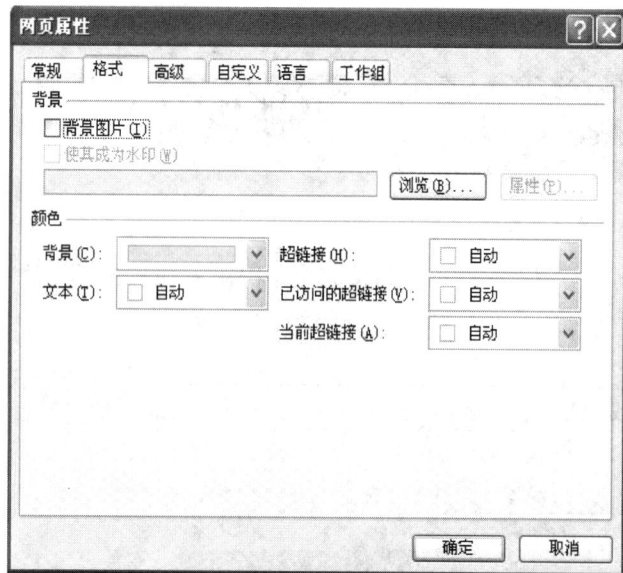

图 5-24　"网页属性"对话框

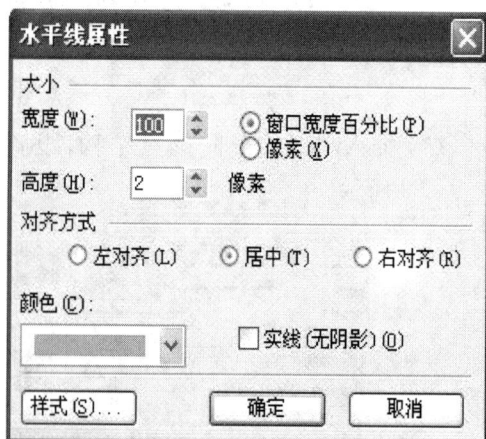

图 5-25　"水平线属性"对话框

2. 插入水平线

执行"插入"菜单→"水平线"命令，就会在网页中的当前位置插入一条水平线。用鼠标右键单击水平线，选择"水平线属性"选项，弹出"水平线属性"对话框，即可设置水平线的"高度"、"宽度"、"颜色"、"实线"等属性，如图 5-25 所示。

5.3　网络课件中的特殊效果设计

5.3.1　任务 4：在网络课件中添加动态效果

○学习目标

掌握在 FrontPage 2003 中添加动态效果的方法，使网页生动有趣。

案例 5 - 4　如图 5 - 26 所示，在网页中插入按钮及滚动字幕。

图 5 - 26　网页中的动态效果

［相关知识与技能］

在网页的制作过程中，为了达到生动有趣的效果，常常需要添加一些动态效果。因此，FrontPage 2003 中文版提供给网页设计者们一个广阔的空间，让大家自由发挥，尽展才华。

［方法与步骤］

（1）打开"幼儿园网络课件"站点中"聪明的小兔"网页。

（2）在网页中添加交互式按钮，设置按钮样式，如图 5 - 27 所示。

（3）在网页中添加滚动字幕动态效果，如图 5 - 28 所示。

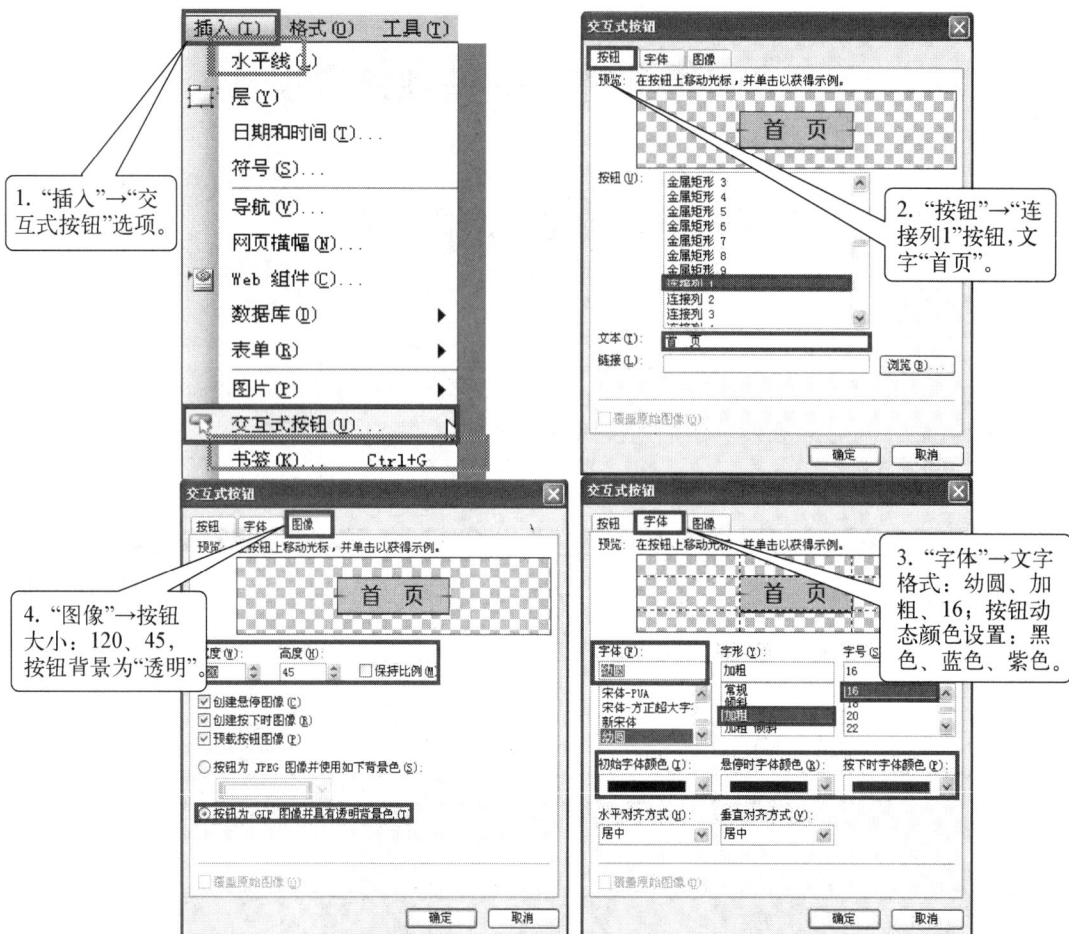

图 5-27 交互按钮的插入

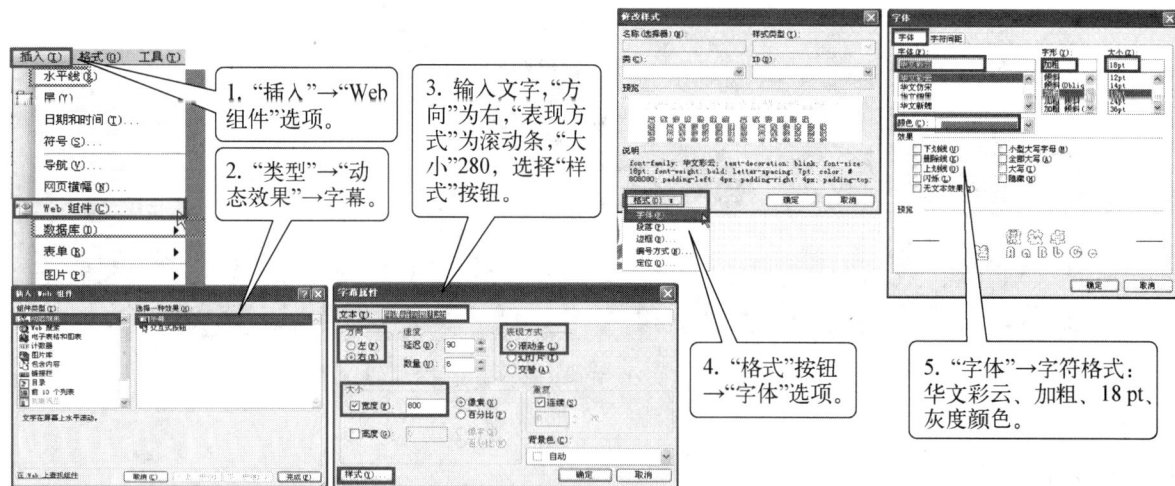

图 5-28 插入滚动字幕

[知识拓展]

1. 交互式按钮

交互式按钮是网页动态元素之一，它不仅能起到美化网页的作用，更重要的是，当鼠标放在交互式按钮上时，交互式按钮会根据用户事先的设定显示出各种动态效果和颜色。

（1）在 FrontPage 2003 中执行"插入"菜单→"Web 组件"选项→"交互式按钮"命令（"插入"菜单→"交互式按钮"命令），弹出"交互式按钮"对话框。

（2）在"交互式按钮"对话框中有 3 个选项卡：

"按钮"选项卡中可设置按钮的样式，在"文本"编辑栏中输入需要按钮显示的内容，在"链接"文本框输入需要链接的文件的 URL，如图 5 - 29 所示。

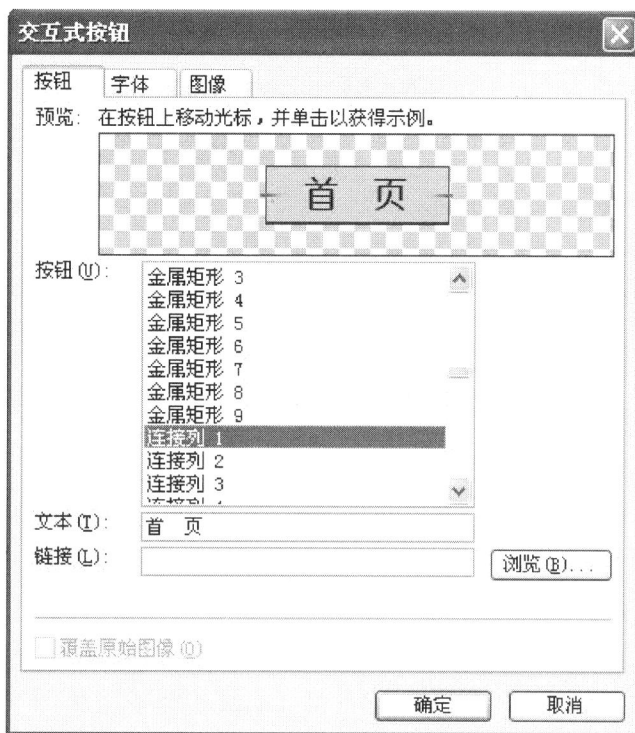

图 5 - 29　按钮选项卡

"字体"选项卡中除可设置文字的字体、字形和字号外，还可根据用户的需要设计当鼠标经过按钮时文字的动态效果，比如初始字体颜色、悬停时字体颜色及按下时字体颜色，并可设置文字在按钮上的位置，水平对齐方式或垂直对齐方式，如图 5 - 30 所示。

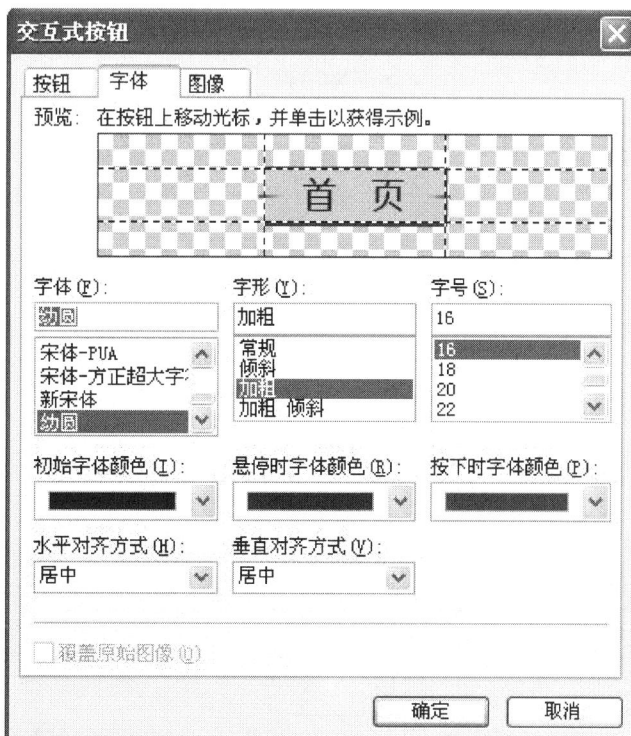

图 5 - 30　字体选项卡

"图像"选项卡中可设置按钮的大小及背景显示效果等项目,如图5-31所示。

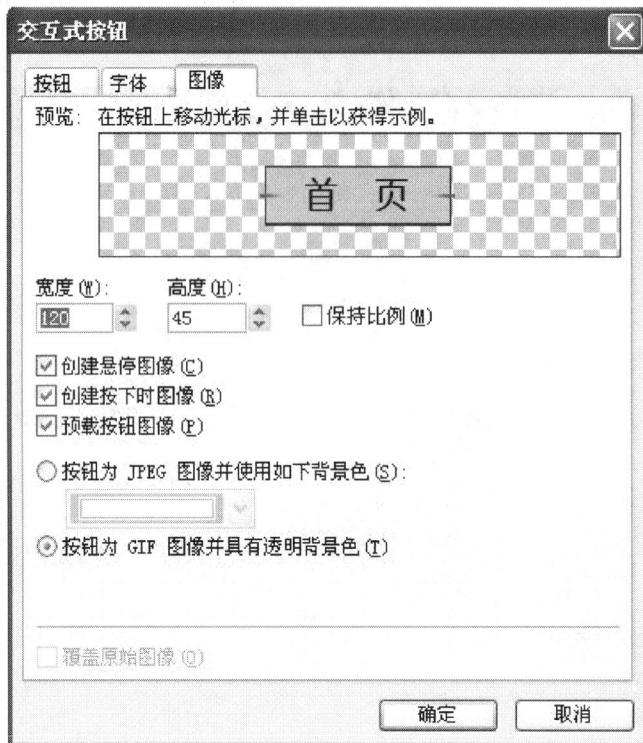

图5-31 图像选项卡

2. 字幕

字幕可以显示滚动的文字消息,通常都是用于在网页中发布一些临时的消息或通知。在网页中加入字幕的操作方法如下:

(1) 在FrontPage 2003中执行"插入"菜单→"Web组件"命令,弹出"插入Web组件"对话框,从"组件类型"中选择"动态效果"下的"字幕"效果,如图5-32所示。

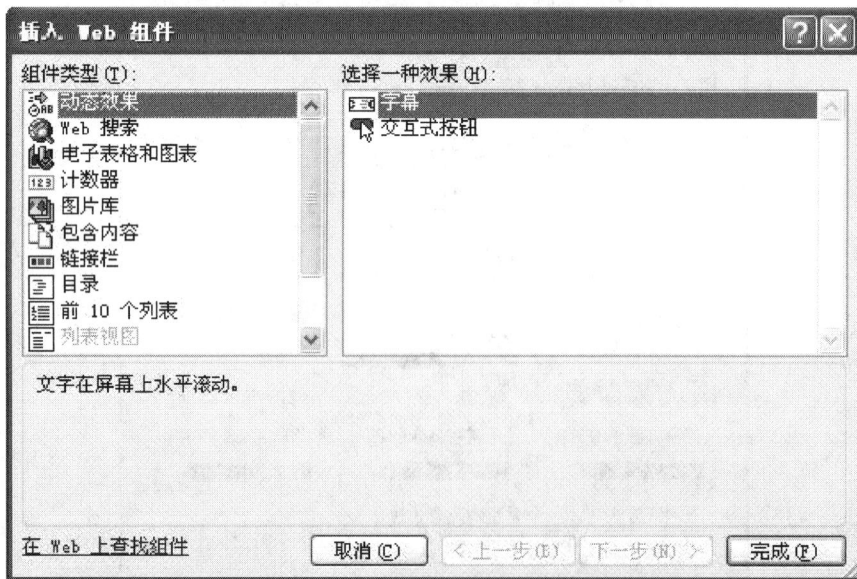

图5-32 "插入Web组件"对话框

(2) 在"字幕属性"对话框中可以对字幕进行文本内容、移动方向、移动速度、移动方式、文本效果的重复次数、字幕的背景颜色的设置,如图5-33所示。

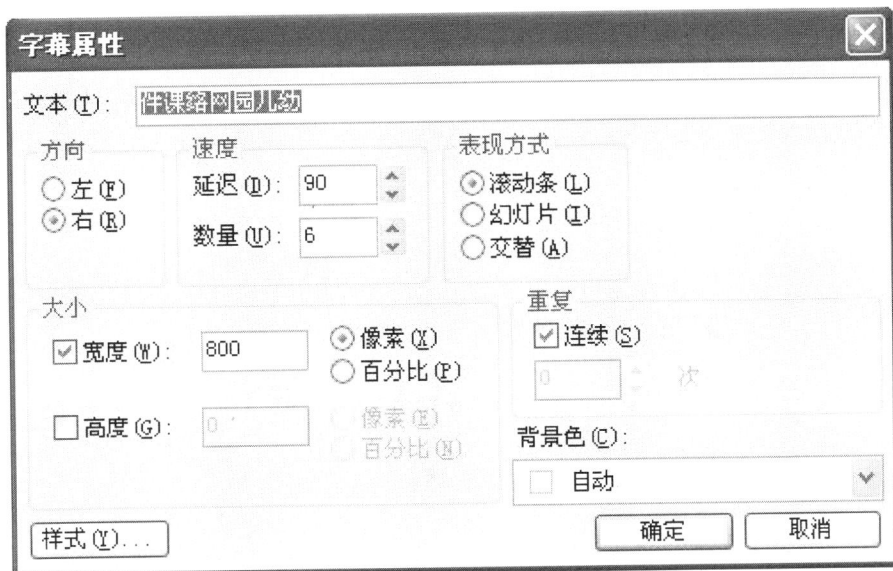

图 5-33 "字幕属性"对话框

5.3.2 任务 5：在网络课件中使用超链接

● 学习目标

掌握在 FrontPage 2003 中使用超链接的方法，丰富网页内容。

案例 5-5 为网络课件添加超链接项目，如图 5-34 所示。

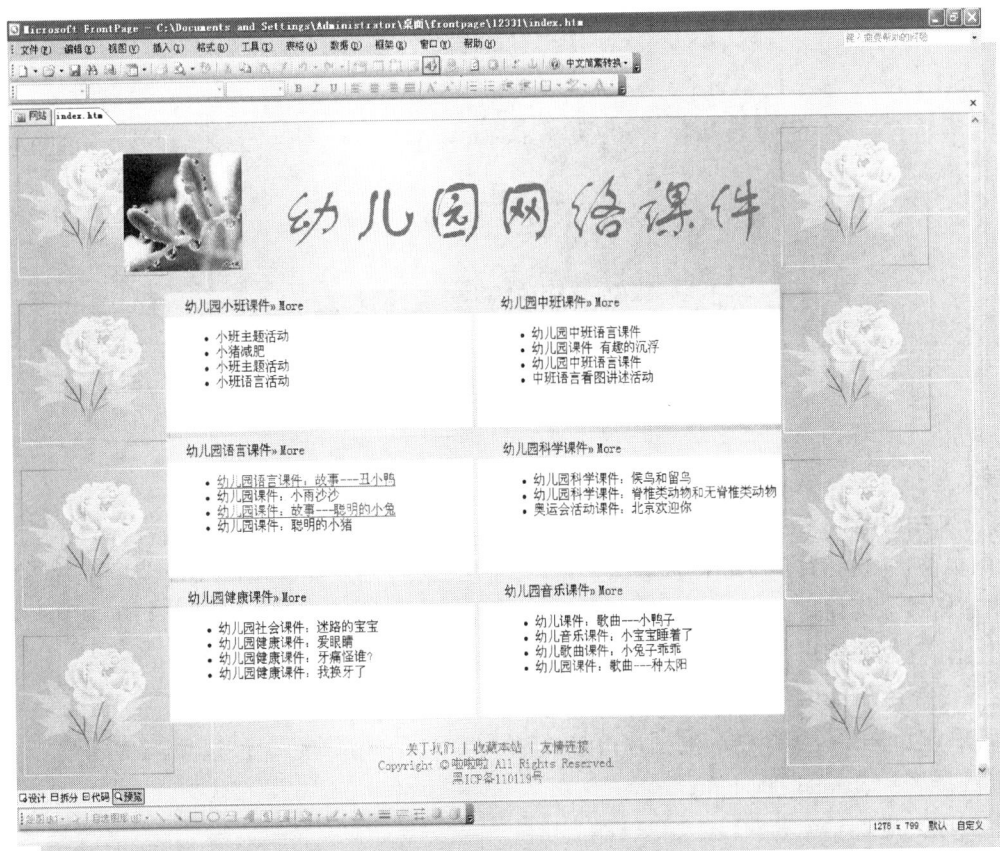

图 5-34 添加超链接的网页

[相关知识与技能]

网页的强大之处就在它的超链接,在浏览器中通过单击网页中的超链接,可以很方便地打开另外一个网页,或者是图片、文件、邮件地址。一个网页中的链接分为两个部分:链接的载体和链接的目标地址。

链接的载体就是网页中的文字和图片,凡是包含链接的文字和图片都称为超链接。

[方法与步骤]

(1) 打开"幼儿园网络课件"站点主页,如图 5-34 所示。

(2) 为"幼儿园课件:故事——聪明的小兔"标题添加超链接至"聪明的小兔"网页,如图 5-35 所示。

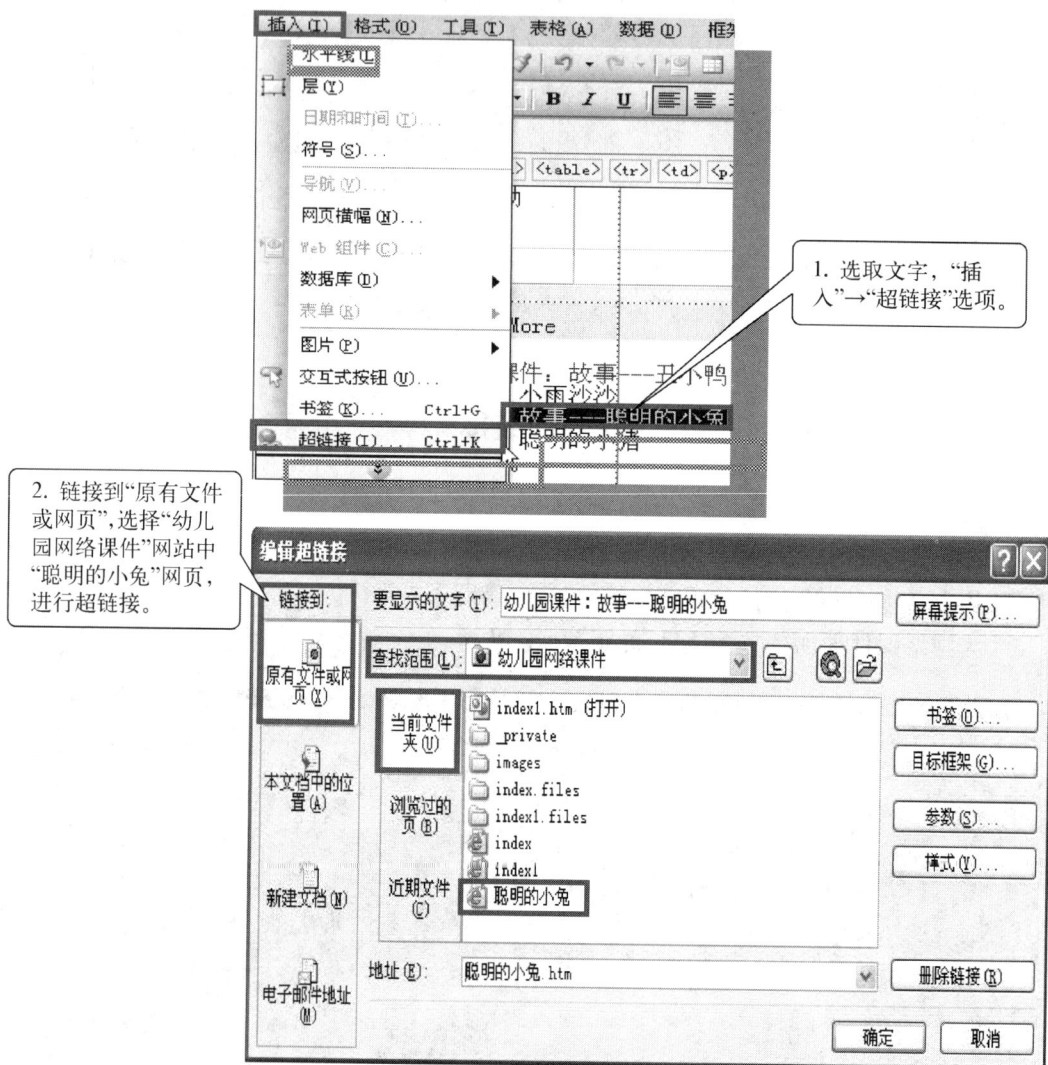

图 5-35　添加超链接

[知识拓展]

1. 设置文字的超链接

打开网页文件,选择要建立超链接的文字,然后单击鼠标右键,在弹出的快捷菜单中选择"超链接"选项,弹出超链接设置窗口,然后在列表中选择要超链接的网页文件,确定后,就可以看到超级链接已建立好了。注意,在网页编辑窗口按住"Ctrl"键,点击超链接就可以打开超链接指向的网页。

2. 设置图片的超链接

用鼠标右键单击要设置超链接的图片,在快捷菜单中选择"超链接属性"选项,然后设置要链接的文件,也可以链接图片、E-mail 地址等。

3. 管理超链接

一个网站的超链接就像一张网一样,网住了网站的所有文件。

执行"视图"菜单→"超链接"命令,打开超链接的管理窗口,在这个窗口中,可以看到各个文件相互间的链接情况。例如,要看"index. htm"网页中链接了哪些文件,又被哪些文件链接,可以在旁边的文件夹窗口中选择该文件,然后即可在链接示意窗口中查看了。也可以在超链接的示意窗口直接展开某个文件的上、下超链接,如图 5-36 所示。

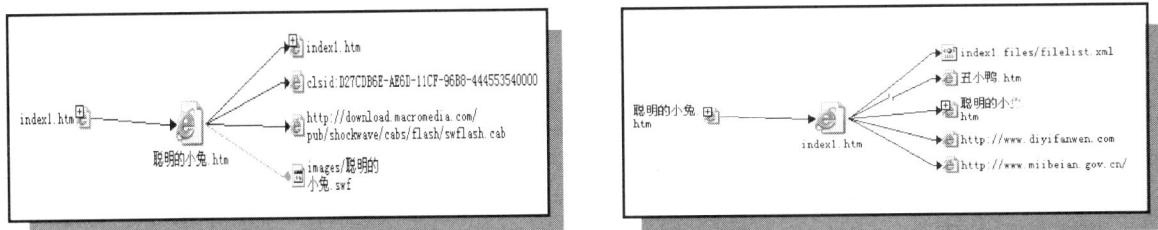

图 5-36 超链接管理示意图

4. 热点

热点也称为图片映射,是指在网页上一幅图片的不同位置存在着链接到不同网页的超链接。

5. 定义超链接的颜色

在默认情况下,FrontPage 2003 中文版对未访问的超链接的颜色设置成蓝色,已访问超链接的颜色是紫色。超链接颜色的设置是在"网页属性"对话框中完成的,如图 5-37 所示。

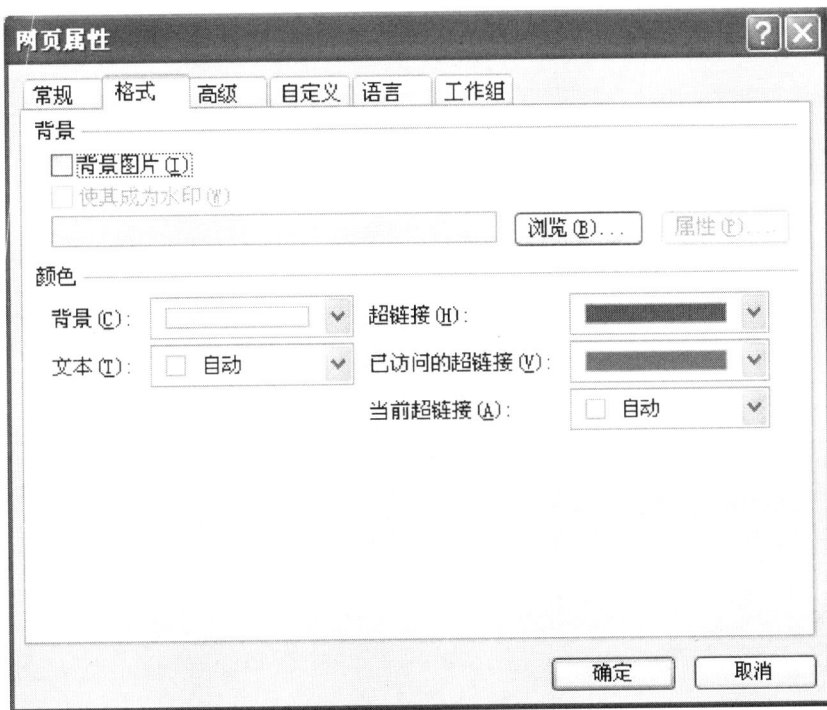

图 5-37 网页格式设置

6. 书签

书签是网页中被标记的位置或被标记的文本,书签所起的作用就是定位。在 FrontPage 2003 中有三种书签:文本型书签、空白型书签和图片型书签。文本型书签设定的目标是文本;空白型书签就是将书签定位在网页的一个空白位置;图片型书签就是将网页中的某一图片定义为书签。插入书签可利用"插入"菜单中的"书签"命令完成。

7. 创建外部超链接

在网站中,不仅能够在网页之间建立内部链接,也能在网页与外部的文件之间建立外部超链接。

选中导航视图中的某个网页,单击鼠标右键,在弹出的快捷菜单中选中"外部超链接"选项,弹出"选择超链接"对话框,在"URL"文本框中输入外部超链接的 URL,单击"确定"按钮,即可完成创建外部超链接的操作。

[探索与练习]

用所学知识将"聪明的小兔"网页中的交互按钮"首页",设置超链接到主页。

5.4 设 计 网 页

5.4.1 任务6:在网页中加入表格

学习目标

学会在网页中加入表格,熟练用表格来布局网页,熟练修改表格结构和属性。

案例5-6 在网页中建立表格,如图5-38所示。

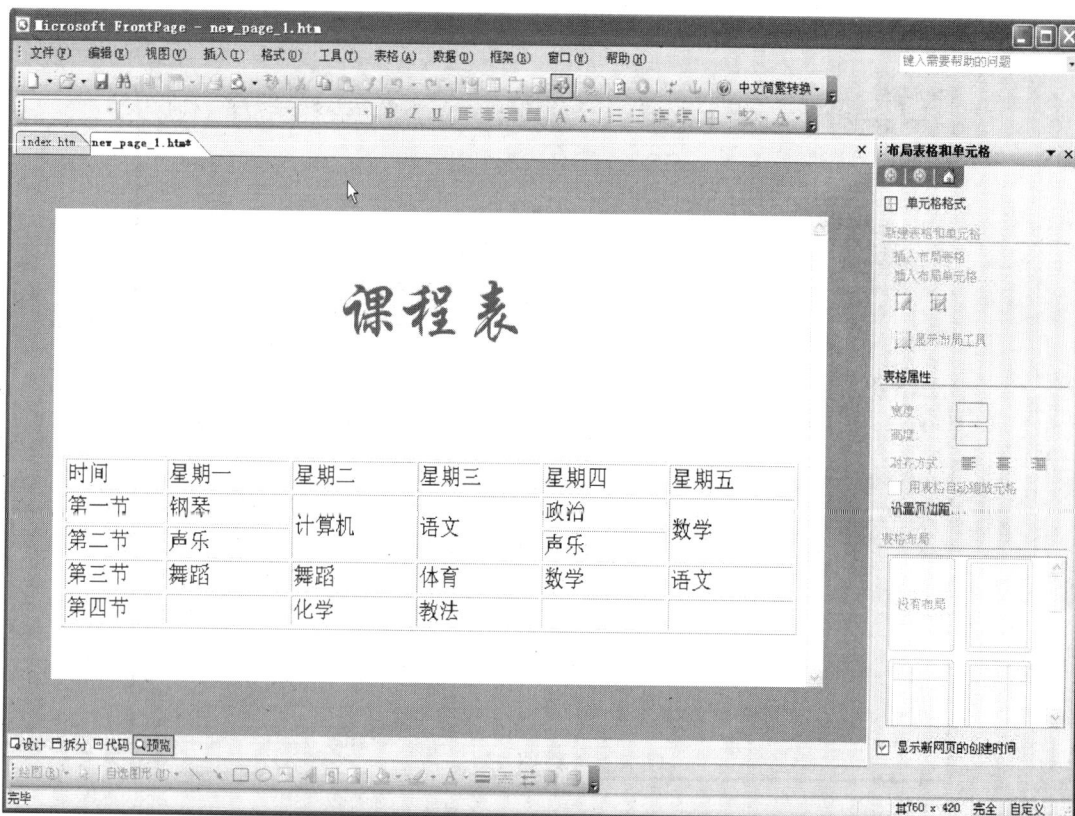

图5-38 课程表网页

[相关知识与技能]

FrontPage 2003 中的表格与 Word 等其他应用程序中的表格没有本质上的区别,其主要作用是存放数据和组织页面布局。它借鉴了 Word 字处理软件的表格功能,又针对网页制作过程中的一些特殊情况进行了相应处理,使用户在使用过程中得心应手。

[方法与步骤]

在 FrontPage 2003 中创建表格主要有以下几种方法:

1. 使用工具按钮创建

使用工具栏中的"插入表格"按钮 创建表格的具体操作步骤如图5-39所示:

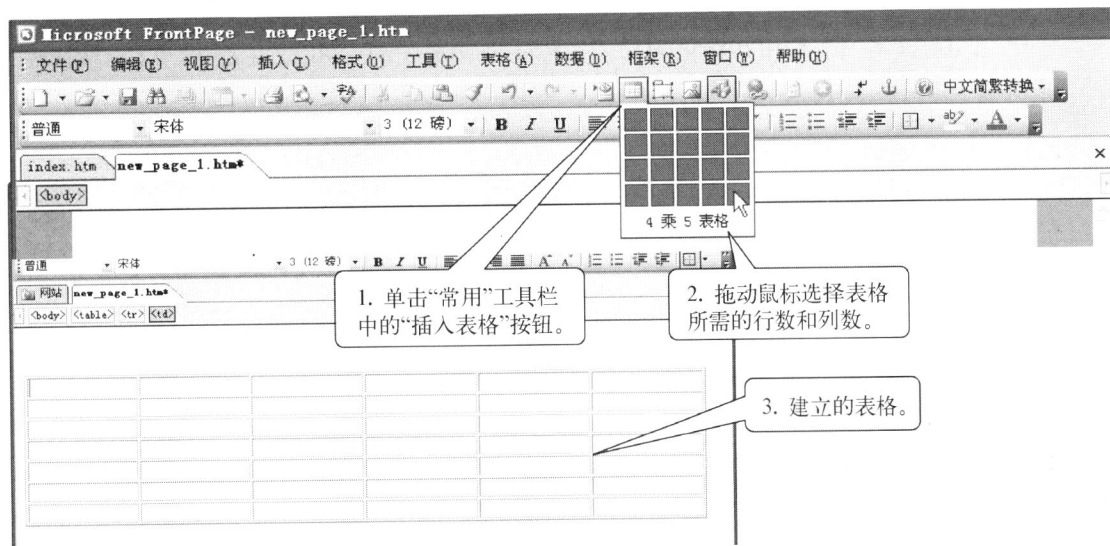

图 5-39　使用工具按钮创建表格

2. 使用命令创建

通过命令创建表格的具体操作步骤如图 5-40 所示：

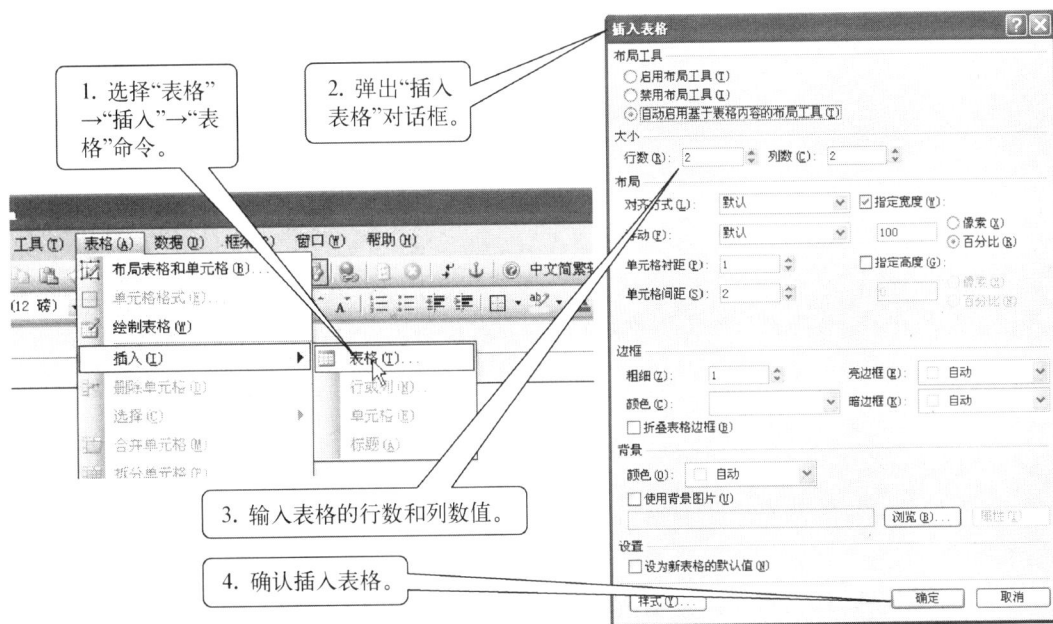

图 5-40　通过命令创建表格

3. 自由绘制表格

用户还可以根据自己的需要绘制表格，具体操作步骤如图 5-41 所示：

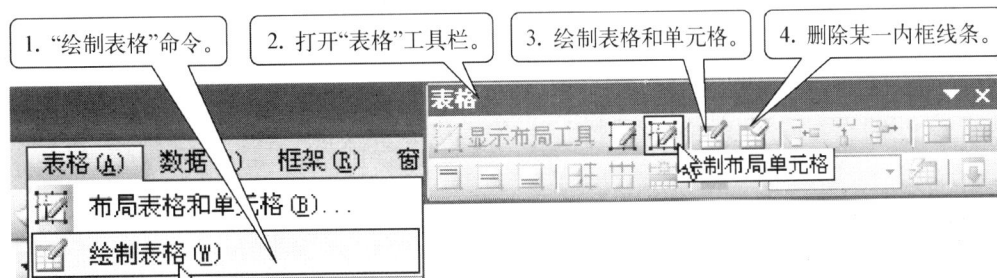

图 5-41　自由绘制表格

[知识拓展]

在 Word 当中有文本与表格相互转化的功能,在 Frontpage 当中也可以实现。将文本转换成表格的具体操作步骤如图 5-42 所示:

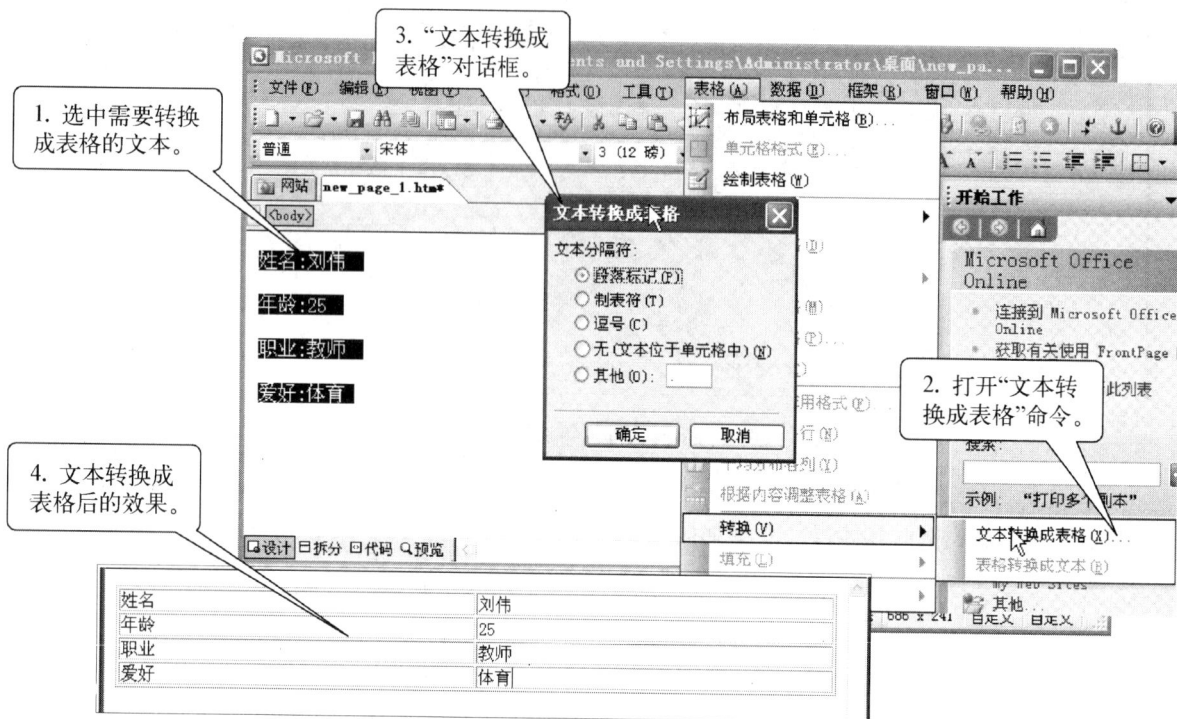

图 5-42　将文本转换成表格

"文本转换成表格"对话框中的"文本分隔符"选项组中包括 5 个选项,其功能如下:

段落标记:表示使用分段符号作为表格的行标识,它是系统默认的分隔符,在转换过程中,原来文本中的每一段作为一个单元格。

制表符:表示使用制表符作为表格的行标识,在转换过程中,原来文本中的每一个制表符号两侧的内容作为一个独立的单元格。

逗号:表示使用逗号作为表格的行标识,在转换过程中,原来文本中每一个逗号两侧的内容作为一个独立的单元格。

无(文本位于单元格中):表示不使用任何符号作为表格的行标识,所有的文本成为单独的一个单元格。

其他:表示不使用上面几种符号作为表格的行标识,选中该单选按钮,然后在其右侧的文本框中输入需要用来作为表格行标识的其他符号。

[探索与练习]

将表格转换成文本,比较 FrontPage 与 Word 的表格的相同之处和不同之处。

5.4.2　任务 7:设置表格的属性,美化表格

学习目标

能够根据网站的需要设置表格的属性,掌握设置表格的标题、对齐方式、高度和宽度、边框、背景、设置单元格属性等方法。

案例 5-7 对自己建立的表格进行属性的修改,修饰表格,如图 5-43 所示。

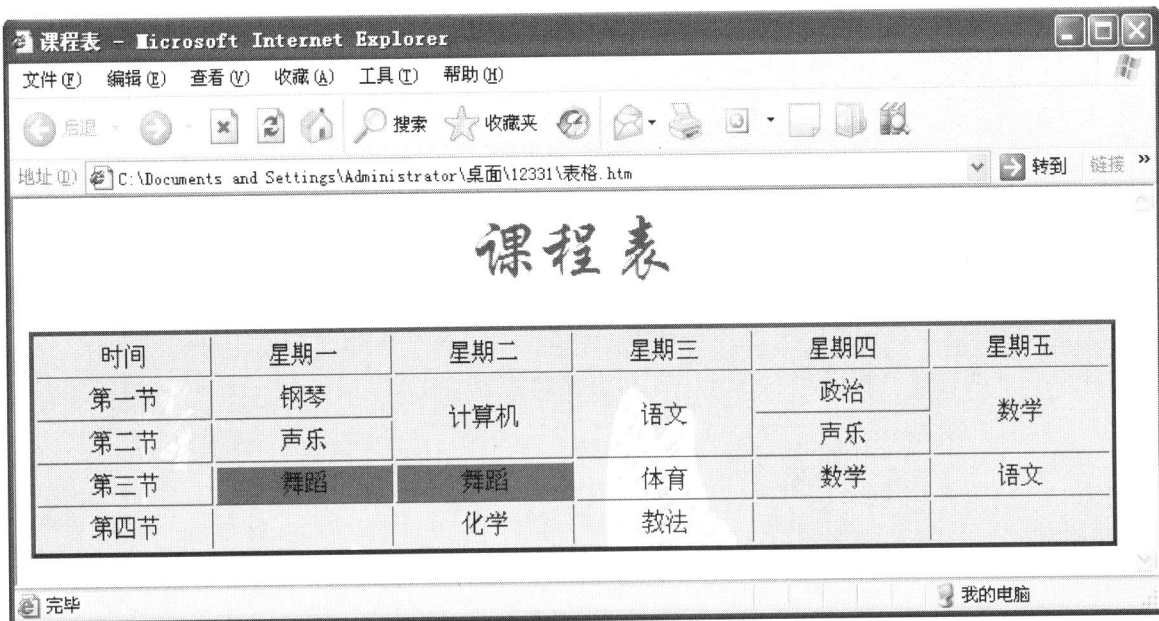

图 5-43 修饰后的表格网页

[相关知识与技能]

表格创建后,为了使其符合要求,可以根据需要设置表格的属性。设置表格属性主要包括设置表格的标题、对齐方式、高度和宽度、边框、背景、设置单元格属性等。

[方法与步骤]

1. 设置表格的标题

在 FrontPage 2003 中可以为表格添加一个标题,设置表格标题的具体操作步骤如图 5-44 所示。

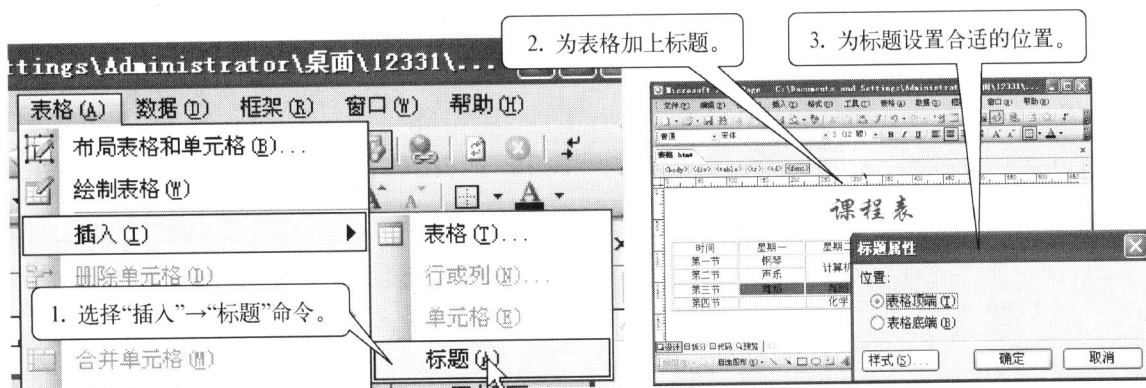

图 5-44 设置表格标题

2. 修饰表格

用户可以根据自己的需要设置表格样式,如图 5-45 所示。

3. 设置单元格属性

用户可以根据自己的需要设置单元格属性,如图 5-46 所示。

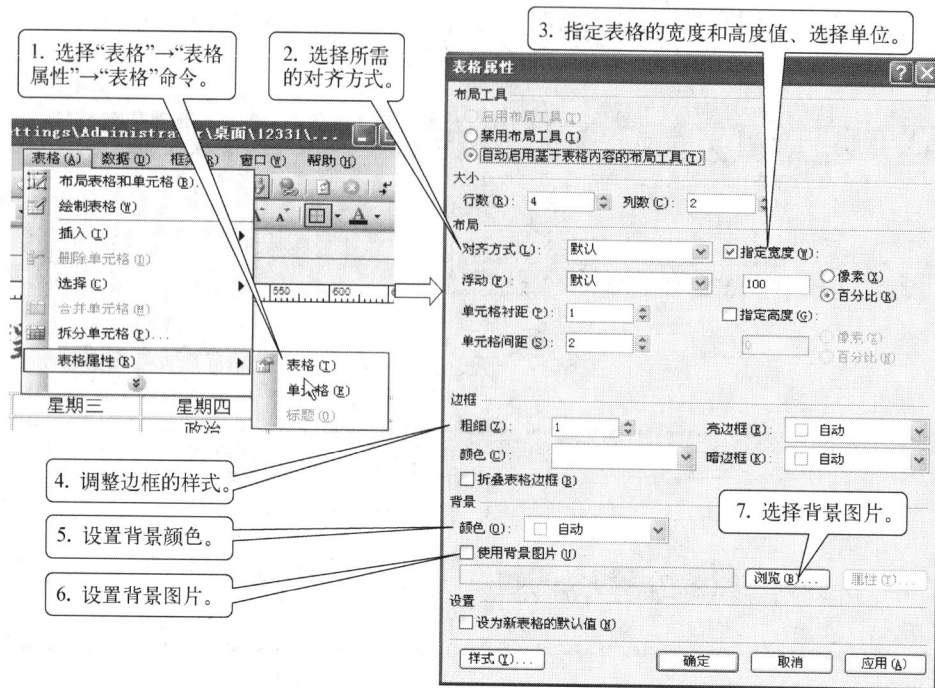

图 5-45　根据自己的需要设置表格样式

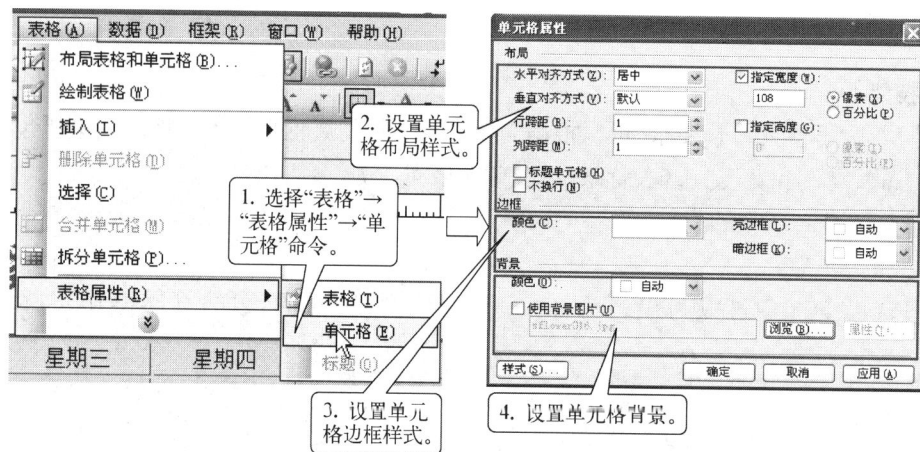

图 5-46　根据自己的需要设置单元格属性

[知识拓展]

FrontPage 2003 中提供了多种样式的表格模板,使用这些表格模板,能够快速设置表格的格式,如图 5-47 所示。

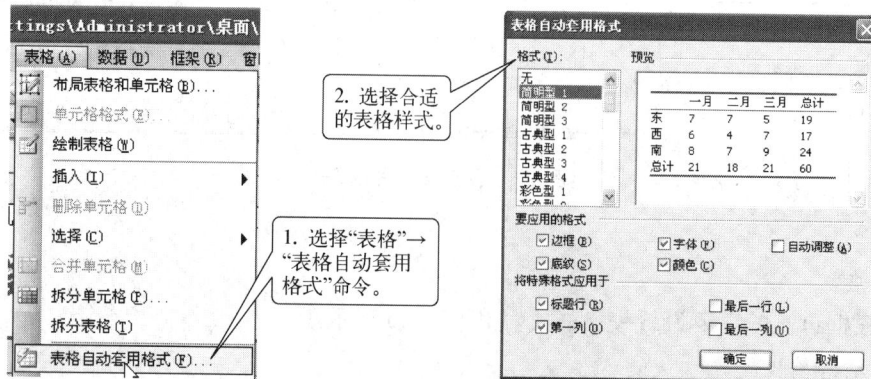

图 5-47　使用自动套用格式效果

[探索与练习]

　　FrontPage 中的表格结构编辑(选定表格中的行、列或单元格,插入行、列或单元格,删除行、列或单元格,合并和拆分单元格)和 Word 中的表格结构编辑是相似的,用户可以利用 Word 的方法来修改自己制作的网页中的表格。

5.4.3　任务 8:用表格布局网页

学习目标

　　学会创建布局表格,能够创建布局单元格,学会设置单元格格式。

案例 5-8　建立新的网页,用表格来布局。

[相关知识与技能]

　　插入布局表格,绘制布局表格,使用布局表格模板,在空白网页中插入布局单元格,在布局表格中插入布局单元格,设置布局单元格的属性、布局单元格的边框,设置表头和表尾,设置角部和阴影。

[方法与步骤]

　　1. 创建布局表格

　　如图 5-48 所示。

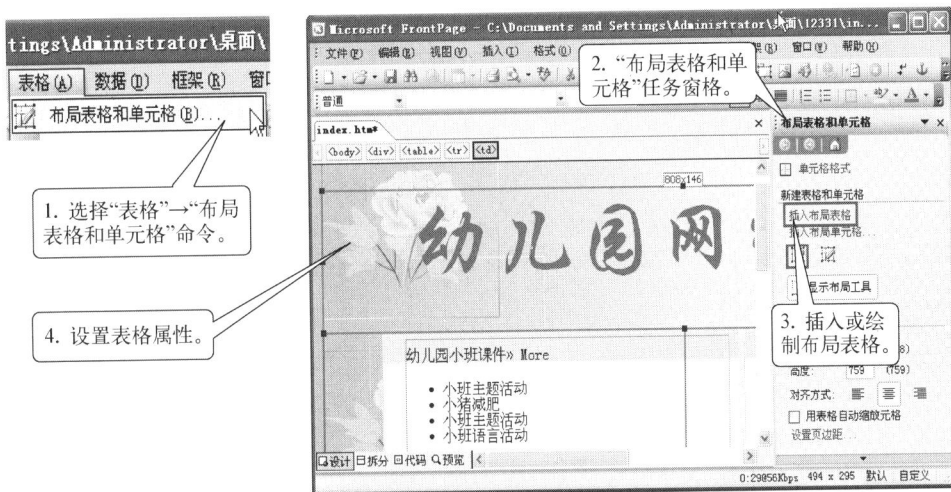

图 5-48　创建布局表格

　　2. 创建布局单元格

　　创建布局单元格主要包括在空白网页中插入布局单元格和在布局表格中插入布局单元格。在空白网页中插入布局单元格与插入布局表格的区别是,插入布局表格是在网页中的插入点后插入,而插入布局单元格可以在网页中所选内容前、所选内容后或包含所选内容 3 种不同的方式下插入。

　　在空白网页中插入布局单元格的步骤如图 5-49 所示:

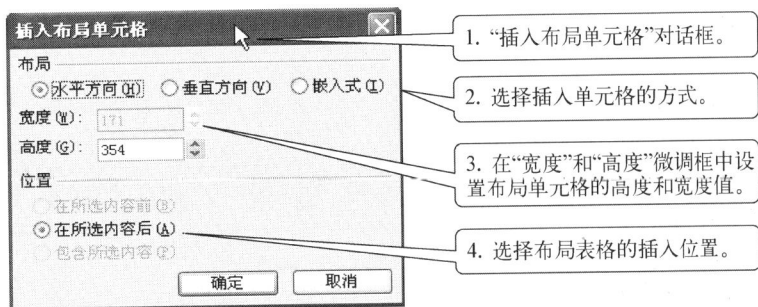

图 5-49　在空白网页中插入布局单元格

3. 设置单元格格式

在创建布局表格后,需要对其进行整体或局部的调整。FrontPage 2003 中新增了单元格格式功能,通过该功能可以设置布局单元格的属性、边框、表头和表尾、角部和阴影等。

(1) 设置布局单元格的属性。

布局单元格的属性包括其高度、宽度、垂直对齐方式、背景颜色等。设置布局单元格属性的具体操作步骤如图 5-50 所示:

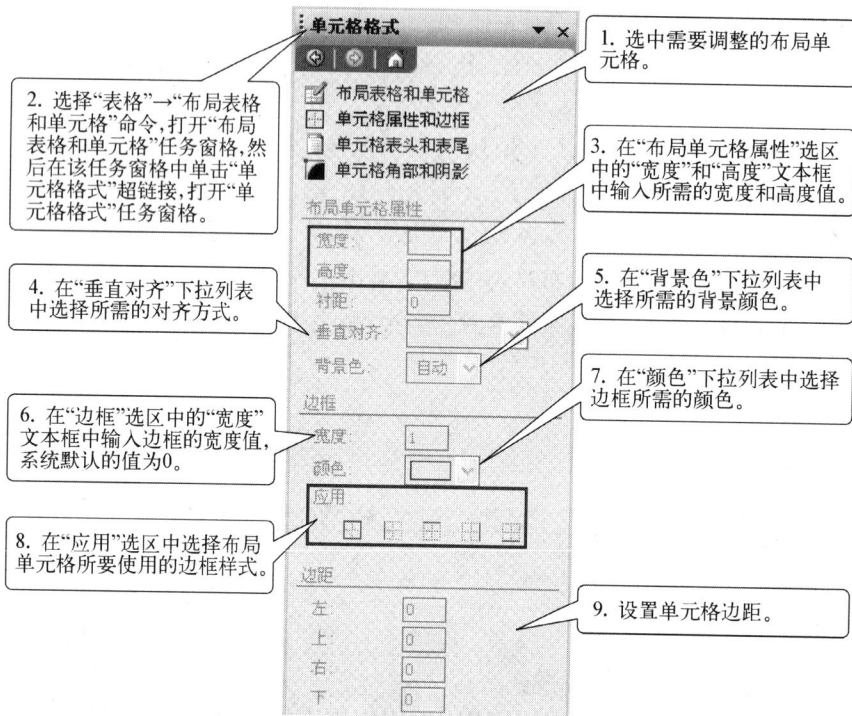

2. 选择"表格"→"布局表格和单元格"命令,打开"布局表格和单元格"任务窗格,然后在该任务窗格中单击"单元格格式"超链接,打开"单元格格式"任务窗格。

1. 选中需要调整的布局单元格。

3. 在"布局单元格属性"选区中的"宽度"和"高度"文本框中输入所需的宽度和高度值。

4. 在"垂直对齐"下拉列表中选择所需的对齐方式。

5. 在"背景色"下拉列表中选择所需的背景颜色。

7. 在"颜色"下拉列表中选择边框所需的颜色。

6. 在"边框"选区中的"宽度"文本框中输入边框的宽度值,系统默认的值为0。

8. 在"应用"选区中选择布局单元格所要使用的边框样式。

9. 设置单元格边距。

图 5-50 设置布局单元格的属性

(2) 设置表头和表尾。

FrontPage 2003 中定义了布局单元格的表头和表尾,可以在表头添加标题,也可以在表尾添加脚注,还可以设置其属性。设置表头和表尾的具体操作步骤如图 5-51 所示:

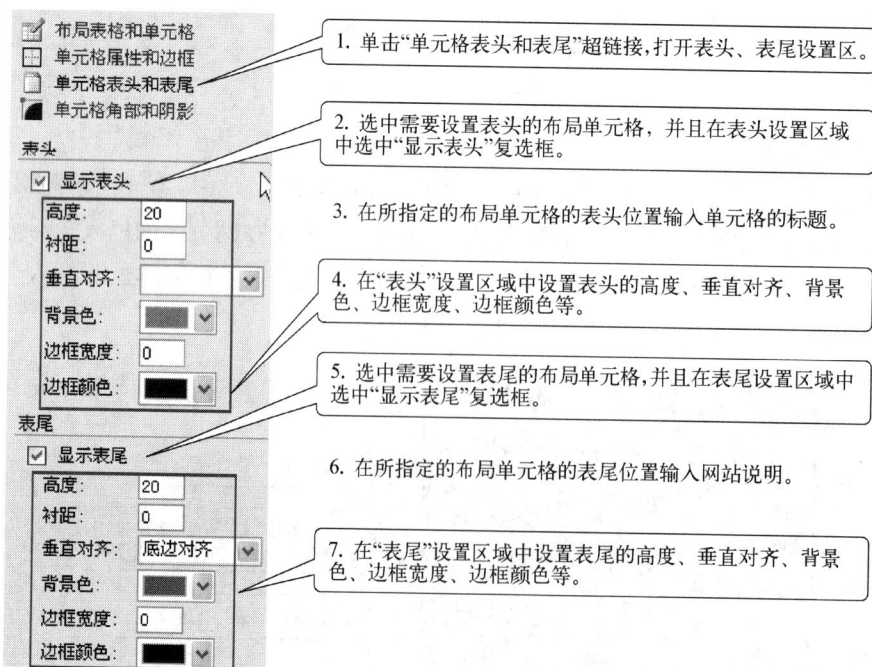

1. 单击"单元格表头和表尾"超链接,打开表头、表尾设置区。

2. 选中需要设置表头的布局单元格,并且在表头设置区域中选中"显示表头"复选框。

3. 在所指定的布局单元格的表头位置输入单元格的标题。

4. 在"表头"设置区域中设置表头的高度、垂直对齐、背景色、边框宽度、边框颜色等。

5. 选中需要设置表尾的布局单元格,并且在表尾设置区域中选中"显示表尾"复选框。

6. 在所指定的布局单元格的表尾位置输入网站说明。

7. 在"表尾"设置区域中设置表尾的高度、垂直对齐、背景色、边框宽度、边框颜色等。

图 5-51 设置表头和表尾

（3）设置角部和阴影。

在 FrontPage 2003 中可以对布局单元格的表头和表尾设置角部和阴影，使其更美观、更协调。设置角部和阴影的具体操作步骤如图 5－52 所示：

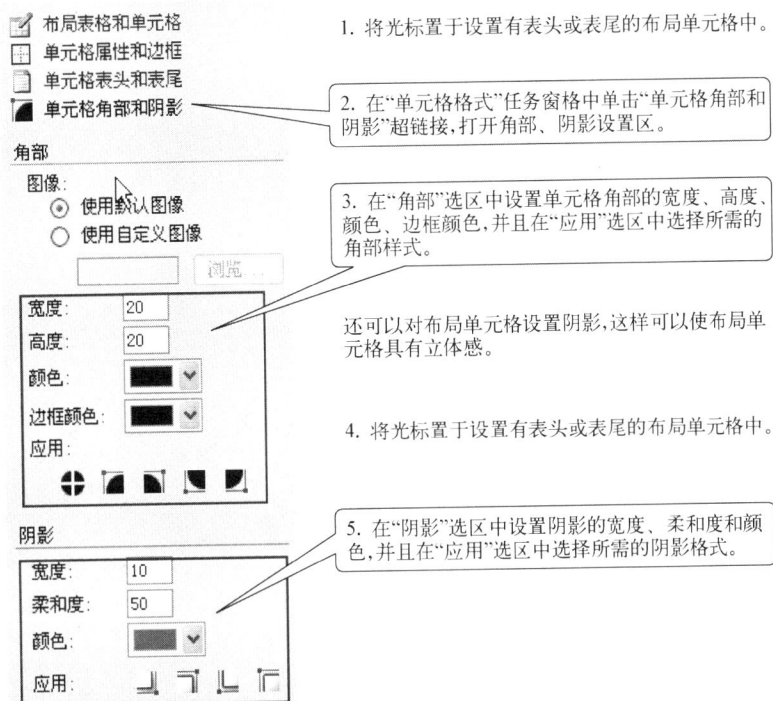

图 5－52　设置角部和阴影

[知识拓展]

使用布局表格模板

除了可以插入和绘制布局表格外，用户还可以使用布局表格模板来创建布局表格。FrontPage 2003 中所提供的使用布局表格模板创建布局表格，实际上就是在布局表格中插入若干个布局单元格。使用布局表格模板创建布局表格的具体操作步骤如图 5－53 所示：

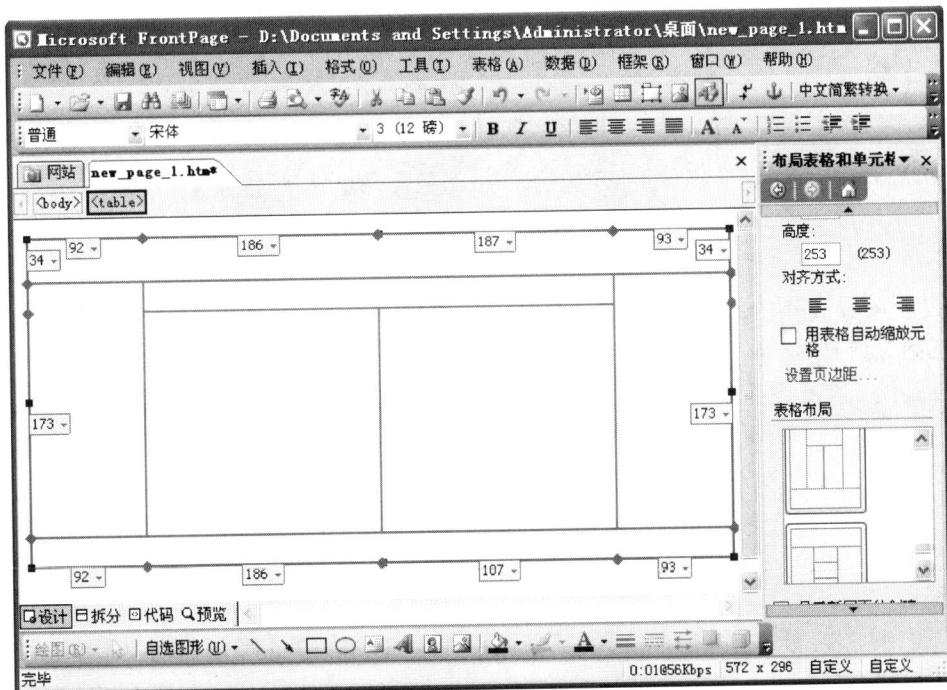

图 5－53　使用布局表格模板创建布局表格

（1）选择"表格"→"布局表格和单元格"命令，打开"布局表格和单元格"任务窗格。

（2）在"表格布局"列表框中选择所需的布局模板，然后单击该模板，即可在网页中创建一个布局表格。

[探索与练习]

在网页中绘制单元格

在布局表格中不仅可以插入布局单元格，还可以绘制布局单元格。在布局表格中插入布局单元格与在空白网页中插入的方法相似，下面主要介绍在布局表格中绘制布局单元格的方法，其具体操作步骤如下：

（1）选择"表格"→"布局表格和单元格"命令，打开"布局表格和单元格"任务窗格。

（2）在"新建表格和单元格"选区中单击"绘制布局单元格"按钮 ，当鼠标指针变成 形状时，将鼠标指针移至布局表格中的合适位置，然后按住鼠标左键拖动至目标位置后释放鼠标左键，效果如图5-54所示。

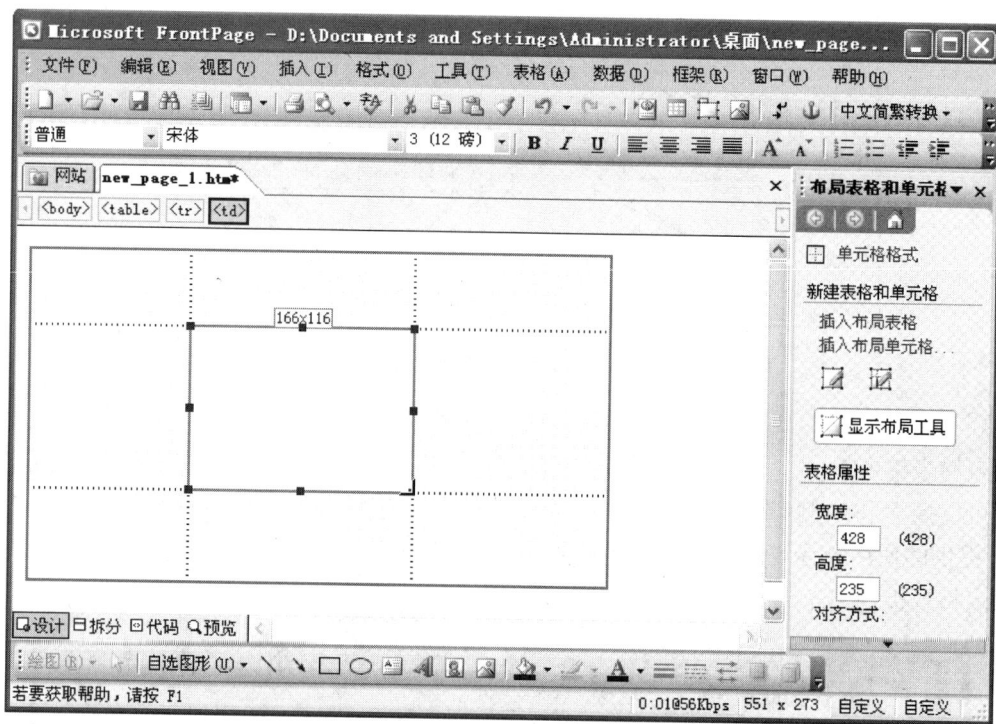

图 5-54　绘制布局单元格

从图中可以看出，在布局表格中不仅产生了一个新的布局单元格，而且该布局单元格的4条边自动延长到原布局表格的边沿，它将原布局表格分成9个小单元格。当用户在其他8个小单元格中输入内容后，这些小单元格就会自动变成布局单元格。

提示：在布局表格中所绘制的布局单元格的起点可以在原布局表格中的任意位置，如果所绘制的布局单元格的起点与原布局表格的起点重合，那么所绘制的布局单元格将原布局表格分成4个小单元格，当用户在其他3个小单元格中输入内容后，这些小单元格就会自动变成布局单元格。

习　题

一、填空题

1. 创建超链接时，可以单击_____菜单，在弹出的菜单中选择超链接，或单击工具栏上的_____按钮。

2. "表格属性"包括三部分，分别是_____、_____和背景。

3. 在 Frontpage 2003 中，要使制作的表格看不到表格的边框，则应该将边框的粗细调整为_____。

二、选择题

1. 在 Frontpage 2003 中，文本的默认字体为（   ）。

    A. 黑体   B. 楷体   C. 宋体   D. 隶书

2. 插入超级链接的快捷键是（   ）。

    A. CTRL＋W   B. CTRL＋K   C. CTRL＋H   D. CTRL＋M

3. 在 Frontpage 2003 中，要使页面上多个标题轮流显示，可使用（   ）实现。

    A. 横幅广告管理器   B. 悬停按钮   C. 滚动字幕   D. 计数器

三、判断题

1. 在 Frontpage 2003 中，表格和文本的格式不能相互转换。   （   ）

2. 在 Frontpage 2003 中，表格框架都可以用来设置网页的布局结构。   （   ）

3. 一张图片只能设置一个链接。   （   ）

4. 在 Frontpage 2003 中，可以插入 Excel 电子表格。   （   ）

四、问答题

1. 网页中的基本元素有哪些？

2. 在网页中使用图片应注意哪些问题？

3. 什么是超链接？如何设置超链接的颜色？

4. 要调整表格的对齐方式应如何操作？

五、操作题

建立"奥运会活动课件：北京欢迎你"网页（如图 5-55 所示）。

图 5-55 "北京欢迎你"网页

步骤提示：

1. 使用 Frontpage 2003 打开"幼儿园网络课件"网站,新建"奥运会活动课件：北京欢迎你"网页,插入背景图片。

2. 输入标题为"北京欢迎你",设置字符格式为"新华行楷"、75 pt、加粗、居中对齐、颜色自定。

3. 在文章标题下插入水平线。

4. 在水平线下添加"友情链接"按钮,建立超链接到 http://www.hljchild.com 网站。

5. 建立一个 1×2 的表格,如图 5-56 所示。

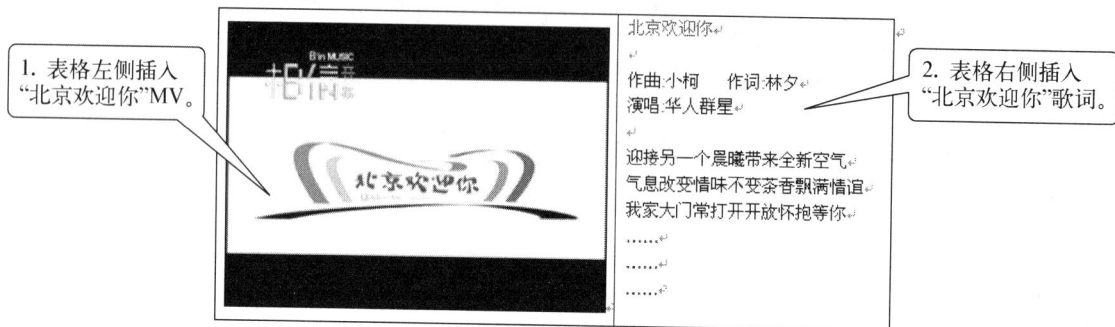

图 5-56　表格内容

参 考 资 料

1.《多媒体课件设计与制作基础》，张军征主编，刘志华、于文、王丽珍、黄淑珍编著，高等教育出版社。

2. http://courseware.ecnudec.com/zsb/zjx/zjx02/zjx02.htm，华东师大教育信息技术版权所有。

3.《多媒体 CAI 课件制作实例教程》，方其桂，清华大学出版社。

4.《多媒体课件的设计、开发与应用》，黎加厚，上海教育出版社。

5.《多媒体 CAI 及网络化远程教学技术》，周恕义等，中国水利水电出版社。

图书在版编目(CIP)数据

幼儿园多媒体课件设计与制作基础/祖国强主编. —上海：
复旦大学出版社，2011.8(2022.8 重印)
普通高等学校学前教育专业系列教材
ISBN 978-7-309-08084-1

Ⅰ. 幼…　Ⅱ. 祖…　Ⅲ. 幼儿园-多媒体-计算机辅助教学-研究　Ⅳ. G613

中国版本图书馆 CIP 数据核字(2011)第 070959 号

幼儿园多媒体课件设计与制作基础
祖国强　主编
责任编辑/李　婷

复旦大学出版社有限公司出版发行
上海市国权路 579 号　邮编：200433
网址：fupnet@ fudanpress.com　http://www.fudanpress.com
门市零售：86-21-65102580　团体订购：86-21-65104505
出版部电话：86-21-65642845
杭州日报报业集团盛元印务有限公司

开本 890×1240　1/16　印张 8.75　字数 257 千
2011 年 8 月第 1 版
2022 年 8 月第 1 版第 16 次印刷
印数 113 201—121 300

ISBN 978-7-309-08084-1/G・977
定价：29.00 元